Guy de Maupassant

Pierre et Jean

GUY DE MAUPASSANT

Pierre et Jean

Eileen M. Angelini
Canisius College

Myrna Bell Rochester

Focus Student Edition

focus Publishing
R. Pullins Co.
Newburyport, MA
www.pullins.com

Copyright © 2007 Eileen M. Angelini and Myrna Bell Rochester

Cover Design by Guy Wetherbee | Elk Amino Design, New England. elkaminodesign@yahoo.com

Cover illustration by Amy Roemer, www.amyroemer.com

Interior illustrations: Dessins de Geo. Dupuis, gravure sur bois de G. Lemoine. Société d'Éditions Littéraires et Artistiques, Librairie Paul Ollendorf, Paris 1908.

ISBN 978-1-58510-183-2
ISBN 10: 1-58510-183-4

10 9 8 7 6 5 4 3 2

1209TS

Table des matières

Introduction

Le quatrième roman de Guy de Maupassant, *Pierre et Jean*, composé en trois mois à Étretat en Normandie, a été lu et apprécié dès sa parution en janvier 1888. Il marque pour l'auteur — déjà célèbre pour ses nombreux contes et nouvelles — l'œuvre où il se révèle aussi maître romancier. Reconnu depuis lors pour l'acuité de ses descriptions visuelles et psychologiques, et pour son toucher léger, presque elliptique, ce bref roman résume en soi les principaux thèmes de l'œuvre de Maupassant et le meilleur de son style. *Pierre et Jean* reste d'ailleurs un excellent exemple de l'art littéraire et des préoccupations sociales de la fin du XIXe siècle en France.

⚜ ⚜ ⚜

Guy de Maupassant (1850-1893)

Guy de Maupassant est né le 5 août 1850 dans une famille à la fois normande (du côté de sa mère, Laure Le Poittevin) et lorraine (du côté de son père, Gustave de Maupassant). Il est né en Normandie, soit au château de Miromesnil, grand et imposant domicile à Tourville-sur-Arques près de Dieppe, loué par ses parents, soit dans la maison modeste de sa grand-mère maternelle à Fécamp. Gustave Maupassant descendait d'une vieille famille anoblie de Lorraine. Il est dit qu'avant leur mariage, Laure Le Poittevin avait exigé qu'il reprenne la particule noble « de », délaissée par les Maupassant depuis la Révolution française.

Les parents de Guy se sont séparés en 1860, quatre ans après la naissance d'un autre fils, son frère cadet Hervé. Auprès de sa mère, Guy a acquis une connaissance intime de la campagne normande et de ses habitants, bourgeois et paysans. Athlète robuste, il aimait beaucoup les sports, les randonnées et la mer. Sa famille passait souvent les dimanches chez Gustave Flaubert (auteur de *Madame Bovary* [1857]), à sa propriété de Croisset, près de Rouen, car la mère de Maupassant était amie d'enfance de Flaubert.

Les fils Maupassant ont commencé leurs études à domicile. En 1859 Guy est allé au lycée Impérial Napoléon (aujourd'hui Henri IV) à Paris. Rentrés à Étretat après la séparation de leurs parents, Guy et Hervé ont repris leurs leçons particulières, et Guy a été inscrit à l'Institution ecclésiastique d'Yvetot, où il est resté jusqu'en 1868, mais sans pouvoir y terminer ses études secondaires. Il avait en effet écrit et montré des poèmes qui critiquaient et parodiaient la vie des religieux et a été chassé de l'école pour « rationalisme ». Sa mère l'a donc fait inscrire au lycée de Rouen. À Rouen, le poète Louis Bouilhet — correspondant de Guy et proche ami de Flaubert — puis Flaubert lui-même ont encouragé ses débuts poétiques. En 1869, Maupassant a réussi son baccalauréat et s'est inscrit à la faculté de droit à Paris. La guerre franco-allemande de 1870-1871 est venue interrompre ses études. Engagé dans l'armée française et affecté aux bureaux de l'intendance et comme garde mobile, Guy n'a pas pris part au combat, mais il a été témoin des horreurs de la guerre et de la grande déroute de l'armée française en décembre 1870, qu'il évoquera dix ans plus tard dans son conte célèbre « Boule de suif ».

En 1871, après sa démission de l'armée et la ruine financière de son père, Guy est retourné à Paris occuper une place de commis au ministère de la Marine (et plus tard au ministère de l'Instruction publique). Ses postes dans les deux ministères lui ont donné l'occasion d'observer le milieu des fonctionnaires et par conséquent, de trouver la matière de nombreux contes, pour la plupart écrits suite à son départ du ministère en 1880. Esprit exalté et sensible, Guy trouvait la routine quotidienne du bureau parfaitement ennuyeuse. Seules la pratique du canotage sur la Seine, la compagnie de ses amis et amies et la participation aux réunions littéraires ont réussi à le sauver de l'ennui.

Les années de 1871 à 1880 ont été fondamentales pour la carrière littéraire de Maupassant. Après la mort subite de Louis Bouilhet en 1869, Guy est passé sous la tutelle littéraire de Flaubert et plus tard d'Émile Zola — sans pour cela sortir de l'influence de sa mère Laure, qui n'oubliera jamais ses ambitions littéraires pour son fils aîné. Guy a composé des poèmes, tels « Au bord de l'eau » — qui lui a valu en 1879 une information judiciaire à Étampes, du fait que son poème « outrageait les mœurs » — et « Le Mur », réunis en un volume en 1880.

En prose, disciple attentif de Flaubert, Guy apprenait à observer patiemment la réalité avec des yeux neufs et suivait assidûment les exercices de style imposés par son maître. De plus, Flaubert lui a facilité l'introduction dans de nouvelles réunions (notamment chez Zola, chef de l'école naturaliste), et ses premières collaborations aux groupes littéraires et aux revues et journaux. Sa nouvelle « Boule de suif » est parue en 1880 dans le recueil *Les Soirées de Médan*, en association avec Zola et les jeunes écrivains « naturalistes », Paul Alexis, J.-L. Huysmans, Henry Céard et Léon Hennique. Ainsi, le public a découvert Maupassant et sa vocation de conteur est née.

Entre 1880 et 1891, Maupassant a écrit avec une rapidité extraordinaire. Il a publié environ trois cents contes et nouvelles (la majorité dans des périodiques, mais réunis à la longue dans dix-huit volumes), ainsi que six romans: *Une Vie* (1883), *Bel-Ami* (1885), *Mont-Oriol* (1887), *Pierre et Jean* (1888), *Fort comme la mort* (1889) et *Notre cœur* (1890). Son œuvre prolifique et son succès littéraire ont fini par lui ouvrir les portes de la haute société. Ses derniers romans, dont l'inspiration est puisée dans ses propres relations tourmentées avec les femmes, décrivent en détail la vie mondaine. Devenu assez riche, Maupassant s'est acheté des yachts, nommés successivement le *Bel-Ami*, le *Bel-Ami II*, etc., sur lesquels il a fait des croisières en Méditerranée. Il a raconté ses impressions de voyage dans *Au Soleil* (1884), *Sur l'eau* (1888) et *La Vie errante* (1890). Maupassant vivait à Paris, mais aimait faire de longs séjours dans sa maison normande, La Guillette, et sur la Côte d'Azur, près de Cannes.

Malheureusement, c'est pendant cette période très prolifique qui Maupassant est atteint de syphilis. Ses activités excessives, à la fois intellectuelles et physiques, ont mené progressivement à des migraines violentes et à une irritabilité maladive. À la même époque, son frère Hervé était déjà tombé dans la folie (dont il mourra en 1889). Cela paniquait Maupassant: perdait-il la raison lui aussi?

Guy a commencé à incorporer la progression de sa maladie mentale dans ses derniers contes, notamment « Le Horla » (1886-1887). Le mal s'accompagnait d'hallucinations visuelles — où surgissait une présence mystérieuse et hostile — qui venaient s'ajouter à son angoisse. Pendant cette période de détérioration Maupassant était constamment hanté par l'idée de la mort; sa folie se déclarait ouvertement. À la suite de deux tentatives de suicide connues (la dernière à Cannes le 1er janvier 1892), Guy a été interné dans la maison de santé du docteur Émile Blanche — un des psychiatres qui avait soigné Hervé —, à Passy, près de Paris. Dix-huit mois plus tard, à l'âge de quarante-trois ans, Maupassant y est mort sans avoir retrouvé sa lucidité.

⚜ ⚜ ⚜

Sommaire par chapitre de *Pierre et Jean*

Chapitre 1

Pierre et Jean commence par une partie de pêche en barque, au large du Havre, à laquelle prennent part le père Roland, bijoutier parisien à la retraite, et ses deux fils, Pierre, médecin, et Jean, avocat, les deux frères venant à peine de terminer leurs études à Paris. Chose insolite — puisqu'il ne faut naturellement pêcher qu'entre hommes — M. Roland y a aussi invité sa femme et une voisine, la jeune veuve Mme Rosémilly. Les deux jeunes gens, à la fois unis et opposés par « une fraternelle et inoffensive inimitié » rivalisent à la pêche et à la rame devant Mme Rosémilly. Au retour, Mme Rosémilly se retire avant la visite du notaire qui leur annonce que Jean a été nommé légataire universel de Léon Maréchal, un ancien ami parisien de la famille.

Chapitre 2

Pierre souffre de l'héritage de Jean. Il se pose des questions cruciales. Pourquoi n'a-t-il pas hérité aussi, alors que Maréchal le connaissait depuis qu'il était tout petit? Pierre rend visite à son vieil ami, le pharmacien polonais Marowsko. Pendant qu'ils goûtent ensemble une nouvelle liqueur préparée par le pharmacien, Pierre est amené à lui révéler la bonne fortune de Jean. Marowsko finit par souffler à l'oreille de Pierre des soupçons sur les origines possibles de son frère (« Ça ne fera pas un bon effet. »).

Chapitre 3

Pierre se résout à faire fortune lui-même en menant une brillante carrière de médecin, et il commence par chercher un logement où installer son cabinet. Rentrant tard pour le déjeuner, il ne trouve pour lui que des restes d'une côtelette refroidie, alors que la famille s'apprête à se rendre chez le notaire pour conclure les formalités de l'héritage. Cet après-midi Pierre ressort et réussit à trouver l'appartement de ses rêves, rue François-Ier. Si seulement il avait suffisamment d'argent... Il pourrait peut-être demander un prêt à son frère? Flânant en ville, il pense à Mme Rosémilly et à tous ses défauts — qui pour lui résument les défauts de tout le sexe féminin — et se décide à aller voir une serveuse de brasserie qu'il connaissait autrefois. La fille, qui connaît Jean de vue, se doute elle aussi de ses origines: Jean pourrait-il bien être le fils naturel de M. Maréchal? Pierre se propose de dissuader son frère d'accepter l'héritage, mais en rentrant il trouve la famille avec leurs amis qui fêtent la bonne fortune de Jean. Rongé par la jalousie, Pierre se montre irritable et agressif; lui aussi boit un peu trop et dort « comme une brute » jusqu'au matin.

Chapitre 4

Pierre se réveille revigoré et de bonne humeur. Fidèle depuis toujours à sa mère, il lui est impossible de croire qu'elle ait jamais pu tromper son mari (et lui-même). Pierre passe l'après-midi en mer sur la *Perle*, le bateau de pêche de son père; mais le brouillard se lève et il est obligé de rentrer, transi de froid et déprimé. Il regagne son lit jusqu'au dîner. À table il apprend que sa mère a déjà loué — pour Jean et à un prix plus raisonnable — l'appartement du boulevard François-Ier que Pierre avait découvert la veille. Obsédé par les pensées qui bourdonnent dans son esprit et dans son corps, Pierre erre dans la ville et s'assied sur la jetée. Il s'efforce de se rappeler l'apparence physique de M. Maréchal, qui avait souvent reçu les deux frères chez lui à Paris. En quoi ressemblait-il à Jean? Tout à coup furieux contre sa mère, il commence à perdre toute confiance. Ce soir-là Pierre a des difficultés à s'endormir.

Chapitre 5

Se levant pendant la nuit, Pierre, très agité, va observer Jean qui dort dans son lit et conclut que son frère ne ressemble en rien à leur père supposé, M. Roland. Il se souvient alors qu'à Paris un portrait de Léon Maréchal avait été accroché au mur, et qu'il a été enlevé après la naissance de Jean. Pierre passe la journée à Trouville, plage très à la mode qui grouille de monde. Là, il est pris d'une quasi-hallucination au sujet des femmes: le lieu est devenu « une halle d'amour », leurs robes se métamorphosent en « perversité »; elles n'existent que pour séduire et pour tromper les hommes. À la maison, Mme Roland semble distraite devant les demandes de Pierre le matin et le soir; elle est lente à aller chercher le petit portrait de Maréchal. C'est par les actions de sa mère, et non pas par ce que révèle le portrait, que les soupçons de Pierre se confirment. À l'arrivée de Mme Rosémilly, Pierre cache la miniature et s'en va.

Chapitre 6

Certain maintenant que sa mère comprend qu'il sait la vérité, Pierre commence à la tourmenter, mais sournoisement, parlant à son père, par exemple, d'une femme qu'il aimait et qu'il venait de perdre. Il (nous) est évident que la profonde crise de nerfs que subit Mme Roland a été provoquée par les actions de Pierre. M. Roland continue à ne rien soupçonner. Pour fêter l'installation de Jean dans son nouveau logement, la famille fait une excursion à Saint-Jouin, sur la côte. Ils déjeunent et vont pêcher des crevettes (des salicoques) sur la plage rocheuse. Jean décide d'y déclarer son amour à Mme Rosémilly; les deux discutent déjà de leur mariage. Quant à l'autre « couple », Pierre ne cesse pas de harasser sa mère; ne sachant pas où se tourner, cette dernière va vers son fils cadet.

Chapitre 7

Rentrant de Saint-Jouin, Jean invite la famille chez lui pour prendre le thé et pour faire le tour du nouvel appartement. Aux yeux seuls de Pierre, sa décoration, qui a été décidée par Mme Roland, est excessive et sans goût. Plus tard les deux frères se trouvent seuls dans le salon de Jean. Scène de reproches et de révélations entre Pierre et Jean: Mme Roland, qui a tout entendu depuis la chambre à côté, s'évanouit. Une fois Pierre parti, Mme Roland, écrasée, avoue la vérité à Jean et lui raconte l'amour qui l'a engendré. Mme Roland menace de s'en aller pour toujours, mais Jean lui offre sa protection.

Chapitre 8

Pendant un court moment, Jean se tourmente sur ce qu'il faut faire: accepter ou non l'héritage de son véritable père? Il arrive bientôt à se consoler de la justice de son héritage, et se tranquillise encore en se disant qu'il n'acceptera jamais rien de M. Roland. Mais comment écarter la présence dangereuse de Pierre? Une idée lui vient, et après quelques démarches auprès de certaines connaissances du Havre, Jean se présente chez ses parents et décrit, devant Pierre, la vie agréable et la rémunération sûre dont jouissent les médecins à bord des grands transatlantiques. Pierre, intéressé, lui demande comment poser sa candidature; mais c'est M. Roland, passionné de la mer, qui s'enthousiasme le plus. En effet, la *Lorraine* partira du Havre à New York le mois suivant. Jean et Mme Roland (sans M. Roland) vont chez Mme Rosémilly pour faire la demande formelle en mariage, et Mme Roland finit sa journée en faisant le ménage chez Jean...

Chapitre 9

Pierre obtient son poste; il se prépare à partir sur la *Lorraine*, mais sans enthousiasme. Sachant qu'il n'a pas le choix, il voit sa nouvelle vie comme une dépossession, un éloignement et son exclusion du foyer familial, et non comme une aventure. Pierre rompt avec Marowsko, déçu, car le pharmacien comptait sur lui, jeune médecin, pour l'aider dans ses affaires. Pierre va faire ses adieux à la serveuse de brasserie, mais elle n'a rien à lui dire. Chez lui, il refuse impatiemment l'offre de sa mère de l'aider à s'installer. En effet Pierre a très peu à faire; sa cabine à bord est toute petite et son lit est « étroit et long comme un cercueil ». Il en vient à s'identifier au tas de pauvres émigrants (nous sommes en 1885) qui occupent l'entrepont du grand navire. Tous les membres de la famille embarquent pour visiter la cabine de Pierre et lui dire au revoir, mais M. Roland les fait sortir aussitôt: il tient à assister au départ de la *Lorraine* depuis la mer, à bord de sa *Perle*. Après la disparition de la *Lorraine*, Mme Roland décide enfin d'informer son mari des projets de mariage de Jean et de Mme Rosémilly.

⚜ ⚜ ⚜

Maupassant dans son siècle

Maupassant et son œuvre ont été touchés par tous les courants littéraires et artistiques de l'époque. Disciple de Flaubert et membre du cercle des Naturalistes de Zola, ami des peintres impressionnistes, il fréquentait aussi, pendant un temps, les « jeudis » du poète symboliste Stéphane Mallarmé. Maupassant a travaillé sa poésie et a écrit plusieurs pièces de théâtre, mais est surtout connu pour sa maîtrise du conte (« Boule de suif », « La Parure », « Le Horla »...) et ses romans (*Une Vie, Bel-Ami, Pierre et Jean*).

Il a finalement déclaré qu'il délaisserait le genre du conte — déjà périmé à son avis — pour se consacrer uniquement au roman. Ses romans ont eu de son vivant un énorme succès auprès du public français et étranger. Aujourd'hui leurs thèmes profondément humains, universels, trouvent encore une résonance, jusqu'en Orient et en Russie, par des adaptations théâtrales et cinématographiques. Qui sait ce que serait devenue l'œuvre de Maupassant s'il n'était pas mort si jeune?

De quelles tendances littéraires Maupassant était-il contemporain?

Le Réalisme: Par opposition à l'*idéalisme*, le *réalisme* ne veut peindre que le « réel » ou le « vrai ». On parle même du *réalisme* des auteurs classiques du XVIIe siècle (Racine, Molière, La Fontaine) car ces derniers visaient des vérités générales, et plus tard, de Stendhal, de Balzac, ou de Proust, car ils se sont érigés contre l'*idéalisme* des romans « précieux » de Mme de Scudéry (au XVIIe siècle) et des romans « romantiques » de George Sand (au XIXe), des œuvres de fiction et d'aventures (comme ceux de Dumas, père), des drames (par exemple, Hugo) et de toute la littérature des « beaux sentiments ».

Dans l'histoire de la littérature, le *réalisme* est un courant (au XVIIe siècle, le *Roman bourgeois* de Furetière; puis au XVIIIe, les romans de Marivaux et les drames bourgeois de Diderot) mais c'est plus particulièrement la doctrine littéraire de certains auteurs du XIXe siècle, auxquels on peut rattacher Flaubert, les frères Goncourt et les Naturalistes. L'ère industrielle, les valeurs et le comportement de la bourgeoisie, ainsi que les injustices et les malheurs que subissent les pauvres, deviennent la matière du romancier. À la suite de Balzac, les écrivains et les peintres préfèrent représenter des personnages pris dans la réalité de leur temps. Rien n'échappe à l'observation de l'artiste qui, en étalant tout le « réel », expose les scènes de la vie quotidienne et les ridicules et les défauts de la société bourgeoise. Les écrits de Maupassant se situent tout à fait dans ce courant.

L'Idéalisme, ou le symbolisme (au XIXe siècle): C'est la conception esthétique qui s'oppose au *réalisme*. Elle pose comme principe que l'art ne devra pas reproduire exactement les objets, mais plutôt *transformer la nature*. Il pourrait le rendre conforme soit au « beau moral » soit au « bel idéal ». Il vise à exprimer l'essence, plutôt que l'apparence des choses, en choisissant leurs traits les plus caractéristiques. Ces œuvres ont aussi pour objet d'exprimer l'univers intérieur de l'artiste. Notez que le courant symboliste était surtout mené par des poètes: Baudelaire, Rimbaud, Verlaine et Mallarmé.

Le Naturalisme: Ce mot désigne surtout une école littéraire de la fin du XIXe siècle, dont Émile Zola était le chef de file et le théoricien. Elle pousse à l'extrême la tendance qui voue l'art au « vrai » plutôt qu'au « beau », mais ce vrai est relatif, déterminé par les circonstances (différant du « vrai » que conçoivent les Classiques du XVIIe siècle). Dans son *Roman expérimental* de 1880, Zola tient à

> [p]osséder le mécanisme des phénomènes chez l'homme, montrer les rouages des manifestations intellectuelles et sensuelles telles que la physiologie nous les expliquera, sous les influences de l'hérédité et des circonstances ambiantes.[1]

Et encore, « le roman expérimental est une conséquence de l'évolution scientifique du siècle.» Zola, suivant les concepts médicaux de Claude Bernard et de Prosper Lucas sur l'hérédité, veut pouvoir établir le déterminisme absolu des phénomènes humains, et ceci dans le cadre du roman. Zola croit pleinement à la compréhension future, grâce à la science, de la « machine humaine », produite par les influences de l'hérédité et du milieu.

Donc, le roman naturaliste refuse la « psychologie », car, dans cette conception mécaniste, les êtres sont déterminés par les mouvements de leur corps, de leur « sang ». En conséquence, une importance est attachée aux décors, aux comportements, aux menus détails de la vie quotidienne; les personnages sont choisis dans les milieux pauvres ou de classe moyenne; ils sont marqués par leurs manies, leur métier et leurs soucis d'argent. Le romancier, en tant que voix narrative, est censé s'effacer, laissant la place à l'« œil objectif».

Maupassant est-il un romancier naturaliste?

Les biographes de Maupassant s'accordent sur le fait qu'il s'est servi du naturalisme comme d'un tremplin. Son association avec les membres de l'école lui a donné une entrée dans le monde littéraire. Sociable et ambitieux, Guy a vite compris que cette fréquentation lui vaudrait son initiale renommée. Il a aussi deviné les risques d'enfermement que comportait le naturalisme. Aujourd'hui nous savons que l'art et la portée des œuvres romanesques d'Émile Zola lui-même dépassent de loin les théories exposées dans son *Roman expérimental*.

Maupassant a souvent déclaré qu'aucun mouvement littéraire n'avait de sens. Selon lui, ils ne servent « qu'à des querelles de tempéraments opposés ». Considéré par certains critiques comme romancier naturaliste, de par ses associations et son époque, Maupassant occupe une place à part, car il n'a jamais accepté entièrement la doctrine de Zola. Pour lui, l'important était de peindre la vie telle qu'il l'observait. Il avait ses propres moyens d'éviter

---

1 Émile Zola, *Le Roman expérimental*, François-Marie Mourad, éd. (Paris: Flammarion, 2006).

de juger ce qu'il observait et racontait, préférant se consacrer à ce qui était utile à la narration, sans tellement s'occuper de la documentation si chère aux naturalistes.

⚜ ⚜ ⚜

« Le Roman », Préface à *Pierre et Jean*

Pourquoi écrire « Le Roman » (*voir* pp. 33-49)? Maupassant, très sensible à l'opinion de son public, était au début associé avec les idées de Zola énoncées dans *Le Roman expérimental*, accueilli comme le manifeste du mouvement naturaliste, sorti la même année (1880) que *Les Soirées de Médan*, recueil de contes où figurait entre autres « Boule de suif » de Maupassant. Avec son essai, Zola avait initié un débat sur le roman qui battait alors son plein.

De nature indépendante, Maupassant n'a pas tardé à s'énerver de l'appellation de « naturaliste » qu'on lui appliquait. Il est loin d'être un théoricien de l'art, mais s'est efforcé, dans « Le Roman » (ou Préface à *Pierre et Jean*), d'établir sa propre vision du roman, et en plus, de nous expliquer la technique romanesque proposée dans *Pierre et Jean*.

On a aussi vu dans l'essai de Maupassant une attaque ouverte contre les sophistications de la soi-disant « écriture artiste » des frères Goncourt (où c'est le *style* qui fait l'écrivain), ainsi que contre le naturalisme comme seule esthétique valable. Contrairement aux naturalistes, Maupassant ne s'adonne pas à la description minutieuse des choses, « il les indique brièvement et sait par un détail caractéristique faire sentir une psychologie profonde ou bien évoquer de vastes horizons.»[2] Maupassant invite son lecteur à faire des découvertes, à déceler « … tous les fils si minces, si secrets, presque invisibles, employés par certains artistes modernes à la place de la ficelle unique qui avait nom: l'Intrigue. » (39). Plein de « sous-entendus, d'intentions secrètes et non formulées » (49), la phrase parlera « même [de] ce qu'elle n'exprime pas ». Il en résultera une œuvre « si dissimulée, et d'apparence si simple, qu'il [sera] impossible d'en apercevoir et d'en indiquer le plan, de découvrir ses intentions ». (39)

Dans ce sens Maupassant a en effet décrit le roman qui suivra son essai: « le sens définitif de l'œuvre » ne pourra jamais se préciser. Même au niveau de l'intrigue, *Pierre et Jean* est fait de mensonge(s) et d'illusion(s). Pour pouvoir dépister les secrets de famille (et surtout ceux de sa mère), Pierre doit devenir détective. D'ailleurs, ce court roman d'apparence si transparente a été le sujet de douzaines d'interprétations depuis sa publication, chacune suivant une optique critique tout à fait différente.

---

2 Henry Céard, cité par N. Satiat, *Maupassant* (Paris: Flammarion, 2003), p. 434.

❖ ❖ ❖

Pierre et Jean: Roman de mœurs ou roman psychologique?

Les mœurs d'une société: À la recherche de l'ordre?

Dans une critique du roman du XIXe siècle, Jean-Paul Sartre a accusé Maupassant de ne jamais cesser de faire triompher l'ordre. Selon Sartre, dans un récit de Maupassant,

> ... tout concourt à symboliser la bourgeoisie stabilisée de la fin du siècle, qui pense que rien n'arrivera plus...Il y a eu trouble, c'est vrai, mais ce trouble a pris fin depuis longtemps: les acteurs sont morts ou mariés ou consolés. Ainsi l'aventure est un bref désordre qui s'est annulé. ... [Le narrateur] réduit le divers à l'identique.[3]

Comment décrire les liens et les motivations qui unissent les membres de la famille Roland et qui les rendent *identiques* à eux-mêmes? Sont-ils particuliers à l'esprit de Maupassant, ou bien reflètent-ils les coutumes et les habitudes de l'époque? M. Roland est fier de sa longue-vue, au moyen de laquelle il peut regarder de près les bateaux qui passent. Notez que Maupassant *n'*aborde *pas* un large contexte historique, politique ou sociologique. Dans son roman, la longue-vue vise un événement qui risquera de tout changer dans la vie d'un couple de petits bourgeois — dont les deux fils ont même quitté Paris pour venir rejoindre leurs parents à la retraite. Ces quatre personnes ne veulent pas, ou ne savent pas, vivre séparément. Il nous est révélé qu'au fond, ce n'est pas de la fortune dont Jean a hérité que Pierre est jaloux, mais de l'amour réservé par sa mère à Jean, le fils engendré de son amour adultère pour Léon Maréchal. Cette découverte que fait Pierre faillit faire basculer toute la structure familiale. Et c'est pour rétablir cette structure que Jean décide de faire écarter son frère.

Dans les chapitres 7 et 8, l'optique de la narration se transfère provisoirement à Jean, qui, après avoir appris la vérité sur ses origines, est tenté un instant de refuser l'héritage. Mais le refuser contrarierait ses projets d'avenir: son mariage et son bel établissement au Havre. Attendri par la douleur de sa mère (est-ce vraiment la raison?), Jean « se résigna... il s'inquiéta aussitôt des perturbations qui allaient surgir autour de lui et l'atteindre du même coup.» (169) Donc, il se ravise et va assumer la fortune. Par peur des perturbations, Jean choisit une amoralité personnelle, mais qui renforcera le statu quo. Il sacrifie son sens moral inné pour ne pas confondre son avenir... et pour rétablir l'ordre de son monde.

---

3 Jean-Paul Sartre, *Situations II*, « Qu'est-ce que la littérature? » (Paris: Gallimard, 1948), pp. 180-181.

La puissance des liens familiaux est encore démontrée par l'attitude de Pierre au moment de son départ. Il quitte la vieille Europe, mais sans l'esprit d'aventure et de liberté que nous, lecteurs modernes, envisagerions pour lui. Pierre ne part pas chercher sa fortune, mais se sent plutôt exclu, banni de la famille. Nous devinons qu'il n'arrivera pas à surmonter les effets de sa découverte, la dissolution et la re-formation de la famille (puisque Mme Rosémilly a pris sa place à lui...), tandis que les autres vont encore plus s'enraciner, supprimer le passé et créer une nouvelle unité. M. Roland ne soupçonne toujours rien; Jean et Mme Rosémilly écriront leur propre histoire.

La vie intérieure, ou la psychologie d'un personnage

« Ce roman est l'histoire d'une plongée au fond de la conscience, chez un personnage qui voit soudain la tragédie envahir son quotidien.»[4] Nous disons la psychologie d'*un* personnage, plutôt que *des* personnages, car dans *Pierre et Jean*, les personnages « secondaires », même s'ils figurent grandement dans l'histoire, n'ont jamais la même profondeur que celui de Pierre. Ils l'entourent, ils le déterminent et l'affectent, mais l'univers intérieur tant qu'extérieur revient à la subjectivité de Pierre. C'est lui qui détermine la vision que nous lecteurs adoptons sur les autres personnages. À mesure que ses soupçons évoluent, nous vivons les obsessions et les hantises croissantes de Pierre. Ses troubles mentaux — la jalousie et l'inquiétude — peu à peu l'accaparent et se traduisent en effets somatiques, confondant et accablant son corps. Il souffre de malaises; il ne se sent pas bien dans sa peau. La soif, la faim, les insomnies le tracassent. Jean-Paul Sartre a dit que si le *changement* existait dans l'univers de Maupassant, « il ne serait jamais qu'un bouleversement individuel dans une âme inadaptée.»[5]

Pierre ne peut se consoler que dans la nature. La mer, la côte, le paysage normand lui offrent leur beauté fondamentale: les odeurs, la lumière et les couleurs, la sensation immédiate du roulement du bateau, la caresse du vent. Mais avec l'arrivée du brouillard, ce bien-être peut tout aussi bien s'assombrir et devenir hallucinatoire: l'atmosphère brumeuse, les rues inquiétantes reflètent la profonde déprime du personnage. (Nous nous rappelons les poissons agonisants de la première scène ensoleillée de pêche en mer.)

À ne pas oublier: le personnage de Pierre est médecin, qui est censé connaître le corps humain. Comme d'autres écrivains du XIXe siècle, Maupassant s'intéressait beaucoup à la médecine et à la psychiatrie, suivant pendant un certain temps les leçons de Jean-Martin Charcot à

---

4 Renée de Smirnoff, « Paysages extérieurs, paysages intérieurs, dans *Pierre et Jean* de Maupassant », in *Maupassant multiple. Actes du colloque de Toulouse, 13-15 décembre 1993*, Yves Reboul, éd. (Toulouse: Presses Universitaires du Mirail, 1995), p. 59.

5 Sartre, p. 181.

l'hôpital de la Salpêtrière à Paris (comme Freud le fera un peu plus tard). Maupassant rédigeait *Pierre et Jean* pendant le déclin rapide de la santé mentale et physique de son frère Hervé. Il se chargeait d'organiser les visites médicales et l'internement d'Hervé jusqu'à la mort de ce dernier, tout en s'inquiétant de plus en plus de son propre état de santé. *Pierre et Jean* est aussi contemporain de « Le Horla », le célèbre conte fantastique de Maupassant, où la vision du narrateur ressemble sous certains aspects à celle de Pierre, pendant ses épisodes les plus angoissés.

Ce n'est un roman de mœurs, ni un roman psychologique, mais plutôt un roman d'*analyse* qui réussit à marier les deux. Comment un esprit particulier réagit-il devant cette tragédie qui envahit son quotidien?

⚜ ⚜ ⚜

Positivisme du siècle, pessimisme de Maupassant

À l'époque, la prédominance de la philosophie *positiviste*,[6] élaborée par Auguste Comte, a très probablement contribué au pessimisme évident de Maupassant. E.D. Sullivan en parle comme d'un *optimisme scientifique* (qui caractérise généralement le XIXe siècle) et qui finit en un *pessimisme moral*, exprimé par Maupassant dans ses articles de journal comme dans ses œuvres de fiction.[7] Le positivisme de Comte est un système philosophique qui rejette tout ce qui ne peut pas s'observer directement. Selon lui, à un certain moment de leur évolution, l'intelligence particulière et la société atteignent toutes deux un niveau scientifique ou *positif*, où les connaissances ne s'acquièrent que par l'observation des *faits*. Maupassant lui-même disait dès 1881,

> Plus de mystères; tout l'inexpliqué devient explicable un jour; le surnaturel baisse comme un lac qu'un canal épuise; la science, à tout moment, recule les limites du merveilleux.[8]

Le positivisme rejette également la *psychologie* en tant que phénomène *non observable*, mais comme nous l'avons vu, Maupassant et ses personnages de premier plan — plus sensibles que les autres? — se laissent mener, voire harceler, par le caché et l'inconnu qui sont perçus par le corps et dans l'esprit, tout en restant invisibles. Chez Maupassant, leurs effets se reflètent aussi dans le milieu et dans la nature qui environnent le sujet, et

---

6 Qui n'a rien à voir avec le terme « positif » (qui relève de l'*affirmatif*) que nous entendons aujourd'hui.

7 E.D. Sullivan, «Maupassant and the Motif of the Mask», *Symposium* (Spring 1956), pp. 34-41.

8 Cité par Sullivan, p. 35.

même dans la représentation des autres. Les personnages secondaires se métamorphosent selon la vision particulière du personnage principal qui les regarde.

Au cours de son « enquête » Pierre perd toute confiance en les autres: les femmes (toutes) sont inintelligentes, intéressées, séductrices; les petits bourgeois sont mesquins, avares, étroits, inconscients; son père est faible, sa mère tant vénérée se révèle trompeuse; son frère est égoïste, peu profond et il a un goût exécrable. L'amour n'est qu'illusion romantique; le mariage une faillite: une transaction d'affaires, composée d'égoïsme et de mauvaise foi, qui mène toujours à une petite vie ennuyeuse et routinière, sans communication, et à l'inévitable adultère. Pierre ne souffre pas de désillusion car il n'a jamais eu d'illusions, sauf en ce qui concerne sa mère. Il sait que ses rêves — tous ses châteaux en Espagne — ne se réaliseront jamais. L'héritage que possède Jean semble avoir mis fin aux jeunes espoirs de son aîné. Maupassant a parlé des rêves et des ambitions comme des variantes du « grand piège où tout le monde perd ».

Un critique quasi-contemporain (1902) de Maupassant désapprouvait ses romans, son jugement se fondant sur des exigences d'ordre moral. Il trouvait les romans de Maupassant

> ... trop amers pour conquérir jamais l'âme des foules. Sans foi, sans boussole, sans idées morales arrêtées, Maupassant est trop profondément sceptique, trop cruellement désabusé pour plaire à tous dans les œuvres suivies où sa pensée se montre à fond.[9]

Cependant, comme nous le savons, les romans de Maupassant ont toujours trouvé un grand public, tandis qu'aujourd'hui nous les considérons — est-ce par le fait même de leur scepticisme? — extraordinairement modernes.

Maupassant et les beaux-arts: réalisme et impressionnisme

> Sur la grande dune de sable jaune, depuis la jetée jusqu'aux Roches Noires, les ombrelles de toutes les couleurs, les chapeaux de toutes les formes, les toilettes de toutes les nuances, par groupes devant les cabines; par lignes le long du flot ou dispersés çà et là, ressemblent vraiment à des bouquets énormes dans une prairie démesurée. (127)

On a souvent constaté la convergence des descriptions de Maupassant avec les thèmes des peintres réalistes et impressionnistes français de son

9 Cité par André Vial, *Guy de Maupassant et l'art du roman* (Paris: Nizet, 1954), p. 10.

époque: paysages maritimes de la côte atlantique, canotage sur la Seine près d'Argenteuil, femmes et couples pris dans ces environnements, activités des bourgeois, des petites gens et des pêcheurs, restaurants en plein air, bars, dancings. Si vous contemplez les tableaux de Courbet, de Manet, de Monet, de Renoir, de Degas, d'Eugène Boudin ou de Gustave Caillebotte, vous découvrirez bientôt la synergie produite par leur rencontre avec les textes de Maupassant. (*Voir*, à la fin de notre Bibliographie, plusieurs sites Web consacrés à ces peintres et à leurs tableaux.)

⚜ ⚜ ⚜

Notes stylistiques

Chacun de nous se fait donc simplement une illusion du monde, illusion poétique, sentimentale, joyeuse, mélancolique, sale ou lugubre suivant sa nature. Et l'écrivain n'a d'autre mission que de reproduire fidèlement cette illusion avec tous les procédés d'art qu'il a appris et dont il peut disposer. (Maupassant, « Le Roman »)

La narration dans *Pierre et Jean*

Le point de vue omniscient

Maupassant raconte cette histoire sans commentaire ni jugements de valeur, ni de la part du narrateur, ni de sa part. Toutefois, que ce soit Maupassant ou bien son « narrateur », celui qui parle dispose d'un *point de vue omniscient*. Même s'il s'abstient de juger, il sait tout, nous expliquant, par exemple, ce que le personnage ne comprend pas (ou ce qu'il sera loin de comprendre). Ainsi, le narrateur décrit les motifs incertains de Jean:

Et dans son âme où l'égoïsme prenait des masques honnêtes, tous les intérêts déguisés luttaient et se combattaient. Les scrupules premiers cédaient la place aux raisonnements ingénieux, puis reparaissaient, puis s'effaçaient de nouveau. (170)

Par cette technique, nous, les lecteurs, savons donc que le narrateur connaît bien son personnage et ce qui le travaille intérieurement. Cela nous rassure sur le contrôle narratif de l'auteur, et le bien-fondé et la direction de l'histoire.

Le témoin, ou point de vue externe

Ailleurs, le romancier nous présente l'action de *l'extérieur*, nous mettant en présence d'échanges dialogués entre les personnages:

Il dit en croisant ses jambes:

— Il a joliment de la chance, mon frère, il vient d'hériter de vingt mille francs de rentes.

Elle ouvrit tout grands ses yeux bleus et cupides:

— Oh! et qui est-ce qui lui a laissé cela, sa grand'mère ou bien sa tante?

— Non, un vieil ami de mes parents.

— Rien qu'un ami? Pas possible! Et il ne t'a rien laissé, à toi?

— Non. Moi je le connaissais très peu.

Elle réfléchit quelques instants, puis, avec un sourire drôle sur les lèvres:

— Eh bien! il a de la chance ton frère d'avoir des amis de cette espèce-là! Vrai, ça n'est pas étonnant qu'il te ressemble si peu! (94)

Au cours de ces scènes, l'auteur nous guide toujours, c'est-à-dire qu'il nous a bien en main. Pourtant, lui-même s'est quelque peu retiré, nous laissant la possibilité d'écouter et de regarder l'action, comme au théâtre. C'est au lecteur de comprendre, d'interpréter les motifs des personnages et d'en tirer ses conclusions.

Le monologue intérieur, ou point de vue interne

Puisque l'auteur sait déjà tout ce qu'il y a à savoir sur la situation des personnages, pourquoi ne nous le révèle-t-il pas immédiatement? Pour établir et poursuivre le suspens, pour nous amener à partager l'incertitude et le tourment du personnage principal, Maupassant choisit plutôt de céder la parole à Pierre (surtout dans les chapitres IV et V), et plus tard à Jean (chapitre VIII). L'univers de ces passages est le monde intérieur du personnage; ses pensées, son discours, même le rythme de sa pensée nous sont exposés.

Il appréciait, pesait et résumait, en s'habillant, ses émotions de la veille, cherchant à en dégager bien nettement bien complètement les causes réelles, secrètes, les causes personnelles en même temps que les causes extérieures. (104)

Pour exposer le déroulement des pensées du personnage, Maupassant dispose de plusieurs techniques différentes. Cette variété fournit l'intérêt — nous ne nous y ennuyons jamais — et en même temps fait avancer l'intrigue. Nous y trouverons:

le style direct: Le narrateur cite directement, sans intervenir, la réflexion du personnage, comme si le personnage parlait à haute voix. Pourtant nous sommes seuls à l'entendre. Ses propos sont indiqués par des guillemets («»), par deux points (:) ou bien par des tirets (—).

> Et cette pensée brusque, violente, entra dans l'âme de Pierre comme une balle qui troue et déchire: «Puisqu'il m'a connu le premier, qu'il fut si dévoué pour moi, puisqu'il m'aimait et m'embrassait tant, puisque je suis la cause de sa grande liaison avec mes parents, pourquoi a-t-il laissé toute sa fortune à mon frère et rien à moi?» (110)

le style indirect: Le narrateur nous transmet les paroles ou les pensées du personnage en introduisant ses réflexions par un verbe de communication (tels *se dire, songer, réfléchir, se demander...*) suivi de «que». Au *style indirect*, il faut généralement modifier les temps du verbe, les pronoms et les adjectifs possessifs (de ceux qu'on aurait vus au style direct).

> Il se rappela tout à coup que, huit jours plus tôt, il avait prêté à son frère une fiole de laudanum pour calmer une rage de dents. Il pouvait lui-même souffrir, cette nuit-là, et venir réclamer sa drogue. (123)

> Comme le bateau de Trouville ne quittait le port qu'à neuf heures, le docteur songea qu'il lui faudrait embrasser sa mère avant de partir. (124)

le style indirect libre: Ici nous éprouvons la réalité du milieu et des circonstances comme si nous-mêmes étions le personnage, nous entrons dans son esprit et dans son corps. À ce moment, personne sauf Pierre ne pourrait ainsi décrire la scène. Les détails et les adjectifs choisis relèvent tous de son état d'esprit.

> Elles [Les rues] étaient ensevelies sous le brouillard qui rendait pesante, opaque et nauséabonde la nuit. On eût dit une fumée pestilentielle abattue sur la terre. (110)

Au style *indirect libre* le personnage peut « parler » sans indication de dialogue (guillemets, deux points, tirets) ni verbe de communication précédent. Ici, Jean s'inquiète de sa mère:

> Que faisait-elle?... Se serait-elle sauvée? Mais par où? Si elle s'était sauvée... elle avait donc sauté de la fenêtre dans la rue! (161)

❖ ❖ ❖

L'imparfait du subjonctif

Relatant son histoire au passé, Maupassant fait usage de l'*imparfait du subjonctif* et du *plus-que-parfait* du subjonctif, deux temps de verbe peu utilisés aujourd'hui dans la conversation, bien qu'ils s'emploient encore à l'écrit, si le discours est au passé simple.

> Leur mère... espérait vivement qu'un des deux triompherait,... mais elle aurait aussi bien voulu que l'autre n'en **eût** point de chagrin. (56)

> ... pouvait-elle aller de l'adolescence à la vieillesse sans qu'une fois seulement son cœur **fût** touché? (118)

> Elle les avait donc prononcés bien souvent, ces trois mots, pour qu'ils **se fussent gravés** ainsi dans la mémoire de son fils! (115)

Aujourd'hui, si la proposition principale est au passé de l'indicatif (passé composé ou imparfait) ou au conditionnel (présent ou passé), on utilise le *présent du subjonctif* à la place de l'imparfait du subjonctif, et le *passé du subjonctif* à la place du plus-que-parfait du subjonctif. Par exemple:

Langue moderne (proposition subordonnée au présent du subjonctif):
Je *voulais* que tu fasses la cuisine. (présent du subjonctif)
Je *voudrais* que tu fasses la cuisine.
J'*aurais voulu* que tu fasses la cuisine.

Langue soignée ou littéraire (proposition subordonnée à l'imparfait du subjonctif):
Je *voulais* que tu **fisses** la cuisine.
Je *voudrais* que tu **fisses** la cuisine.
J'*aurais voulu* que tu **fisses** la cuisine.

Dans une phrase où l'action de la proposition subordonnée est *antérieure* à l'action de la proposition principale, la proposition subordonnée est au *passé du subjonctif*, ou dans le style écrit formel, au *plus-que-parfait du subjonctif*. Par exemple:

Langue moderne (proposition subordonnée au passé du subjonctif):
J'*étais* contente qu'elle ait réussi.
Je *serais* contente qu'elle ait réussi.
J'*aurais été* contente qu'elle ait réussi.

Langue soignée ou littéraire (proposition subordonnée au plus-que-parfait du subjonctif):

J'*étais* contente qu'elle **eût réussi.**

Je *serais* contente qu'elle **eût réussi.**

J'*aurais été* contente qu'elle **eût réussi.**

Les formes de l'*imparfait du subjonctif* et du *plus-que-parfait du subjonctif* sont faciles à reconnaître; car elles s'associent à celles du *passé simple* (*passé historique*). Remarquez le -**ss**- dans toutes les formes, à l'exception de celle de la troisième personne du singulier (il/elle/on). En voici plusieurs exemples. (Les conjugaisons des autres verbes irréguliers se trouveront dans un livre de grammaire français ou dans un bon dictionnaire.)

Formes de l'imparfait du subjonctif

	parler	*finir*	*attendre*
que je (j')	parlasse	finisse	attendisse
que tu	parlasses	finisses	attendisses
qu'il/elle/on	parlât	finît	attendît
que nous	parlassions	finissions	attendissions
que vous	parlassiez	finissiez	attendissiez
qu'ils/elles	parlassent	finissent	attendissent

	avoir	*être*	*faire*
que je (j')	eusse	fusse	fisse
que tu	eusses	fusses	fisses
qu'il/elle/on	eût	fût	fît
que nous	eussions	fussions	fissions
que vous	eussiez	fussiez	fissiez
qu'ils/elles	eussent	fussent	fissent

Le plus-que-parfait du subjonctif

Le *plus-que-parfait du subjonctif* s'utilise quand l'action de la proposition subordonnée est antérieure à celle de la proposition principale. Il se compose de l'*imparfait du subjonctif* des verbes auxiliaires *avoir* ou *être*, suivi du participe passé du verbe. Il suit les mêmes règles orthographiques que les autres temps de verbe composés. Par exemple:

Pour arriver à l'heure, il aurait fallu que vous **fussiez partis** plus tôt.

Le plus-que-parfait du subjonctif est aussi employé comme deuxième forme du conditionnel passé dans certains contextes littéraires. Par exemple:

Nous **eussions été** heureux. = Nous aurions été heureux.

La veille il **eût frappé** contre sa porte, serait entré, et, assis
près du lit, lui aurait dit dans l'effarement de son réveil
subit... (120)

Des fois, au style soigné, le *plus-que-parfait du subjonctif* prend la place du
plus-que-parfait de la conversation courante.

Ils se parlaient avec tendresse... comme si le même sang **eût
coulé** (avait coulé) dans leurs veines. (122)

Elle aurait semblé morte si tous ses membres **n'eussent été
parcourus** (n'avaient été parcourus) d'un frémissement
presque insensible, d'une vibration de corde tendue. (162)

... une maîtresse femme qui connaissait l'existence
d'instinct, comme un animal libre, comme si elle **eût vu,
subi, compris** et **pesé** tous les événements possibles... (55)

Chronologie

| 1800 | 1820 | 1840 | 1860 | 1880 | 1900 |

1799-1804: Consulat. Napoléon Bonaparte au pouvoir.

1803: La France chassée définitivement de Saint-Domingue (Haïti), par Toussaint-Louverture.

1804: Premier Empire, Napoléon Ier

    1814: Traité de Paris. Abdication de Napoléon Ier. Monarchie constitutionnelle de Louis XVIII.

1815: Napoléon Bonaparte s'échappe de l'île d'Elbe. Défaite à Waterloo. Retour de Louis XVIII.

1821: Mort de Napoléon.

1824: Charles X, roi. Politique réactionnaire.

1830: Révolution de 1830 met fin au règne de Charles X. Monarchie de Juillet: Louis-Philippe d'Orléans, « roi citoyen ». Conquête de l'Algérie.

1836: Début de la construction du chemin de fer.

1838: Daguerre met au point la technique photographique.

1840-1848: Guizot, premier ministre.

1848: Révolution de 1848. Chute de Louis-Philippe. IIe République. Louis-Napoléon (neveu de Napoléon Ier) élu président.

1849: Assemblée réactionnaire abolit les droits démocratiques.

1851: Coup d'état administratif par Louis-Napoléon.

1852: Louis-Napoléon se proclame Empereur Napoléon III. Second Empire, 1852- • 1870. Haussmann commence les projets de développement parisiens. Conquêtes en Afrique sub-saharienne.

1854: Guerre de Crimée.

1857: Conquête du Sénégal.

1858-1860: Expédition en Chine. Expansion coloniale en Indochine.

1869: Ouverture du canal de Suez.

1870: Septembre: Guerre franco-allemande. Défaite de Napoléon III à Sedan. La « grande déroute ». Les Allemands (Prussiens) occupent Paris. Début de la IIIe République, 1870-1940.

1871: Annexion de l'Alsace-Lorraine par l'Allemagne. Insurrection de la Commune de Paris, hostile à la capitulation. Programme socialiste. Suppression de la Commune et répression sociale. Adolphe Thiers, président.

1873: Mac-Mahon, président.

1879: Jules Grévy, président. Restauration du régime parlementaire. Louis Pasteur découvre le principe actif des vaccins.

1882: Jules Ferry, ministre de l'Instruction publique. Lois sur l'enseignement obligatoire et gratuit.

1883: Expansion coloniale (Madagascar).

1885: Mouvements ouvriers. Renaissance du socialisme.

1887: François Sadi-Carnot, président.

1889: Exposition universelle. Inauguration de la tour Eiffel. Adoption de « La Marseillaise ».

1894: Début de l'affaire Dreyfus (officier de descendance juive inculpé pour trahison). Assassinat de Sadi-Carnot. Jean Casimir-Perier, président.

1895: Les frères Lumière, première projection cinématographique à Paris.

1896: Félix Faure, président.

1898: Fondation de l'Action française (parti d'extrême droite)

1898-1902: Guerre des Boers.

1800	1820	1840	1860	1880	1900

Littérature et pensée françaises du XIXe siècle

1800: Mme de Staël (Germaine Necker), *De la littérature.*

1802: François-René de Chateaubriand, *Le Génie du christianisme.*

1804: Senancour, *Obermann*

1808: Charles Fourier, *Théorie des quatre mouvements.* Philosophe de l'utopie.

1810 (1813): Mme de Staël, *De l'Allemagne*

1816: Benjamin Constant, *Adolphe.*

1820: Alphonse de Lamartine, *Méditations poétiques.* Début des œuvres des « grands » Romantiques.

1821: Charles Nodier, *Smarra, ou les démons de la nuit..*

1822: Stendhal (Henri Beyle), *De l'amour.* Victor Hugo, *Odes.*

1829: Honoré de Balzac, *Les Chouans.*

1830: Stendhal, *Le Rouge et le noir.* Hugo, *Hernani.*

1830-1842: Auguste Comte, *Cours de philosophie positive.* Applique les lois scientifiques à la société.

1831: Hugo, *Notre-Dame de Paris.* Bataille d'*Hernani.* Développement du drame romantique.

1834: Jules Michelet, débuts de l'*Histoire de France.* Victor Considérant (Fouriériste), *Destinée sociale.* Balzac, *Eugénie Grandet.*

1835: Alfred de Musset, *Les Nuits.* Balzac, *Le Père Goriot.*

1837: Prosper Mérimée, *Contes.* Hugo, *Les Voix intérieures.*

1839: Stendhal, *La Chartreuse de Parme.*

1840: Alexis de Tocqueville, *De la démocratie en Amérique.*

1842: Eugène Sue, *Les Mystères de Paris.* Aloysius Bertrand, *Gaspard de la nuit.*

1844: Alexandre Dumas, père, *Les Trois Mousquetaires,*

1845: Dumas, père. *Le Comte de Monte-Cristo.* Réalisme en peinture: Courbet, Daumier

1846: George Sand, *La Mare au diable.*

1848: Alexandre Dumas, fils, *La Dame aux camélias.*

1851: Sainte-Beuve, *Les Causeries.* Hugo s'exile, suite à la prise de pouvoir de Louis-Napoléon.

1852: Théophile Gautier, *Émaux et camées.* Mérimée, *Carmen.*

1854: Gérard de Nerval, *Les Chimères.*

1855: Nerval, *Aurélia.*

1856: Hugo, *Les Contemplations.*

1857: Charles Baudelaire, *Les Fleurs du mal.* Gustave Flaubert, *Madame Bovary.*

1858: Hippolyte Taine, *Essais de critique et d'histoire* (« la race, le moment et le milieu »).

1862: Hugo, *Les Misérables.*

1863: Eugène Fromentin, *Dominique.*

1864: Jules Verne, *Voyage au centre de la terre.* Alfred de Vigny, *Les Destinées.* Les frères Goncourt (Edmond et Jules), *Germinie Lacerteux.* Affirmation de la tendance « réaliste ».

1865: Claude Bernard, *Introduction à l'étude de la médecine expérimentale.*

1866: Paul Verlaine, *Poèmes saturniens.* Alphonse Daudet, *Lettres de mon moulin.*

1867: Émile Zola, *Thérèse Raquin.*

1868: Lautréamont, *Les Chants de Maldoror.*

1869: Flaubert, *L'Éducation sentimentale.*

1873: Arthur Rimbaud, *Une saison en enfer.* Le « symbolisme ». *L'Origine des espèces* de Charles Darwin traduite en français.

1874: Barbey d'Aurevilly, *Les Diaboliques.* Tableau de Claude Monet (*Impression -- Soleil levant*) crée le terme « impressionnisme ».

1877: Zola, *L'Assommoir*

1880: Verlaine, *Sagesse.* Zola, *Le Roman expérimental, Nana.*

1881: Anatole France, *Le Crime de Sylvestre Bonnard.*

1883: Guy de Maupassant, *Une vie.* Ferdinand Brunetière, *Le Roman naturaliste.*

1884: Joris-Karl Huysmans, *À rebours.* La « décadence ». Daudet, *Sapho.*

1800	1820	1840	1860	1880	1900

1885: Jules Laforgue, *Complaintes*. Zola, *Germinal*.
1886: Rimbaud, *Illuminations*.
1887: Stéphane Mallarmé, *Poésies*.
1888: Maurice Barrès, *Le Culte du moi*. Maupassant, *Pierre et Jean*. Bergson, *Essai sur les données immédiates de la conscience*.
1889: Paul Bourget, *Le Disciple*, roman « psychologique ». Au théâtre: Becque, Jarry, Feydeau, Courteline.
1893: Mort de Maupassant.
1894: Jules Renard, *Poil de carotte*.
1897: André Gide, *Les Nourritures terrestres*. Edmond Rostand, *Cyrano de Bergerac*.
1898: Zola, *J'accuse...*, lettre ouverte au président de la République (Félix Faure) sur l'Affaire Dreyfus. Littérature «engagée».

Littérature étrangère

1800: Romantiques allemands (Novalis, Schiller) et anglais (Wordsworth, Byron).
1810: Kleist, *Le Prince de Hombourg*.
1812: Grimm, *Contes*.
1816: Goethe, *Faust*.
1819: Walter Scott, *Ivanhoe*.
1820: Keats, *Odes*. Hoffmann, *Contes*.
1829: Goethe, *Wilhelm Meister*.
1831: Pouchkine, *Boris Godounov*.
1835: Hans Christian Andersen, *Contes*.
1838: Dickens, *Oliver Twist*.
1842: Gogol, *Les Âmes mortes*.
1845: Edgar Allan Poe, *Histoires extraordinaires*.
1850-1880: Grands romans russes (Tourgueniev, Dostoïevski, Tolstoï).
1851: Les romans des sœurs Brontë. Herman Melville, *Moby Dick*.
1865: Lewis Carroll, *Alice au pays des merveilles*.
1871: Dostoïevski, *Les Possédés*.
1874: Tolstoï, *Anna Karénine*
1879: Henrik Ibsen, *Maison de poupée*.
1882-1888: Nietzsche, *Ainsi parlait Zarathoustra*. Oscar Wilde. Conan Doyle. Rudyard Kipling.
1890: Tchékhov. D'Annunzio.
1898: Œuvres de Freud sur les rêves.

1800	1820	1840	1860	1880	1900

Vie et œuvre de Guy de Maupassant

1850: Naît au château de Miromesnil en Normandie, près de Dieppe.

1856: Naissance d'Hervé de Maupassant, frère de Guy.

1859: La famille Maupassant quitte la Normandie pour s'installer à Paris.

1860: Les parents de Maupassant se séparent. Laure de Maupassant se retire à Étretat avec Guy et Hervé.

1862: Séparation officielle de Laure et de Gustave de Maupassant.

1863: Entre au petit séminaire d'Yvetot où il compose ses premiers poèmes. Cinq ans plus tard, il est chassé de l'école du séminaire pour « rationalisme ».

1864: Rencontre à Étretat du poète anglais Swinburne; chez le poète le jeune Guy entrevoit une main momifiée, « la main de l'écorché », qu'il achètera plus tard dans une vente de mobilier.

1868: Termine ses études secondaires au lycée de Rouen. Louis Bouilhet (poète et auteur dramatique), corrige avec Gustave Flaubert (*Madame Bovary* [1857]) ses premières tentatives littéraires.

1869: Louis Bouilhet meurt. Guy passe son baccalauréat et s'inscrit en droit à Paris. À Étretat, rencontre du peintre réaliste Gustave Courbet.

1870: La guerre franco-allemande (prussienne): Guy est mobilisé et affecté dans l'intendance à Rouen. Témoin de la grande déroute.

1871: Quitte l'armée en septembre.

1872: Prend un poste à Paris au ministère de la Marine. S'inscrit en deuxième année de droit. Le week-end, parties de canotage sur la Seine.

1873: S'initie à l'écriture avec Flaubert comme guide.

1874: Chez Flaubert, rencontre d'Edmond de Goncourt (romancier réaliste) et d'Ivan Tourgueniev (conteur russe).

1875: Premier contact avec Émile Zola (romancier naturaliste, *Les Rougon-Macquart*). Participe aux « jeudis » de Stéphane Mallarmé (poète symboliste). En Normandie, fait la connaissance de Claude Monet (peintre impressionniste). Publie un conte, « La main d'écorché » (sous la signature de Joseph Prunier).

1876: De nombreuses fréquentations littéraires. Article sur Honoré de Balzac.

1877: Problèmes de santé; on diagnostique la syphilis. Fait une cure de deux mois à Loèche-les-Bains (Suisse).

1878: Passe au ministère de l'Instruction publique. Travaille à un roman *Une vie*, et à une pièce de théâtre qui ne sera pas montée.

1879: Mise en scène de sa pièce, *L'Histoire du vieux temps. Le Papa de Simon* (conte).

1880: Troubles oculaires et cardiaques. Démissionne du ministère pour se consacrer à l'écriture. Mort de Flaubert. Voyage en Corse avec sa mère. Trouve la célébrité avec « Boule de suif » paru dans le recueil naturaliste, *Les Soirées de Médan*. Recueil de poésie et collaboration avec le périodique *Le Gaulois*.

1881: Séjours à Paris et à Étretat, auprès de sa mère. Reportage pour *Le Gaulois* pendant un voyage de deux mois en Algérie. *La Maison Tellier* (contes). Début de sa collaboration avec la revue *Gil Blas*.

1882: *Mademoiselle Fifi* (conte).

1883: *Une vie* (roman). Recueils: *Contes de la bécasse, Clair de lune.*

1884: Suit les cours du psychiatre célèbre Charcot à la Salpêtrière. Correspondances et amitiés féminines (Marie Bashkirtseff, la comtesse Potocka, Herminie Lecomte de Noüy) et séjours à Cannes et à Étretat. *Au Soleil* (journal de voyage). *Miss Harriet* (contes). *Les Sœurs Rondoli* (contes). Préface aux lettres de Flaubert à George Sand.

1885: Voyages en Italie, en Sicile et dans le Massif central. Achat d'un yacht, le *Bel-Ami*. Fait construire une maison à Étretat, mais continue à habiter Paris. *Bel-Ami* (roman). *Monsieur Parent* (contes). *Contes du jour et de la nuit*.

1886: Voyage en Angleterre. Séjour à Étretat. *Toine* (contes). *La Petite Roque* (contes). *Le Horla* (première version) (conte fantastique).

1887: Fait examiner son frère Hervé qui souffre de troubles mentaux. Voyages en Afrique du Nord et en ballon de Paris jusqu'à la frontière hollandaise. *Mont-Oriol* (roman). *Le Horla* (deuxième version).

1888: Croisière à bord du *Bel-Ami II* (à Alger et à Tunis). *Pierre et Jean* (roman). Préface « Le Roman ». *Sur l'eau* (journal de voyage). *Le Rosier de Madame Husson* (recueil).

1889: Son frère Hervé interné; il meurt trois mois plus tard. Guy fait des séjours à Étretat et une croisière à bord du *Bel-Ami*: à Cannes, à Tunis, en Italie. Très graves problèmes de santé. *La Main gauche. Fort comme la mort* (roman). *L'Évolution du roman au XIXe siècle* (étude).

1890: Aggravation de son état de santé; fait des cures (Plombières, Aix-les-Bains) et des séjours à Cannes et à Nice. *La Vie errante* (récit de voyage). *L'Inutile Beauté* (nouvelles). *Notre cœur* (roman).

1891: Premières crises de paralysie générale. *L'Angélus* (roman inachevé). *Musotte* (pièce de théâtre) jouée au Gymnase avec succès.

1892: Tentative de suicide le 1er janvier à Cannes. Soigné par le docteur Blanche, dans sa maison de santé de Passy.

1893: Meurt le 6 juillet après dix-huit mois d'internement. Au cimetière Montparnasse, Zola prononce l'oraison funèbre.

La vie maritime: Vocabulaire et exercices

Les bateaux

à bâbord: la gauche du bateau dans le sens de la marche
à tribord: la droite du bateau dans le sens de la marche
à la voile: aidé par le vent
à toute vapeur: à toute vitesse
amarrer: attacher par un cordage
l'ancre (*f.*): lourd instrument en fer qui fixe un navire en mer
au long cours: qui fait de longues traversées; un long-courrier
une avarie: dommage arrivé à un navire
l'aviron (*m.*): une rame, pièce de bois aplatie à un bout, servant à ramer (à manœuvrer dans l'eau)
les avirons (*m.*) **de couple:** deux avirons, l'un en face de l'autre, avec lesquels on peut ramer seul
une barque: bateau
la barre: pièce en forme de bâton ou de roue qui dirige et oriente le bateau
un bâtiment: un navire, un bateau
le bordage: bords supérieurs de la coque (la carcasse) d'un bateau
border l'aviron: le fixer sur le bord pour pouvoir ramer
un brick: navire à voiles carrées et à deux mâts
le cacatois: dernière voile carrée en haut du mât
la cale: fond de l'intérieur du navire où on met la cargaison, la soute
le charbonnier: navire qui transporte le charbon
chercher le point: régler la longue-vue
la coque: carcasse d'un bateau
le cordage: corde de manœuvre
le cotre: petit navire rapide à un seul mât
le courrier: bateau chargé de lettres
dériver: s'écarter de sa route
une embarcation: bateau, navire
embarquer: monter, partir en bateau
l'entrepont (*m.*): étage du navire situé sous le pont supérieur, destiné aux passagers de troisième classe

faire le quart: faire un service de quatre heures consécutives (sur un navire)
la flèche: partie du mât effilée, tout en haut
la flotte: ensemble des bateaux (d'un propriétaire, d'un pays)
le foc: voile triangulaire à l'avant du bateau
une goélette: navire à voiles, à deux mâts
le gouvernail: appareil qui permet de diriger le bateau
gouverner: conduire, diriger, guider (un bateau)
'haler: tirer un bateau avec un câble
l'hélice (*f.*)**:** appareil de propulsion pour bateaux
'hisser: élever (un mât, les voiles) avec effort
le 'hublot: petite fenêtre ronde dans la paroi d'un navire
la 'hune: plate-forme qui entoure le mât
la longue-vue: lunette d'approche, télescope
la lunette: instrument d'optique; longue-vue
le mât: longue pièce de bois verticale qui porte les voiles
la mâture: ensemble des mâts
la misaine: voile du mât à l'avant du navire
mollir: tirer moins fort sur les rames
une mouche: petit navire très mobile qui sert à remorquer les voiliers
la nage: action de ramer
un navire: bateau de mer
un paquebot: grand navire à passagers et marchandises; un transatlantique
le patron: capitaine d'un navire
le perroquet: voile carrée; mât qui porte cette voile
le pont: plancher qui forme un étage du navire
prendre le large: partir en haute mer
une rame: aviron
ramer: manœuvrer un bateau avec des rames ou avirons
un remorqueur: petit bateau qui tire les navires dans le port
la roue: tambour remuant l'eau qui aide le navire à avancer
le roulis: balancement du bateau, de bâbord à tribord, provoqué par le mouvement de la mer
sombrer: couler, être englouti
souquer: tirer avec énergie sur les rames
les tambours (*m.*)**:** roues à palettes qui font avancer un bateau à vapeur
le tangage: balancement du bateau, d'avant en arrière
le tapecul: petite voile attachée à un mât placé à l'arrière du bateau
la toile: étoffe en coton dont on fait les voiles
le tolet: morceau de fer au bord du bateau qui soutient l'aviron (la rame)
un transatlantique: *voir* paquebot
un vapeur: bateau qui fonctionne à la vapeur
le vent arrière: vent qui souffle dans le dos du bateau
le vent d'amont: vent venant de la terre
la vergue: pièce de bois horizontale fixée au mât qui soutient les voiles
virer de bord: changer de direction

la voile: toile forte qui reçoit le vent pour faire avancer un bateau
un voilier: bateau à voiles

Les gens de la mer

l'armateur (*m.*): propriétaire d'un bateau qui l'équipe
le commissaire de bord: officier chargé des repas et du service des
    passagers
le long-courrier: marin ou navire qui fait de longues traversées
un matelot: marin
le mousse: garçon-apprentis de moins de 16 ans, qui apprend le métier de
    marin

La mer

au large: en haute mer
à vau-l'eau: au gré du courant de l'eau
les bancs (*m.*) **de sable:** masses cachées sous l'eau
le brouillard: vapeur d'eau qui obscurcit l'air
la brume: vapeur, brouillard léger
le cap: pointe de terre qui s'avance dans la mer
la côte: bord de la mer, littoral
l'écume (*f.*): mousse blanche qui se forme sur les vagues
l'embouchure (*f.*): entrée d'un fleuve dans la mer
une épave: débris rejeté par la mer
le flot: vague, onde
un goéland: grosse mouette, oiseau de mer qui suit les bateaux
grosse mer: mer par mauvais temps, dont les vagues s'enflent
une lame: ondulation étroite de la mer sous l'action du vent ou d'un
    bateau
une lieue (maritime): à peu près 5 kilomètres
la marée: mouvement périodique des eaux de la mer
l'onde (*f.*): vague, eau mouvante
la pleine mer: marée haute
une vague: flot mouvant à la surface de la mer
le vent d'amont: vent venant de la terre
le vent arrière: vent qui souffle dans le dos du bateau
les varechs (*m.*): algues marines

La pêche

les bouchons (*m.*) **de liège:** flotteurs d'une ligne à pêche
le bouquet: grosse crevette rose (crustacé)
les écailles (*f.*): plaques qui recouvrent le corps des poissons
le filet: tissu ou réseau à trous, pour pêcher
les hameçons (*m.*): petits crochets de fer pour prendre du poisson
la *hotte: panier à poissons porté sur le dos
le lanet: filet spécial pour attraper des fruits de mer

la ligne: fil
la manne: corbeille à poissons
les nageoires (*f.*): organes locomoteurs des poissons
une partie de pêche: excursion pour faire de la pêche
les salicoques (*f.*): grandes crevettes (crustacés)

Le port

l'avant-port (*m.*): l'entrée du port
le bassin: parties du port où les navires stationnent
le brise-lames: structure élevée à l'entrée du port pour le protéger contre les vagues fortes
le chenal: passage pour les bateaux à l'entrée du port
les échancrures (*f.*): indentations de la côte
la jetée: mur en maçonnerie, bas et large, qui protège le port
le mât des signaux: poteau indicateur
le môle: synonyme de *jetée*
le mouillage: lieu où on fait stationner le bateau en jetant l'ancre
le phare: tour illuminée, établie pour guider les bateaux
la rade: grand bassin où stationnent les navires
le rivage: bord de la mer ou d'un fleuve

Exercices

Choisissez parmi les mots suivants afin de remplir les espaces dans les questions qui suivent.

le chenal	les avirons de couple	amarrer
un paquebot	mollir	un remorqueur
le brise-lames	le flot	les hameçons
un cacatois	les échancrures	une mouche
le(s) bouchon(s) de liège	un goéland	les varechs

1. Pour faire avancer la *Perle*, Pierre et Jean utilisent

   _____.

2. Pour traverser l'Atlantique, il faut voyager dans

   _____.

3. _____, c'est un petit bateau qui tire les plus grands bateaux de mer dans le port.

4. La dernière voile carrée en haut du mât s'appelle

   _____.

5. Un oiseau de mer qui suit les bateaux, c'est _____.

6. Quel mot est synonyme de *vague* ou d'*onde*?

   _____.

7. _____ sont les flotteurs d'une ligne à pêche.

8. Qu'est-ce qui protège l'entrée du port contre les vagues fortes?

   _____

9. Qu'est-ce qui empêche la côte d'être lisse et unie?

   _____

10. Quel mot est antonyme de *détacher (un bateau)*?

    _____

« LE ROMAN »[1]

Je n'ai point l'intention de plaider ici pour le petit roman qui suit. Tout au contraire les idées que je vais essayer de faire comprendre entraîneraient plutôt la critique du genre d'étude psychologique que j'ai entrepris dans *Pierre et Jean*. Je veux m'occuper du Roman en général.

Je ne suis pas le seul à qui le même reproche soit adressé par les mêmes critiques, chaque fois que paraît un livre nouveau.

Au milieu de phrases élogieuses, je trouve régulièrement celle-ci, sous les mêmes plumes°:

— Le plus grand défaut de cette œuvre c'est qu'elle n'est pas un roman à proprement parler.

On pourrait répondre par le même argument.

— Le plus grand défaut de l'écrivain qui me fait l'honneur de me juger, c'est qu'il n'est pas un critique.

Quels sont en effet les caractères essentiels du critique?

Il faut que, sans parti pris,° sans opinions préconçues, sans idées d'école,° sans attaches avec aucune famille d'artistes, il comprenne, distingue et explique toutes les tendances les plus opposées, les tempéraments les plus contraires, et admette les recherches d'art les plus diverses.

---

plumes: *ici*, écrivains   **école:** *ici*, mouvement littéraire
parti pris: opinion préconçue

---

1 Bien qu'il figure comme préface à ce roman depuis l'édition originale chez Ollendorff, cet essai a été composé à part, et publié dans le supplément littéraire du *Figaro*, avant la parution de *Pierre et Jean* (janv. 1888). Le roman avait déjà paru en trois épisodes dans *La Nouvelle Revue* (déc. 1887-janv. 1888). Avec sa préface, *Pierre et Jean* a été repris comme feuilleton dans la revue *La Vie populaire* (du 22 mars au 29 avr. 1888).

Or, le critique qui, après *Manon Lescaut, Paul et Virginie, Don Quichotte, les Liaisons dangereuses, Werther, les Affinités électives, Clarisse Harlowe, Émile, Candide, Cinq-Mars, René, les Trois Mousquetaires, Mauprat, le Père Goriot, la Cousine Bette, Colomba, le Rouge et le Noir, Mademoiselle de Maupin, Notre-Dame de Paris, Salammbô, Madame Bovary, Adolphe, M. de Camors, l'Assommoir, Sapho,* etc.,[2] ose° encore écrire: « Ceci est un roman et cela n'en est pas un », me paraît doué° d'une perspicacité qui ressemble fort à de l'incompétence.

Généralement ce critique entend par roman une aventure plus ou moins vraisemblable, arrangée à la façon d'une pièce de théâtre en trois actes dont le premier contient l'exposition, le second l'action et le troisième le dénouement.

Cette manière de composer est absolument admissible à la condition qu'on acceptera également toutes les autres.

Existe-t-il des règles pour faire un roman, en dehors desquelles une histoire écrite devrait porter un autre nom?

---

ose: a le courage de   **doué:** favorisé, pourvu

---

2 *Manon Lescaut... Sapho,* etc. Œuvres classiques ou bien connues à l'époque de Maupassant. Notez le nom de l'auteur et la langue originelle si ce n'est pas le français.: *Manon Lescaut* (l'abbé Prévost, 1731); *Paul et Virginie* (Bernardin de Saint-Pierre, 1787); *Don Quichotte* (Cervantes, 1605-1615, espagnol); *Les Liaisons dangereuses* (Choderlos de Laclos, 1782); *Werther* (Goethe, 1774-1787, allemand); *Les Affinités électives* (Goethe, 1809, allemand); *Clarisse Harlowe* (Samuel Richardson, 1747-1748, anglais); *Émile* (Jean-Jacques Rousseau, 1762); *Candide* (Voltaire, 1759); *Cinq-Mars* (Alfred de Vigny, 1826); *René* (Chateaubriand, 1802); *Les Trois Mousquetaires* (Alexandre Dumas, père, 1844); *Mauprat* (George Sand, 1837); *Le Père Goriot* (Honoré de Balzac, 1834); *La Cousine Bette* (Honoré de Balzac, 1846); *Colomba* (Prosper Mérimée, 1840); *Le Rouge et le Noir* (Stendhal, 1830); *Mademoiselle de Maupin* (Théophile Gautier, 1835); *Notre-Dame de Paris* (Victor Hugo, 1831); *Salammbô* (Gustave Flaubert, 1862); *Madame Bovary* (Gustave Flaubert, 1857); *Adolphe* (Benjamin Constant, 1816); *M. de Camors* (Octave Feuillet, 1867); *L'Assommoir* (Émile Zola, 1877); *Sapho* (Alphonse Daudet, 1884).

Si *Don Quichotte* est un roman, *le Rouge et le Noir* en est-il un autre? Si *Monte-Cristo*[3] est un roman, *l'Assommoir*[4] en est-il un? Peut-on établir une comparaison entre *les Affinités électives* de Goethe, *les Trois Mousquetaires* de Dumas, *Madame Bovary* de Flaubert, *M. de Camors* de M.O. Feuillet et *Germinal*[5] de M. Zola[6]?Laquelle de ces œuvres est un roman?

Quelles sont ces fameuses règles? D'où viennent-elles? Qui les a établies? En vertu de quel principe, de quelle autorité et de quels raisonnements?

Il semble cependant que ces critiques savent d'une façon certaine, indubitable, ce qui constitue un roman et ce qui le distingue d'un autre, qui n'en est pas un. Cela signifie tout simplement, que, sans être des producteurs, ils sont enrégimentés° dans une école, et qu'ils

---

enrégimentés: incorporés

---

3 *Monte-Cristo.* *Le comte de Monte-Cristo* (1844-45), roman d'aventures très populaire d'Alexandre Dumas, père. Edmond Dantès, emprisonné à tort par ses ennemis, s'évade 14 ans après. Riche du fabuleux trésor de l'île de Monte-Cristo, Dantès revient prendre une revanche implacable sur ses ennemis.

4 *L'Assommoir.* *Voir* notes 2 et 6. Roman réaliste/naturaliste d'Émile Zola (1877) qui fait partie de son cycle des Rougon-Macquart. La vie des ouvriers parisiens y est dépeinte, centrée sur le cabaret de l'Assommoir. La dégradation progressive des personnages principaux (Gervaise, Copeau et Lantier) symbolise la misère de leur classe.

5 *Germinal.* 1885; célèbre roman naturaliste d'Émile Zola qui explore à fond la vie et le destin des familles minières françaises du nord pendant une grève vers 1870; il fait aussi partie du cycle des Rougon-Macquart.

6 *M. Zola.* Écrivain et journaliste parisien (1840-1902). Avec *Le Roman expérimental* (1880) Émile Zola évolue vers le naturalisme, en adaptant à la littérature les théories déterministes du physiologiste Claude Bernard. En 1870, avec *La Fortune des Rougon*, Zola commence les 20 volumes des Rougon-Macquart (*L'Assommoir, Nana, Germinal, La Bête humaine...*), où il trace le destin de cinq générations successives de deux familles, y mettant fin en 1893 avec *Le docteur Pascal*. Jugé coupable pour sa lettre ouverte au président de la République, « J'accuse » (1898), où il prend parti pour Alfred Dreyfus, Zola doit se réfugier en Angleterre pendant huit mois. Maupassant se lie avec Zola vers 1874 et, avec son récit « Boule de suif », participe aux *Soirées de Médan* (1880), recueil de contes « naturalistes ».

rejettent, à la façon des romanciers eux-mêmes, toutes les œuvres conçues et exécutées en dehors de leur esthétique.

Un critique intelligent devrait, au contraire, rechercher tout ce qui ressemble le moins aux romans déjà faits, et pousser autant que possible les jeunes gens à tenter des voies nouvelles. Tous les écrivains, Victor Hugo[7] comme M. Zola, ont réclamé° avec persistance le droit absolu, droit indiscutable, de composer, c'est-à-dire d'imaginer ou d'observer, suivant leur conception personnelle de l'art. Le talent provient de l'originalité, qui est une manière spéciale de penser, de voir, de comprendre et de juger.

Or, le critique qui prétend° définir le Roman suivant l'idée qu'il s'en fait d'après les romans qu'il aime, et établir certaines règles invariables de composition, luttera toujours contre un tempérament d'artiste apportant une manière nouvelle. Un critique, qui mériterait absolument ce nom, ne devrait être qu'un analyste sans tendances, sans préférences, sans passions, et, comme un expert en tableaux, n'apprécier que la valeur artiste de l'objet d'art qu'on lui soumet. Sa compréhension, ouverte à tout, doit absorber assez complètement sa personnalité pour qu'il puisse découvrir et vanter les livres même qu'il n'aime pas comme homme et qu'il doit comprendre comme juge.

Mais la plupart des critiques ne sont, en somme, que des lecteurs, d'où il résulte qu'ils nous gourmandent° presque toujours à faux° ou qu'ils nous complimentent sans réserve et sans mesure.

Le lecteur, qui cherche uniquement dans un livre à satisfaire la tendance naturelle de son esprit, demande à l'écrivain de répondre à

| réclamé: demandé, imploré | gourmandent: réprimandent |
| prétend: affirme | à faux: à tort |

7 Victor Hugo. Besançon, 1802-Paris, 1885. Chef de l'école romantique française en littérature (*Préface de Cromwell*, 1827) et défenseur de la liberté dans l'art. Poète (*Les Feuilles d'automne, Les Voix intérieures, Les Contemplations*), romancier (*Notre-Dame de Paris, Les Misérables, Les Travailleurs de la mer*), dramaturge (*Hernani, Ruy Blas*) et homme politique, élu député en 1848. À la suite du coup d'état de Napoléon III (Louis-Napoléon Bonaparte) en décembre 1851, Hugo, partisan d'une démocratie libérale et humanitaire en art comme en politique, s'exile et reste hors de France pendant 19 ans, s'établissant dans l'île de Jersey, puis de Guernesey, ne rentrant à Paris qu'à la proclamation de la troisième République en 1870.

son goût prédominant, et il qualifie invariablement de remarquable ou de *bien écrit*, l'ouvrage ou le passage qui plaît à son imagination idéaliste, gaie, grivoise,° triste, rêveuse ou positive.°

En somme, le public est composé de groupes nombreux qui nous crient:

— Consolez-moi.

— Amusez-moi.

— Attristez-moi.

— Attendrissez-moi.°

— Faites-moi rêver.

— Faites-moi rire.

— Faites-moi frémir.°

— Faites-moi pleurer.

— Faites-moi penser.

Seuls, quelques esprits d'élite demandent à l'artiste:

— Faites-moi quelque chose de beau, dans la forme qui vous conviendra le mieux, suivant votre tempérament.

L'artiste essaie, réussit ou échoue.

Le critique ne doit apprécier le résultat que suivant la nature de l'effort; et il n'a pas le droit de se préoccuper des tendances.

Cela a été écrit déjà mille fois. Il faudra toujours le répéter.

Donc, après les écoles littéraires qui ont voulu nous donner une vision déformée, surhumaine, poétique, attendrissante, charmante ou superbe de la vie, est venue une école réaliste ou naturaliste qui a prétendu nous montrer la vérité, rien que la vérité et toute la vérité.

Il faut admettre avec un égal intérêt ces théories d'art si différentes et juger les œuvres qu'elles produisent, uniquement au point de vue de leur valeur artistique en acceptant *a priori* les idées générales d'où elles sont nées.

Contester° le droit d'un écrivain de faire une œuvre poétique ou une œuvre réaliste, c'est vouloir le forcer à modifier son tempérament, récuser° son originalité, ne pas lui permettre de se servir de l'œil et de l'intelligence que la nature lui a donnés.

---

grivoise: libre, triviale   **frémir:** trembler (d'horreur)
positive: *ici*, expérimentale, basée   **Contester:** disputer
    sur l'observation   **récuser:** refuser de reconnaître
Attendrissez-moi: Touchez-moi

Lui reprocher de voir les choses belles ou laides, petites ou épiques, gracieuses ou sinistres, c'est lui reprocher d'être conformé° de telle ou telle façon et de ne pas avoir une vision concordant avec la nôtre. Laissons-le libre de comprendre, d'observer, de concevoir comme il lui plaira, pourvu qu'il soit un artiste. Devenons poétiquement exaltés pour juger un idéaliste et prouvons-lui que son rêve est médiocre, banal, pas assez fou ou magnifique. Mais si nous jugeons un naturaliste, montrons-lui en quoi la vérité dans la vie diffère de la vérité dans son livre.

Il est évident que des écoles si différentes ont dû employer des procédés de composition absolument opposés.

Le romancier qui transforme la vérité constante, brutale et déplaisante, pour en tirer une aventure exceptionnelle et séduisante, doit, sans souci exagéré de la vraisemblance, manipuler les événements à son gré,° les préparer et les arranger pour plaire au lecteur, l'émouvoir° ou l'attendrir. Le plan de son roman n'est qu'une série de combinaisons ingénieuses conduisant avec adresse° au dénouement. Les incidents sont disposés et gradués vers le point culminant et l'effet de la fin, qui est un événement capital et décisif, satisfaisant toutes les curiosités éveillées au début, mettant une barrière à l'intérêt, et terminant si complètement l'histoire racontée qu'on ne désire plus savoir ce que deviendront, le lendemain, les personnages les plus attachants.°

Le romancier, au contraire, qui prétend nous donner une image exacte de la vie, doit éviter avec soin tout enchaînement d'événements qui paraîtrait exceptionnel. Son but n'est point de nous raconter une histoire, de nous amuser ou de nous attendrir, mais de nous forcer à penser, à comprendre le sens profond et caché des événements. À force d'avoir vu et médité il regarde l'univers, les choses, les faits et les hommes d'une certaine façon qui lui est propre et qui résulte de l'ensemble de ses observations réfléchies. C'est cette vision personnelle du monde qu'il cherche à nous communiquer en la reproduisant dans un livre. Pour nous émouvoir, comme il l'a été lui-même par le spectacle de la vie, il doit la reproduire devant nos

---

conformé: fait   **adresse:** *ici*, finesse, intelligence
à son gré: comme il voudrait   **attachants:** captivants
l'émouvoir: l'attendrir, le toucher

yeux avec une scrupuleuse ressemblance. Il devra donc composer son œuvre d'une manière si adroite, si dissimulée,° et d'apparence si simple, qu'il soit impossible d'en apercevoir et d'en indiquer le plan, de découvrir ses intentions.

Au lieu de machiner° une aventure et de la dérouler° de façon à la rendre intéressante jusqu'au dénouement, il prendra son ou ses personnages à une certaine période de leur existence et les conduira, par des transitions naturelles, jusqu'à la période suivante.

Il montrera de cette façon, tantôt comment les esprits se modifient sous l'influence des circonstances environnantes, tantôt comment se développent les sentiments et les passions, comment on s'aime, comment on se hait, comment on se combat dans tous les milieux sociaux, comment luttent les intérêts bourgeois, les intérêts d'argent, les intérêts de famille, les intérêts politiques.

L'habileté° de son plan ne consistera donc point dans l'émotion ou dans le charme, dans un début attachant ou dans une catastrophe émouvante, mais dans le groupement adroit de petits faits constants d'où se dégagera le sens définitif de l'œuvre. S'il fait tenir dans trois cents pages dix ans d'une vie pour montrer quelle a été, au milieu de tous les êtres qui l'ont entourée, sa signification particulière et bien caractéristique, il devra savoir éliminer, parmi les menus° événements innombrables et quotidiens, tous ceux qui lui sont inutiles, et mettre en lumière, d'une façon spéciale, tous ceux qui seraient demeurés inaperçus pour des observateurs peu clairvoyants et qui donnent au livre sa portée,° sa valeur d'ensemble.

On comprend qu'une semblable manière de composer, si différente de l'ancien procédé visible à tous les yeux, déroute° souvent les critiques, et qu'ils ne découvrent pas tous les fils° si minces, si secrets, presque invisibles, employés par certains artistes modernes à la place de la ficelle° unique qui avait nom: l'Intrigue.°

---

dissimulée: secrète, cachée
machiner: combiner, former
dérouler: développer, déployer
habileté: adresse, finesse
menus: *ici*, petits
portée: *ici*, force, importance

déroute: détourne, écarte (de sa route)
fils: moyens secrets, ficelles minces
ficelle: petite corde
l'Intrigue: ensemble des incidents qui forment l'action d'une pièce, d'un roman

En somme, si le Romancier d'hier choisissait et racontait les crises de la vie, les états aigus° de l'âme° et du cœur, le Romancier d'aujourd'hui écrit l'histoire du cœur, de l'âme et de l'intelligence à l'état normal. Pour produire l'effet qu'il poursuit, c'est-à-dire l'émotion de la simple réalité et pour dégager° l'enseignement artistique qu'il en veut tirer, c'est-à-dire la révélation de ce qu'est véritablement l'homme contemporain devant ses yeux, il devra n'employer que des faits d'une vérité irrécusable° et constante.

Mais en se plaçant au point de vue même de ces artistes réalistes, on doit discuter et contester leur théorie qui semble pouvoir être résumée par ces mots: « Rien que la vérité et toute la vérité.»

Leur intention étant de dégager la philosophie de certains faits constants et courants, ils devront souvent corriger les événements au profit de la vraisemblance et au détriment de la vérité, car:

Le vrai peut quelquefois n'être pas vraisemblable.[8]

Le réaliste, s'il est un artiste, cherchera, non pas à nous montrer la photographie banale de la vie, mais à nous en donner la vision plus complète, plus saisissante,° plus probante° que la réalité même.

Raconter tout serait impossible, car il faudrait alors un volume au moins par journée, pour énumérer les multitudes d'incidents insignifiants qui emplissent notre existence. Un choix s'impose donc, — ce qui est une première atteinte° à la théorie de toute la vérité.

La vie, en outre, est composée des choses les plus différentes, les plus imprévues,° les plus contraires, les plus disparates°; elle est brutale, sans suite, sans chaîne, pleine de catastrophes inexplicables, illogiques et contradictoires qui doivent être classées au chapitre *faits divers.*

---

aigus: vifs, perçants
âme: esprit, ensemble des
    sentiments
dégager: faire sortir, libérer
irrécusable: indéniable
saisissante: surprenante, étonnante

probante: qui prouve, qui convainc
atteinte: coup, attaque
imprévues: inattendues
disparates: qui contrastent
    fortement

---

8 *Le vrai peut quelquefois n'être pas vraisemblable.* Citation de *l'Art poétique* (1674) de Nicolas Boileau, théoricien de l'esthétique classique française au XVIIe siècle.

Voilà pourquoi l'artiste, ayant choisi son thème, ne prendra dans cette vie encombrée de hasards et de futilités que les détails caractéristiques utiles à son sujet, et il rejettera tout le reste, tout l'à-côté.°

Un exemple entre mille: Le nombre des gens qui meurent chaque jour par accident est considérable sur la terre. Mais pouvons-nous faire tomber une tuile° sur la tête d'un personnage principal, ou le jeter sous les roues d'une voiture, au milieu d'un récit, sous prétexte qu'il faut faire la part de° l'accident?

La vie encore laisse tout au même plan, précipite les faits ou les traîne° indéfiniment. L'art, au contraire, consiste à user de précautions et de préparations, à ménager° des transitions savantes et dissimulées, à mettre en pleine lumière, par la seule adresse de la composition, les événements essentiels et à donner à tous les autres le degré de relief° qui leur convient,° suivant leur importance, pour produire la sensation profonde de la vérité spéciale qu'on veut montrer.

Faire vrai consiste donc à donner l'illusion complète du vrai, suivant la logique ordinaire des faits, et non à les transcrire servilement dans le pêle-mêle de leur succession.°

J'en conclus que les Réalistes de talent devraient s'appeler plutôt des Illusionnistes.

Quel enfantillage, d'ailleurs, de croire à la réalité puisque nous portons chacun la nôtre dans notre pensée et dans nos organes. Nos yeux, nos oreilles, notre odorat,° notre goût différents créent autant de vérités qu'il y a d'hommes sur la terre. Et nos esprits qui reçoivent les instructions de ces organes, diversement impressionnés, comprennent, analysent et jugent comme si chacun de nous appartenait à une autre race.

Chacun de nous se fait donc simplement une illusion du monde, illusion poétique, sentimentale, joyeuse, mélancolique, sale ou lugubre suivant sa nature. Et l'écrivain n'a d'autre mission que de

---

l'à-côté: les matières accessoires
tuile: pièce de terre cuite couvrant les toits
faire la part de: tenir compte de
traîne: tire avec difficulté

ménager: disposer, régler
relief: accent, importance
leur convient: leur est propre
succession: suite, arrivée
odorat: sens qui perçoit les odeurs

reproduire fidèlement cette illusion avec tous les procédés d'art qu'il a appris et dont il peut disposer. Illusion du beau qui est une convention humaine! Illusion du laid qui est une opinion changeante! Illusion du vrai jamais immuable°! Illusion de l'ignoble° qui attire tant d'êtres! Les grands artistes sont ceux qui imposent à l'humanité leur illusion particulière.

Ne nous fâchons donc contre aucune théorie puisque chacune d'elles est simplement l'expression généralisée d'un tempérament qui s'analyse.

Il en est deux surtout qu'on a souvent discutées en les opposant l'une à l'autre au lieu de les admettre l'une et l'autre, celle du roman d'analyse pure et celle du roman objectif. Les partisans de l'analyse demandent que l'écrivain s'attache à indiquer les moindres évolutions d'un esprit et tous les mobiles° les plus secrets qui déterminent nos actions, en n'accordant au fait lui-même qu'une importance très secondaire. Il est le point d'arrivée, une simple borne,° le prétexte du roman. Il faudrait donc, d'après eux, écrire ces œuvres précises et rêvées où l'imagination se confond avec l'observation, à la manière d'un philosophe composant un livre de psychologie, exposer les causes en les prenant aux origines les plus lointaines, dire tous les pourquoi de tous les vouloirs et discerner toutes les réactions de l'âme agissant sous l'impulsion des intérêts, des passions ou des instincts.

Les partisans de l'objectivité, (quel vilain mot!) prétendant, au contraire, nous donner la représentation exacte de ce qui a lieu dans la vie, évitent avec soin toute explication compliquée, toute dissertation sur les motifs, et se bornent° à faire passer sous nos yeux les personnages et les événements.

Pour eux, la psychologie doit être cachée dans le livre comme elle est cachée en réalité sous les faits dans l'existence.

Le roman conçu de cette manière y gagne de l'intérêt, du mouvement dans le récit, de la couleur, de la vie remuante.

Donc, au lieu d'expliquer longuement l'état d'esprit d'un personnage, les écrivains objectifs cherchent l'action ou le geste que cet état d'âme doit faire accomplir fatalement à cet homme dans une

---

jamais immuable: qui ne changera jamais
l'ignoble: ce qui est vil ou infâme
mobiles: causes qui font agir

borne: pierre indicatrice (sur la route)
se bornent: se limitent

situation déterminée. Et ils le font se conduire de telle manière, d'un bout à l'autre du volume, que tous ses actes, tous ses mouvements, soient le reflet de sa nature intime, de toutes ses pensées, de toutes ses volontés ou de toutes ses hésitations. Ils cachent donc la psychologie au lieu de l'étaler,° ils en font la carcasse de l'œuvre, comme l'ossature° invisible est la carcasse du corps humain. Le peintre qui fait notre portrait ne montre pas notre squelette.

Il me semble aussi que le roman exécuté de cette façon y gagne en sincérité. Il est d'abord plus vraisemblable, car les gens que nous voyons agir autour de nous ne nous racontent point les mobiles auxquels ils obéissent.

Il faut ensuite tenir compte de ce que, si, à force d'observer les hommes, nous pouvons déterminer leur nature assez exactement pour prévoir leur manière d'être dans presque toutes les circonstances, si nous pouvons dire avec précision: « Tel homme de tel tempérament, dans tel cas, fera ceci », il ne s'ensuit point que nous puissions déterminer, une à une, toutes les secrètes évolutions de sa pensée qui n'est pas la nôtre, toutes les mystérieuses sollicitations de ses instincts qui ne sont pas pareils aux nôtres, toutes les incitations confuses de sa nature dont les organes, les nerfs, le sang, la chair,° sont différents des nôtres.

Quel que soit le génie d'un homme faible, doux, sans passions, aimant uniquement la science° et le travail, jamais il ne pourra se transporter assez complètement dans l'âme et dans le corps d'un gaillard° exubérant, sensuel, violent, soulevé par tous les désirs et même par tous les vices, pour comprendre et indiquer les impulsions et les sensations les plus intimes de cet être si différent, alors même qu'il peut fort bien prévoir et raconter tous les actes de sa vie.

En somme, celui qui fait de la psychologie pure ne peut que se substituer à tous ses personnages dans les différentes situations où il les place, car il lui est impossible de changer ses organes, qui sont les seuls intermédiaires entre la vie extérieure et nous, qui nous imposent leurs perceptions, déterminent notre sensibilité,° créent en nous une âme essentiellement différente de toutes celles qui nous

---

étaler: exposer
ossature: squelette, structure
chair: muscles couvrant les os

science: *ici*, connaissance(s)
gaillard: libertin
sensibilité: faculté de sentir

entourent. Notre vision, notre connaissance du monde acquise par le secours° de nos sens, nos idées sur la vie, nous ne pouvons que les transporter en partie dans tous les personnages dont nous prétendons dévoiler° l'être intime et inconnu. C'est donc toujours nous que nous montrons dans le corps d'un roi, d'un assassin, d'un voleur ou d'un honnête homme, d'une courtisane, d'une religieuse,° d'une jeune fille ou d'une marchande aux halles,° car nous sommes obligés de nous poser ainsi le problème: « Si *j'*étais roi, assassin, voleur, courtisane, religieuse, jeune fille ou marchande aux halles, qu'est-ce que *je* ferais, qu'est-ce que *je* penserais, comment est-ce que *j'*agirais? » Nous ne diversifions donc nos personnages qu'en changeant l'âge, le sexe, la situation sociale et toutes les circonstances de la vie de notre *moi* que la nature a entouré d'une barrière d'organes infranchissable.°

L'adresse consiste à ne pas laisser reconnaître ce *moi* par le lecteur sous tous les masques divers qui nous servent à le cacher.

Mais si, au seul point de vue de la complète exactitude, la pure analyse psychologique est contestable, elle peut cependant nous donner des œuvres d'art aussi belles que toutes les autres méthodes de travail.

Voici, aujourd'hui, les symbolistes.[9] Pourquoi pas? Leur rêve d'artistes est respectable; et ils ont cela de particulièrement intéressant qu'ils savent et qu'ils proclament l'extrême difficulté de l'art.

---

secours: aide
dévoiler: découvrir, révéler
religieuse: femme engagée dans un
    ordre monastique

halles: marché sur une place
    publique
infranchissable: qui ne peut pas
    être traversée

---

9 *les symbolistes.* Le symbolisme est un mouvement littéraire français de la fin du XIXe siècle, surtout en poésie, qui refuse le scientisme des écoles réaliste et naturaliste. Ses représentants les mieux connus restent Charles Baudelaire (1821-1867), Paul Verlaine (1844-1896), Arthur Rimbaud (1854-1891), Stéphane Mallarmé (1842-1898) et Paul Valéry (1871-1945). Se basant sur une vision symbolique et spirituelle du monde, il cherche de nouveaux moyens d'expression, par exemple par l'analogie ou les correspondances entre l'idée abstraite et l'image qui veut l'exprimer. En exploitant tous les sens (sons, couleurs, visions), le poète se voit devenir un mage.

Il faut être, en effet, bien fou, bien audacieux, bien outrecuidant°
ou bien sot, pour écrire encore aujourd'hui! Après tant de maîtres
aux natures si variées, au génie si multiple, que reste-t-il à faire qui
n'ait été fait, que reste-t-il à dire qui n'ait été dit? Qui peut se vanter,
parmi nous, d'avoir écrit une page, une phrase qui ne se trouve déjà,
à peu près pareille, quelque part. Quand nous lisons, nous, si saturés
d'écriture française que notre corps entier nous donne l'impression
d'être une pâte° faite avec des mots, trouvons-nous jamais une ligne,
une pensée qui ne nous soit familière, dont nous n'ayons eu, au
moins, le confus pressentiment?

L'homme qui cherche seulement à amuser son public par des
moyens déjà connus, écrit avec confiance, dans la candeur de sa
médiocrité, des œuvres destinées à la foule ignorante et désœuvrée.°
Mais ceux sur qui pèsent° tous les siècles de la littérature passée, ceux
que rien ne satisfait, que tout dégoûte, parce qu'ils rêvent mieux,
à qui tout semble défloré° déjà, à qui leur œuvre donne toujours
l'impression d'un travail inutile et commun, en arrivent à juger l'art
littéraire une chose insaisissable, mystérieuse, que nous dévoilent à
peine quelques pages des plus grands maîtres.

Vingt vers,° vingt phrases, lus tout à coup nous font tressaillir°
jusqu'au cœur comme une révélation surprenante; mais les vers
suivants ressemblent à tous les vers, la prose qui coule ensuite
ressemble à toutes les proses.

Les hommes de génie n'ont point, sans doute, ces angoisses et ces
tourments, parce qu'ils portent en eux une force créatrice irrésistible.
Ils ne se jugent pas eux-mêmes. Les autres, nous autres qui sommes
simplement des travailleurs conscients et tenaces, nous ne pouvons
lutter contre l'invincible découragement que par la continuité de
l'effort.

---

outrecuidant: arrogant
pâte: mélange de matières écrasées
désœuvrée: qui n'a rien à faire
pèsent: exercent une pression

défloré: banal, sans nouveauté
vers: lignes de poésie
tressaillir: éprouver une agitation
soudaine

Deux hommes par leurs enseignements simples et lumineux m'ont donné cette force de toujours tenter: Louis Bouilhet[10] et Gustave Flaubert.[11]

Si je parle ici d'eux et de moi c'est que leurs conseils, résumés en peu de lignes, seront peut-être utiles à quelques jeunes gens moins confiants en eux-mêmes qu'on ne l'est d'ordinaire quand on débute dans les lettres.

Bouilhet, que je connus le premier d'une façon un peu intime, deux ans environ avant de gagner l'amitié de Flaubert, à force de me répéter que cent vers, peut-être moins, suffisent à la réputation d'un artiste, s'ils sont irréprochables et s'ils contiennent l'essence du talent et de l'originalité d'un homme même de second ordre, me fit comprendre que le travail continuel et la connaissance profonde du métier peuvent, un jour de lucidité, de puissance° et d'entraînement, par la rencontre heureuse d'un sujet concordant bien avec toutes les tendances de notre esprit, amener cette éclosion° de l'œuvre courte, unique et aussi parfaite que nous la pouvons produire.

Je compris ensuite que les écrivains les plus connus n'ont presque jamais laissé plus d'un volume et qu'il faut, avant tout, avoir cette chance de trouver et de discerner, au milieu de la multitude des matières° qui se présentent à notre choix, celle qui absorbera toutes

---

puissance: force, pouvoir   **matières:** *ici*, sujets
éclosion: ouverture, parution

---

10 *Louis Bouilhet.* (1822-1869). Poète et dramaturge. Ami intime de Gustave Flaubert dont il a lu notamment les divers manuscrits de *Madame Bovary* (publié en 1857). Bouilhet et Flaubert ont tous deux servi de maîtres littéraires au jeune Maupassant qui, dès 1875, passait de nombreux dimanches chez Flaubert à Croisset (Normandie).

11 *Gustave Flaubert.* (Rouen, 1821-Croisset, 1880). Fils de médecin, il interrompt ses études de droit pour se consacrer entièrement et passionnément à l'écriture. Il oscille entre des fictions historiques, et bien documentées, telles *Salammbô* (1862) et *La Tentation de saint Antoine,* (1849-74) et des romans réalistes, *Madame Bovary* (1857), *L'Éducation sentimentale* (1869). Tout en étant grand styliste, Flaubert tient à observer l'humanité « scientifiquement », avec impartialité. Ami d'enfance de Laure Le Poittevin, la mère de Guy de Maupassant, Flaubert est heureux de prendre le jeune Maupassant sous son aile aux débuts de sa carrière, lui conseillant de « partir du réalisme pour aller jusqu'à la beauté ».

nos facultés, toute notre valeur, toute notre puissance artiste. Plus tard, Flaubert, que je voyais quelquefois, se prit d'affection pour moi. J'osai lui soumettre quelques essais. Il les lut avec bonté et me répondit: « Je ne sais pas si vous aurez du talent. Ce que vous m'avez apporté prouve une certaine intelligence, mais n'oubliez point ceci, jeune homme, que le talent — suivant le mot de Chateaubriand[12] — n'est qu'une longue patience. Travaillez.»

Je travaillai, et je revins souvent chez lui, comprenant que je lui plaisais, car il s'était mis à m'appeler, en riant, son disciple.

Pendant sept ans je fis des vers, je fis des contes, je fis des nouvelles, je fis même un drame détestable. Il n'en est rien resté. Le maître lisait tout, puis le dimanche suivant, en déjeunant, développait ses critiques et enfonçait° en moi, peu à peu, deux ou trois principes qui sont le résumé de ses longs et patients enseignements. « Si on a une originalité, disait-il, il faut avant tout la dégager; si on n'en a pas, il faut en acquérir une.»

— Le talent est une longue patience. — Il s'agit de regarder tout ce qu'on veut exprimer assez longtemps et avec assez d'attention pour en découvrir un aspect qui n'ait été vu et dit par personne. Il y a, dans tout, de l'inexploré, parce que nous sommes habitués à ne nous servir de nos yeux qu'avec le souvenir de ce qu'on a pensé avant nous sur ce que nous contemplons. La moindre chose contient un peu d'inconnu. Trouvons-le. Pour décrire un feu qui flambe et un arbre dans une plaine, demeurons en face de ce feu et de cet arbre jusqu'à ce qu'ils ne ressemblent plus, pour nous, à aucun autre arbre et à aucun autre feu.

C'est de cette façon qu'on devient original.

enfonçait: mettait au fond

12 *Chateaubriand.* François-René, vicomte de (Saint-Malo, Bretagne, 1768-Paris, 1848). La Révolution française interrompt sa carrière militaire. Il voyage en Amérique (1791) et émigre en Angleterre en 1793. De retour en France, il écrit *Atala* (1801) et *René* (1802), histoires d'aventures qui ont lieu au Nouveau-Monde, ainsi que d'autres ouvrages célèbres, y compris son « épopée », *Les Mémoires d'outre-tombe* (1841). Connu pour sa prose lyrique (poésie en prose), Chateaubriand établit dans son écriture les liens romantiques entre l'homme et la nature. Il joue un rôle politique important sous l'empereur Napoléon Ier.

Ayant, en outre, posé cette vérité qu'il n'y a pas, de par le monde entier, deux grains de sable, deux mouches, deux mains ou deux nez absolument pareils, il me forçait à exprimer, en quelques phrases, un être ou un objet de manière à le particulariser nettement, à le distinguer de tous les autres êtres ou de tous les autres objets de même race ou de même espèce.

« Quand vous passez, me disait-il, devant un épicier° assis sur sa porte, devant un concierge qui fume sa pipe, devant une station de fiacres,° montrez-moi cet épicier et ce concierge, leur pose, toute leur apparence physique contenant aussi, indiquée par l'adresse de l'image, toute leur nature morale,° de façon à ce que je ne les confonde avec aucun autre épicier ou avec aucun autre concierge, et faites-moi voir, par un seul mot, en quoi un cheval de fiacre ne ressemble pas aux cinquante autres qui le suivent et le précèdent. »

J'ai développé ailleurs ses idées sur le style. Elles ont de grands rapports avec la théorie de l'observation que je viens d'exposer. Quelle que soit la chose qu'on veut dire, il n'y a qu'un mot pour l'exprimer, qu'un verbe pour l'animer et qu'un adjectif pour la qualifier. Il faut donc chercher, jusqu'à ce qu'on les ait découverts, ce mot, ce verbe et cet adjectif, et ne jamais se contenter de l'à peu près, ne jamais avoir recours à des supercheries,° même heureuses,° à des clowneries de langage pour éviter la difficulté.

On peut traduire et indiquer les choses les plus subtiles en appliquant ce vers de Boileau:

D'un mot mis en sa place enseigna le pouvoir.[13]

Il n'est point besoin du vocabulaire bizarre, compliqué, nombreux et chinois° qu'on nous impose aujourd'hui sous le nom d'écriture artiste, pour fixer toutes les nuances de la pensée; mais

---

épicier: marchand d'aliments	**supercheries:** fraudes, tromperies
fiacres: voitures à cheval, louées à l'heure	**heureuses:** *ici*, bien placées
morale: psychologique	**chinois:** *ici*, trop subtil

---

13 *D'un mot mis en sa place enseigna le pouvoir.* Une autre maxime artistique tirée de *l'Art poétique* de Boileau. *Voir* note 8. Il est à noter que, dans son essai sur la technique du roman, Maupassant a recours à la théorie de l'art classique du dix-septième siècle.

il faut discerner avec une extrême lucidité toutes les modifications de la valeur d'un mot suivant la place qu'il occupe. Ayons moins de noms, de verbes et d'adjectifs aux sens presque insaisissables, mais plus de phrases différentes, diversement construites, ingénieusement coupées, pleines de sonorités et de rythmes savants. Efforçons-nous d'être des stylistes excellents plutôt que des collectionneurs de termes rares.

Il est, en effet, plus difficile de manier la phrase à son gré, de lui faire tout dire, même ce qu'elle n'exprime pas, de l'emplir de sous-entendus,° d'intentions secrètes et non formulées, que d'inventer des expressions nouvelles ou de rechercher, au fond de vieux livres inconnus, toutes celles dont nous avons perdu l'usage et la signification, et qui sont pour nous comme des verbes morts.

La langue française, d'ailleurs, est une eau pure que les écrivains maniérés n'ont jamais pu et ne pourront jamais troubler. Chaque siècle a jeté dans ce courant limpide, ses modes, ses archaïsmes prétentieux et ses préciosités, sans que rien surnage° de ces tentatives inutiles, de ces efforts impuissants. La nature de cette langue est d'être claire, logique et nerveuse. Elle ne se laisse pas affaiblir, obscurcir ou corrompre.

Ceux qui font aujourd'hui des images, sans prendre garde aux termes abstraits, ceux qui font tomber la grêle ou la pluie sur la *propreté*° des vitres, peuvent aussi jeter des pierres à la simplicité de leurs confrères! Elles frapperont peut-être les confrères qui ont un corps, mais n'atteindront jamais la simplicité qui n'en a pas.

GUY DE MAUPASSANT.
La Guillette,[14] Étretat, septembre 1887.

---

sous-entendus: éléments incertains ou implicites	**surnage:** survive, subsiste
	propreté: netteté, absence de saleté

---

14 *La Guillette.* Nom de la résidence secondaire de Maupassant qu'il a fait construire en 1883 à Étretat sur la côte normande — c'est la ville où l'auteur a grandi — et où il passait l'été.

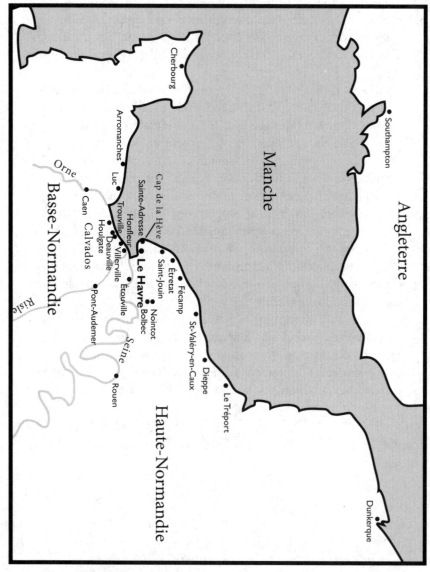

La côte normande

Pierre et Jean

I

— Zut![1] s'écria tout à coup le père Roland qui depuis un quart d'heure demeurait immobile, les yeux fixés sur l'eau, et soulevant par moments, d'un mouvement très léger, sa ligne descendue au fond de la mer.

Mme Roland, assoupie° à l'arrière du bateau, à côté de Mme Rosémilly invitée à cette partie de pêche, se réveilla, et tournant la tête vers son mari:

— Eh bien!... eh bien!... Gérôme!

Le bonhomme° furieux répondit:

— Ça ne mord plus du tout.[2] Depuis midi je n'ai rien pris. On

---

assoupie: endormie à demi	**bonhomme:** (familier) homme simple, d'un certain âge

---

1 *Zut!* Exclamation populaire de frustration, de colère. Ainsi, le premier mot du roman sert à caractériser le tempérament du père Roland et le registre sur lequel il s'exprimera.

2 *Ça ne mord plus du tout. Ça* = pronom démonstratif singulier; remplace *cela.* À l'usage familier, il signale le singulier ainsi que le pluriel. Ici, son antécédent sous-entendu est *les poissons.*

ne devrait jamais pêcher qu'entre hommes; les femmes vous font embarquer toujours trop tard.

Ses deux fils, Pierre et Jean, qui tenaient, l'un à bâbord,° l'autre à tribord,° chacun une ligne enroulée à l'index, se mirent à rire en même temps et Jean répondit:

— Tu n'es pas galant pour notre invitée, papa.

M. Roland fut confus et s'excusa:

— Je vous demande pardon, madame Rosémilly, je suis comme ça. J'invite des dames parce que j'aime me trouver avec elles, et puis, dès que je sens de l'eau sous moi, je ne pense plus qu'au poisson.

Mme Roland s'était tout à fait réveillée et regardait d'un air attendri° le large horizon de falaises° et de mer. Elle murmura:

— Vous avez cependant fait une belle pêche.

Mais son mari remuait° la tête pour dire non, tout en jetant un coup d'œil bienveillant° sur le panier où le poisson capturé par les trois hommes palpitait vaguement encore, avec un bruit doux d'écailles° gluantes et de nageoires° soulevées, d'efforts impuissants et mous,° et de bâillements° dans l'air mortel.

Le père Roland saisit la manne° entre ses genoux, la pencha, fit couler° jusqu'au bord le flot d'argent des bêtes pour voir celles du fond, et leur palpitation d'agonie° s'accentua, et l'odeur forte de leur corps, une saine° puanteur° de marée,° monta du ventre plein de la corbeille.

Le vieux pêcheur la huma° vivement, comme on sent des roses, et déclara:

à bâbord: la gauche du bateau
  (dans le sens de la marche)
à tribord: la droite du bateau
attendri: ému, sensible
falaises: rochers en pente ou
  escarpés, *ici,* qui bordent la
  mer
remuait: bougeait
bienveillant: agréable, favorable
écailles: plaques recouvrant les
  poissons
nageoires: organes locomoteurs
  des poissons
mous: sans énergie, doux

bâillements: ouvertures répétées de
  la bouche
manne: grande corbeille, panier à
  poissons
couler: *ici,* s'échapper, se répandre
agonie: derniers moments de la vie
saine: intacte, non gâtée
puanteur: mauvaise odeur (Notez
  la contradiction [l'oxymore]
  entre les termes **saine** et
  puanteur.)
marée: mouvement périodique de
  la mer
˚**huma:** sentit, respira

— Cristi![3] ils sont frais, ceux-là!

Puis il continua:

— Combien en as-tu pris, toi, docteur?

Son fils aîné, Pierre, un homme de trente ans à favoris° noirs coupés comme ceux des magistrats, moustaches et menton rasés, répondit:

— Oh! pas grand-chose, trois ou quatre.

Le père se tourna vers le cadet:

— Et toi, Jean?

Jean, un grand garçon blond, très barbu, beaucoup plus jeune que son frère, sourit et murmura:

— À peu près comme Pierre, quatre ou cinq.

Ils faisaient, chaque fois, le même mensonge qui ravissait le père Roland.

Il avait enroulé son fil au tolet° d'un aviron,° et croisant ses bras il annonça:

— Je n'essayerai plus jamais de pêcher l'après-midi. Une fois dix heures passées, c'est fini. Il ne mord plus, le gredin,° il fait la sieste au soleil.

Le bonhomme regardait la mer autour de lui avec un air satisfait de propriétaire.

C'était un ancien bijoutier parisien qu'un amour immodéré de la navigation et de la pêche avait arraché au° comptoir dès qu'il eut assez d'aisance° pour vivre modestement de ses rentes.°

Il se retira donc au Havre,[4] acheta une barque° et devint matelot° amateur. Ses deux fils, Pierre et Jean, restèrent à Paris pour continuer

favoris: touffes de barbe sur les joues	**gredin:** (péjoratif) personne vile, criminelle (*ici*, il s'adresse aux poissons)
tolet: morceau de fer qui soutient l'aviron ou la rame	**arraché au:** détaché du
aviron: pièce de bois servant à manœuvrer dans l'eau; une rame	**aisance:** fortune suffisante
	rentes: revenu annuel
	barque: bateau
	matelot: marin

3 *Cristi!* = Sacristi! Un autre juron populaire servant encore à faire voir les manières du père Roland.

4 *au Havre.* Vieux port et ville de Normandie (département de la Seine-Maritime). Pour cette ville et les autres lieux normands cités, *voir* la carte p. 50.

leurs études et vinrent en congé de temps en temps partager les plaisirs de leur père.

À la sortie du collège,[5] l'aîné, Pierre, de cinq ans plus âgé que Jean, s'étant senti successivement de la vocation pour des professions variées, en avait essayé, l'une après l'autre, une demi-douzaine, et, vite dégoûté de chacune, se lançait aussitôt dans de nouvelles espérances.°

En dernier lieu la médecine l'avait tenté, et il s'était mis au travail avec tant d'ardeur, qu'il venait d'être reçu docteur après d'assez courtes études et des dispenses de temps° obtenues du ministre.[6] Il était exalté, intelligent, changeant et tenace, plein d'utopies et d'idées philosophiques.

Jean, aussi blond que son frère était noir, aussi calme que son frère était emporté,° aussi doux que son frère était rancunier,° avait fait tranquillement son droit et venait d'obtenir son diplôme de licencié° en même temps que Pierre obtenait celui de docteur.

Tous les deux prenaient donc un peu de repos dans leur famille, et tous les deux formaient le projet de s'établir au Havre s'ils parvenaient à le faire dans des conditions satisfaisantes.

Mais une vague jalousie, une de ces jalousies dormantes qui grandissent presque invisibles entre frères ou entre sœurs jusqu'à la maturité et qui éclatent à l'occasion d'un mariage ou d'un bonheur tombant sur l'un, les tenait en éveil° dans une fraternelle et inoffensive inimitié.° Certes ils s'aimaient, mais ils s'épiaient.° Pierre, âgé de cinq ans à la naissance de Jean, avait regardé avec une hostilité de petite bête gâtée cette autre petite bête apparue tout à coup dans les bras de son père et de sa mère, et tant aimée, tant caressée par eux.

---

espérances: objets désirés
dispenses de temps: exemptions
   de la durée normale
emporté: irritable
rancunier: vindicatif

licencié: *ici,* licencié en droit; Jean
   a son diplôme d'avocat.
en éveil: alertes, excités
inimité: hostilité
s'épiaient: s'observaient en secret

---

5 *À la sortie du collège...* De nos jours le *collège* en France sert les élèves de 11 à 14 ans. À l'époque de *Pierre et Jean,* c'étaient des établissements d'études supérieures, tels les *colleges* aux États-Unis.

6 *dispenses de temps obtenues du ministre.* Évidemment le père Roland a pu obtenir auprès des autorités un raccourcissement des études de médecine de Pierre.

Jean, dès son enfance, avait été un modèle de douceur, de bonté et de caractère égal°; et Pierre s'était énervé,° peu à peu, à entendre vanter sans cesse ce gros garçon dont la douceur lui semblait être de la mollesse,° la bonté de la niaiserie° et la bienveillance de l'aveuglement.° Ses parents, gens placides, qui rêvaient pour leurs fils des situations honorables et médiocres, lui reprochaient ses indécisions, ses enthousiasmes, ses tentatives avortées, tous ses élans° impuissants vers des idées généreuses° et vers des professions décoratives. Depuis qu'il était homme, on ne lui disait plus: « Regarde Jean et imite-le!» mais chaque fois qu'il entendait répéter: « Jean a fait ceci, Jean a fait cela », il comprenait bien le sens et l'allusion cachés sous ces paroles.

Leur mère, une femme d'ordre, une économe bourgeoise un peu sentimentale, douée d'une âme tendre de caissière,° apaisait sans cesse les petites rivalités nées chaque jour entre ses deux grands fils, de tous les menus faits° de la vie commune. Un léger événement, d'ailleurs, troublait en ce moment sa quiétude, et elle craignait une complication, car elle avait fait la connaissance pendant l'hiver, pendant que ses enfants achevaient l'un et l'autre leurs études spéciales, d'une voisine, Mme Rosémilly, veuve d'un capitaine au long cours,° mort à la mer deux ans auparavant. La jeune veuve, toute jeune, vingt-trois ans, une maîtresse° femme qui connaissait l'existence d'instinct, comme un animal libre, comme si elle eût vu,° subi,° compris et pesé tous les événements possibles, qu'elle jugeait avec un esprit sain, étroit et bienveillant, avait pris l'habitude de venir faire un bout de tapisserie et de causette,° le soir, chez ces voisins aimables qui lui offraient une tasse de thé.

Le père Roland, que sa manie de pose marine aiguillonnait° sans cesse, interrogeait leur nouvelle amie sur le défunt capitaine, et elle

égal: *ici*, constant, ferme	**menus faits:** petits événements
s'était énervé: s'était irrité ou impatienté	**au long cours:** qui fait de longues traversées
mollesse: faiblesse	**maîtresse:** *ici*, experte et énergique
niaiserie: simplicité, sottise	**eût vu:** (plus-que-parfait du
aveuglement: crédulité	subjonctif) aurait vu
élans: ardeurs, impétuosités	**subi:** enduré, supporté
généreuses: *ici*, idéalistes, nobles	**causette:** conversation
caissière: celle qui encaisse l'argent (dans un commerce)	**aiguillonnait:** stimulait, excitait

parlait de lui, de ses voyages, de ses anciens récits, sans embarras, en femme raisonnable et résignée qui aime la vie et respecte la mort.

Les deux fils, à leur retour, trouvant cette jolie veuve installée dans la maison, avaient aussitôt commencé à la courtiser,° moins par désir de lui plaire que par envie de se supplanter.°

Leur mère, prudente et pratique, espérait vivement qu'un des deux triompherait, car la jeune femme était riche, mais elle aurait aussi bien voulu que l'autre n'en eût point de chagrin.

Mme Rosémilly était blonde avec des yeux bleus, une couronne de cheveux follets° envolés à la moindre brise et un petit air crâne,° hardi,° batailleur,° qui ne concordait° point du tout avec la sage méthode de son esprit.

Déjà elle semblait préférer Jean, portée vers lui par une similitude de nature. Cette préférence d'ailleurs ne se montrait que par une presque insensible° différence dans la voix et le regard, et en ceci encore qu'elle prenait quelquefois son avis.

Elle semblait deviner° que l'opinion de Jean fortifierait la sienne propre, tandis que l'opinion de Pierre devait fatalement être différente. Quand elle parlait des idées du docteur, de ses idées politiques, artistiques, philosophiques, morales, elle disait par moments: « Vos billevesées. »° Alors, il la regardait d'un regard froid de magistrat qui instruit le procès° des femmes, de toutes les femmes, ces pauvres êtres!

Jamais, avant le retour de ses fils, le père Roland ne l'avait invitée à ses parties de pêche où il n'emmenait jamais non plus sa femme, car il aimait s'embarquer avant le jour, avec le capitaine Beausire, un long-courrier° retraité, rencontré aux heures de marée sur le port et

---

courtiser: faire la cour à, flirter avec
se supplanter: prendre sa place (à l'autre)
follets: capricieux
crâne: résolu, décidé
hardi: audacieux
batailleur: qui aime disputer

concordait: s'accordait
insensible: *ici*, imperceptible
deviner: prédire, juger
billevesées: frivolités
instruit le procès: établit la culpabilité
long-courrier: marin faisant de longues traversées

devenu intime ami, et le vieux matelot Papagris, surnommé Jean-Bart,[7] chargé de la garde du bateau.

Or, un soir de la semaine précédente, comme Mme Rosémilly qui avait dîné chez lui disait: « Ça doit être très amusant, la pêche? » l'ancien bijoutier, flatté dans sa passion, et saisi de l'envie de la communiquer, de faire des croyants à la façon des prêtres, s'écria:

— Voulez-vous y venir?

— Mais oui.

— Mardi prochain?

— Oui, mardi prochain.

— Êtes-vous femme à partir à cinq heures du matin?

Elle poussa un cri de stupeur:

— Ah! mais non, par exemple.

Il fut désappointé, refroidi, et il douta tout à coup de cette vocation.°

Il demanda cependant:

— À quelle heure pourriez-vous partir?

— Mais... à neuf heures!

— Pas avant?

— Non, pas avant, c'est déjà très tôt!

Le bonhomme hésitait. Assurément on ne prendrait rien, car si le soleil chauffe, le poisson ne mord plus; mais les deux frères s'étaient empressés° d'arranger la partie, de tout organiser et de tout régler séance tenante.°

Donc, le mardi suivant, la *Perle* avait été° jeter l'ancre sous les rochers blancs du cap de la Hève[8]; et on avait pêché jusqu'à midi, puis sommeillé,° puis repêché, sans rien prendre, et le père Roland, comprenant un peu tard que Mme Rosémilly n'aimait et n'appréciait

---

vocation: *ici*, inclination	**séance tenante:** immédiatement
s'étaient empressés: s'étaient hâtés, s'étaient donné de la peine	**avait été:** était allée
	sommeillé: fait la sieste

---

7 *Jean-Bart*. (1650-1702) Corsaire (= pirate) célèbre, né à Dunkerque. Marin dans la flotte hollandaise, il est devenu ensuite officier de la marine royale française de Louis XIV. Jean-Bart a emporté de nombreuses victoires contre les Anglais et les Hollandais. Notez que le vrai nom du vieux matelot (Papagris = papa gris) est également ironique.

8 *cap de la Hève*. Le cap est une pointe rocheuse avec un phare à côté (au nord-ouest) du Havre, associée au village de Sainte-Adresse.

en vérité que la promenade en mer, et voyant que ses lignes ne tressaillaient° plus, avait jeté, dans un mouvement d'impatience irraisonnée, un *zut* énergique qui s'adressait autant à la veuve indifférente qu'aux bêtes insaisissables. Maintenant il regardait le poisson capturé, son poisson, avec une joie vibrante d'avare; puis il leva les yeux vers le ciel, remarqua que le soleil baissait:

— Eh bien! les enfants, dit-il, si nous revenions un peu?

Tous deux tirèrent leurs fils, les roulèrent, accrochèrent° dans les bouchons de liège° les hameçons° nettoyés et attendirent.

Roland s'était levé pour interroger l'horizon à la façon d'un capitaine:

— Plus de vent, dit-il, on va ramer,° les gars°!

Et soudain, le bras allongé vers le nord, il ajouta:

— Tiens, tiens, le bateau de Southampton.[9]

Sur la mer plate, tendue° comme une étoffe° bleue, immense, luisante,° aux reflets d'or° et de feu, s'élevait là-bas, dans la direction indiquée, un nuage noirâtre[10] sur le ciel rose. Et on apercevait, au-dessous, le navire° qui semblait tout petit de si loin.

Vers le sud on voyait encore d'autres fumées, nombreuses, venant toutes vers la jetée° du Havre dont on distinguait à peine la ligne blanche et le phare,° droit comme une corne sur le bout.

Roland demanda:

---

tressaillaient: tremblaient, frémissaient	**tendue:** *ici*, disposée, déployée
accrochèrent: suspendirent	**étoffe:** tissu de coton, de laine, etc.
bouchons de liège: flotteurs (d'une ligne à pêche)	**luisante:** lumineuse
hameçons: petits crochets de fer (pour la pêche)	**or:** *ici*, métal précieux jaune et brillant
ramer: manœuvrer un bateau avec des rames ou des avirons	**navire:** bateau de mer
les gars: (familier) les garçons	**jetée:** mur qui protège le port
	phare: tour illuminée, établie pour guider les bateaux

---

9 *le bateau de Southampton*. Ville portuaire anglaise, située sur une baie de La Manche qui sépare l'Angleterre de la France. Avec Bournemouth et Portsmouth, elle fait face au Havre. Ces ports sont liés à la Normandie par de nombreuses traversées maritimes.

10 *un nuage noirâtre*. À l'époque les bateaux s'alimentaient de charbon, dont la combustion dégage une fumée noirâtre.

— N'est-ce pas aujourd'hui que doit entrer la *Normandie*[11]?
Jean répondit:

— Oui, papa.

— Donne-moi ma longue-vue,° je crois que c'est elle, là-bas.

Le père déploya le tube de cuivre,° l'ajusta contre son œil, chercha le point,° et soudain, ravi d'avoir vu:

— Oui, oui, c'est elle, je reconnais ses deux cheminées. Voulez-vous regarder, madame Rosémilly?

Elle prit l'objet qu'elle dirigea vers le transatlantique lointain, sans parvenir sans doute à le mettre en face de lui, car elle ne distinguait rien, rien que du bleu, avec un cercle de couleur, un arc-en-ciel tout rond, et puis des choses bizarres, des espèces d'éclipses, qui lui faisaient tourner le cœur.°

Elle dit en rendant la longue-vue:

— D'ailleurs je n'ai jamais su me servir de cet instrument-là. Ça mettait même en colère mon mari qui restait des heures à la fenêtre à regarder passer les navires.

Le père Roland, vexé, reprit°:

— Ça doit tenir à un défaut de votre œil, car ma lunette est excellente.

Puis il l'offrit à sa femme:

— Veux-tu voir?

— Non, merci, je sais d'avance que je ne pourrais pas.

Mme Roland, une femme de quarante-huit ans et qui ne les portait pas, semblait jouir, plus que tout le monde, de° cette promenade et de cette fin de jour.

Ses cheveux châtains commençaient seulement à blanchir. Elle avait un air calme et raisonnable, un air heureux et bon qui plaisait à voir. Selon le mot de son fils Pierre, elle savait le prix de l'argent, ce qui ne l'empêchait point de goûter le charme du rêve. Elle aimait les

---

longue-vue: télescope, lunette d'approche	**faisaient tourner le cœur:** donnaient la nausée
cuivre: métal rouge-brun	**reprit:** continua
chercha le point: régla la longue-vue	**jouir... de:** prendre plaisir à

---

11 *la Normandie.* Vers la fin du XIXe siècle la Normandie était le plus célèbre des 67 navires transatlantiques de la Compagnie Générale Transatlantique (plus tard, la « Compagnie »).

lectures, les romans et les poésies, non pour leur valeur d'art, mais pour la songerie° mélancolique et tendre qu'ils éveillaient en elle. Un vers, souvent banal, souvent mauvais, faisait vibrer la petite corde, comme elle disait, lui donnait la sensation d'un désir mystérieux presque réalisé. Et elle se complaisait à° ces émotions légères qui troublaient un peu son âme bien tenue comme un livre de comptes. Elle prenait, depuis son arrivée au Havre, un embonpoint° assez visible qui alourdissait° sa taille autrefois très souple et très mince.

Cette sortie en mer l'avait ravie. Son mari, sans être méchant, la rudoyait° comme rudoient sans colère et sans haine les despotes en boutique° pour qui commander équivaut à jurer.° Devant tout étranger il se tenait, mais dans sa famille il s'abandonnait et se donnait des airs terribles, bien qu'il eût peur de tout le monde. Elle, par horreur du bruit, des scènes, des explications inutiles, cédait toujours et ne demandait jamais rien; aussi n'osait-elle plus, depuis bien longtemps, prier Roland de la promener en mer. Elle avait donc saisi avec joie cette occasion, et elle savourait ce plaisir rare et nouveau.

Depuis le départ elle s'abandonnait tout entière, tout son esprit et toute sa chair,° à ce doux glissement sur l'eau. Elle ne pensait point, elle ne vagabondait ni dans les souvenirs ni dans les espérances, il lui semblait que son cœur flottait comme son corps sur quelque chose de moelleux,° de fluide, de délicieux, qui la berçait° et l'engourdissait.°

Quand le père commanda le retour: « Allons, en place pour la nage°! » elle sourit en voyant ses fils, ses deux grands fils, ôter° leurs jaquettes et relever sur leurs bras nus les manches de leur chemise.

Pierre, le plus rapproché des deux femmes, prit l'aviron de tribord, Jean l'aviron de bâbord, et ils attendirent que le patron° criât: « Avant partout! » car il tenait à ce que les manœuvres fussent exécutées régulièrement.

songerie: rêve, rêverie	tyrans
se complaisait à: trouvait son	**jurer:** *ici,* blasphémer
plaisir à	**chair:** corps humain
prenait... un embonpoint:	**moelleux:** élastique, spongieux
grossissait	**berçait:** balançait (pour endormir)
alourdissait: rendait plus lourde	**engourdissait:** mettait en torpeur
ou pesante	**nage:** *ici,* action de ramer
rudoyait: traitait rudement	**ôter:** enlever
despotes en boutique: petits	**patron:** capitaine d'un navire

Ensemble, d'un même effort, ils laissèrent tomber les rames puis se couchèrent en arrière en tirant de toutes leurs forces; et une lutte commença pour montrer leur vigueur. Ils étaient venus à la voile° tout doucement, mais la brise était tombée et l'orgueil de mâles des deux frères s'éveilla tout à coup à la perspective de se mesurer l'un contre l'autre.

Quand ils allaient pêcher seuls avec le père, ils ramaient ainsi sans que personne gouvernât,° car Roland préparait les lignes tout en surveillant la marche de l'embarcation,° qu'il dirigeait d'un geste ou d'un mot: « Jean, mollis.° » — « À toi, Pierre, souque.° » Ou bien il disait: « Allons le *un*, allons le *deux*, un peu d'huile de bras.» Celui qui rêvassait° tirait plus fort, celui qui s'emballait° devenait moins ardent, et le bateau se redressait.°

Aujourd'hui ils allaient montrer leurs biceps. Les bras de Pierre étaient velus,° un peu maigres, mais nerveux; ceux de Jean gras et blancs, un peu rosés, avec une bosse° de muscles qui roulait sous la peau.

Pierre eut d'abord l'avantage. Les dents serrées,° le front plissé,° les jambes tendues, les mains crispées° sur l'aviron, il le faisait plier dans toute sa longueur à chacun de ses efforts; et la *Perle* s'en venait vers° la côte. Le père Roland, assis à l'avant afin de laisser tout le banc d'arrière aux deux femmes, s'époumonait° à commander: « Doucement, le *un* — souque le *deux*. » Le *un* redoublait de rage et le *deux* ne pouvait répondre à cette nage désordonnée.

Le patron, enfin, ordonna: « Stop! » Les deux rames se levèrent ensemble, et Jean, sur l'ordre de son père, tira seul quelques instants. Mais à partir de ce moment l'avantage lui resta; il s'animait, s'échauffait, tandis que Pierre, essoufflé, épuisé par sa crise de vigueur, faiblissait et haletait.° Quatre fois de suite, le père Roland fit

---

à la voile: aidés par le vent
gouvernât: (imparfait du subjonctif) dirigeât, guidât
embarcation: bateau
mollis: diminue, ralentis (la force)
souque: fais un effort
rêvassait: se livrait à des rêveries
s'emballait: se laissait emporter (par la colère, etc.)
se redressait: se relevait

velus: couverts de poils
bosse: protubérance
serrées: rapprochées
plissé: contracté, ridé
crispées: refermées, agrippées
s'en venait vers: (vieilli) s'approchait de
s'époumonait: se fatiguait en criant fort
haletait: respirait avec difficulté

stopper pour permettre à l'aîné de reprendre haleine et de redresser la barque dérivant.° Le docteur alors, le front en sueur, les joues pâles, humilié et rageur, balbutiait°:

— Je ne sais pas ce qui me prend, j'ai un spasme au cœur. J'étais très bien parti, et cela m'a coupé les bras.

Jean demandait:

— Veux-tu que je tire seul avec les avirons de couple°?

— Non, merci, cela passera.

La mère ennuyée disait:

— Voyons, Pierre, à quoi cela rime-t-il° de se mettre dans un état pareil, tu n'es pourtant pas un enfant.

Il haussait les épaules° et recommençait à ramer.

Mme Rosémilly semblait ne pas voir, ne pas comprendre, ne pas entendre. Sa petite tête blonde, à chaque mouvement du bateau, faisait en arrière un mouvement brusque et joli qui soulevait sur les tempes° ses fins cheveux.

Mais le père Roland cria: « Tenez, voici le *Prince-Albert*[12] qui nous rattrape. » Et tout le monde regarda. Long, bas, avec ses deux cheminées inclinées en arrière et ses deux tambours° jaunes, ronds comme des joues, le bateau de Southampton arrivait à toute vapeur,° chargé de passagers et d'ombrelles ouvertes. Ses roues° rapides, bruyantes, battant l'eau qui retombait en écume,° lui donnaient un air de hâte, un air de courrier° pressé; et l'avant tout droit coupait la

---

dérivant: s'écartant de sa route
balbutiait: articulait avec difficulté
avirons de couple: deux avirons, avec lesquels on peut ramer seul
à quoi cela rime-t-il: (familier) qu'est-ce que cela signifie?
haussait les épaules: geste d'indifférence ou de dédain
tempes: parties supérieures des côtés de la tête
tambours: roues à palettes qui font avancer un bateau à vapeur
à toute vapeur: à toute vitesse
roues: *ici*, les tambours tournants du vapeur
écume: mousse blanche se formant sur les vagues
courrier: *ici*, bateau chargé de lettres

---

12 *le Prince-Albert.* Paquebot de la compagnie britannique Cunard qui traversait La Manche de Southampton ou de Liverpool au Havre. Les paquebots-croisières de luxe Cunard (le *Queen Mary*, le *Queen Elizabeth*, le *Queen Victoria*) continuent aujourd'hui à faire les traversées transatlantiques. Le prince Albert (mort en 1861) a été le mari de la reine Victoria d'Angleterre (1819-1901).

mer en soulevant deux lames° minces et transparentes qui glissaient le long des bords.

Quand il fut tout près de la *Perle*, le père Roland leva son chapeau, les deux femmes agitèrent leurs mouchoirs, et une demi-douzaine d'ombrelles répondirent à ces saluts en se balançant° vivement sur le paquebot° qui s'éloigna, laissant derrière lui, sur la surface paisible et luisante de la mer, quelques lentes ondulations.

Et on voyait d'autres navires, coiffés aussi de fumée, accourant de tous les points de l'horizon vers la jetée courte et blanche qui les avalait comme une bouche, l'un après l'autre. Et les barques de pêche et les grands voiliers° aux mâtures° légères glissant sur le ciel, traînés par d'imperceptibles remorqueurs,° arrivaient tous, vite ou lentement, vers cet ogre dévorant, qui de temps en temps, semblait repu,° et rejetait vers la pleine mer une autre flotte de paquebots, de bricks,° de goélettes,° de trois-mâts chargés de ramures emmêlées.° Les steamers hâtifs s'enfuyaient à droite, à gauche, sur le ventre plat de l'Océan, tandis que les bâtiments° à voile, abandonnés par les mouches° qui les avaient halés,° demeuraient immobiles, tout en s'habillant, de la grande hune° au petit perroquet,° de toile° blanche ou de toile brune qui semblait rouge au soleil couchant.

Mme Roland, les yeux mi-clos, murmura:

— Dieu! que c'est beau, cette mer!

Mme Rosémilly répondit, avec un soupir prolongé, qui n'avait cependant rien de triste:

— Oui, mais elle fait bien du mal quelquefois.

---

lames: *ici,* ondulations étroites de la mer
se balançant: se déplaçant d'un côté et de l'autre
paquebot: navire transatlantique
voiliers: bateaux à voiles
mâtures: ensembles des mâts
remorqueurs: petits bateaux qui tirent les navires
repu: bien nourri, satisfait
bricks: navires à voiles carrées et à deux mâts
goélettes: navires à voiles, à deux mâts

ramures emmêlées: ensemble de branches, mêlées les unes aux autres
bâtiments: *ici,* bateaux
mouches: petits navires servant à remorquer les voiliers
˙**halés:** tirés avec effort
˙**hune:** plate-forme qui entoure le mât
perroquet: voile carrée; mât qui porte cette voile
toile: étoffe robuste en coton dont on fait les voiles

Roland s'écria:

— Tenez, voici la *Normandie* qui se présente à l'entrée. Est-elle grande, hein? Puis il expliqua la côte en face, là-bas, là-bas, de l'autre côté de l'embouchure° de la Seine[13] — vingt kilomètres, cette embouchure — disait-il. Il montra Villerville, Trouville, Houlgate, Luc, Arromanches, la rivière de Caen, et les roches du Calvados[14] qui rendent la navigation dangereuse jusqu'à Cherbourg.[15] Puis il traita la question des bancs de sable° de la Seine, qui se déplacent à chaque marée et mettent en défaut° les pilotes de Quillebœuf[16] eux-mêmes, s'ils ne font pas tous les jours le parcours du chenal.° Il fit remarquer comment le Havre séparait la basse de la haute Normandie.[17] En

embouchure: entrée d'un fleuve dans la mer **bancs de sable:** masses cachées sous l'eau	**mettent en défaut:** font dériver **chenal:** passage pour bateaux à l'entrée du port

13 *la Seine.* La *Baie de Seine*, le grand estuaire sur lequel sont établies les villes du Havre, de Honfleur, de Trouville et de Deauville, est l'embouchure où la Seine (née dans l'est de la France) se jette dans La Manche. (En juin 1944, vers la fin de la Deuxième Guerre mondiale, les débarquements des Alliés ont eu lieu sur les plages de la Baie de Seine.)

14 *Il montra Villerville, Trouville, Houlgate, Luc, Arromanches, la rivière de Caen, et les roches du Calvados.* (*Voir* la carte p. 50.) Villes et sites de la côte normande vus du bateau du père Roland. Notez le ton didactique de son explication. La rivière de la ville de Caen (ville d'intérieur) est l'Orne. Le Calvados — appelé la « Suisse normande » pour son paysage rocheux — est le département de Caen, et sur la côte, Deauville, Trouville et d'autres localités sont célèbres pour leurs plages et leurs casinos.

15 *Cherbourg.* Ville du département de la Manche en Basse-Normandie, située sur la côte nord de la presqu'île du Cotentin. Port militaire et port de commerce.

16 *les pilotes de Quillebœuf.* Petit port sur la Seine à une vingtaine de kilomètres à l'ouest de Honfleur; le village était connu pour l'habileté de ses pilotes maritimes.

17 *le Havre séparait la basse de la haute Normandie.* Les deux régions traditionnelles et historiques de la Normandie. La Basse-Normandie se compose actuellement de trois départements: le Calvados (Caen), la Manche (Cherbourg), l'Orne; la Haute-Normandie, plus à l'est, en a deux: l'Eure et la Seine-Maritime (Le Havre, Rouen).

basse Normandie, la côte plate descendait en pâturages,° en prairies et en champs jusqu'à la mer. Le rivage° de la haute Normandie, au contraire, était droit, une grande falaise, découpée, dentelée,° superbe, faisant jusqu'à Dunkerque[18] une immense muraille blanche dont toutes les échancrures° cachaient un village ou un port: Étretat, Fécamp, Saint-Valery, Le Tréport, Dieppe, etc.[19]

Les deux femmes ne l'écoutaient point, engourdies par le bien-être, émues par la vue de cet Océan couvert de navires qui couraient comme des bêtes autour de leur tanière°; et elles se taisaient, un peu écrasées par ce vaste horizon d'air et d'eau, rendues silencieuses par ce coucher de soleil apaisant et magnifique. Seul, Roland parlait sans fin; il était de ceux que rien ne trouble. Les femmes, plus nerveuses, sentent parfois, sans comprendre pourquoi, que le bruit d'une voix inutile est irritant comme une grossièreté.°

Pierre et Jean, calmés, ramaient avec lenteur; et la *Perle* s'en allait vers le port, toute petite à côté des gros navires.

Quand elle toucha le quai, le matelot Papagris qui l'attendait, prit la main des dames pour les faire descendre; et on pénétra dans la ville. Une foule nombreuse, tranquille, la foule qui va chaque jour aux jetées à l'heure de la pleine mer,° rentrait aussi.

Mmes Roland et Rosémilly marchaient devant, suivies des trois hommes. En montant la rue de Paris elles s'arrêtaient parfois devant un magasin de modes ou d'orfèvrerie° pour contempler un chapeau ou bien un bijou; puis elles repartaient après avoir échangé leurs idées.

---

pâturages: lieux où se nourrissent les vaches, par ex.
rivage: bord de la mer, la côte
dentelée: découpée en forme de dents

échancrures: indentations
tanière: retraite des bêtes sauvages
grossièreté: blasphème, juron
pleine mer: marée haute
orfèvrerie: ouvrage d'or et d'argent

---

18 *Dunkerque.* Ville et port français du département du Nord. Pas loin de Calais et dans la région de Lille, Dunkerque fait face au port britannique de Douvres (Dover)

19 *Étretat, Fécamp, Saint-Valery, Le Tréport, Dieppe, etc.* Villes et villages se situant derrière les falaises littorales de la Haute-Normandie. (Le Tréport se trouve en réalité au nord-est de Dieppe.) Avec son frère cadet Hervé, Maupassant a grandi à Étretat où leur mère s'était installée après s'être séparée de son mari Gustave de Maupassant. Guy de Maupassant a fini par y faire construire une résidence, La Guillette.

Devant la place de la Bourse, Roland contempla, comme il faisait chaque jour, le bassin du Commerce[20] plein de navires, prolongé par d'autres bassins, où les grosses coques,° ventre à ventre, se touchaient sur quatre ou cinq rangs. Tous les mâts° innombrables; sur une étendue de plusieurs kilomètres de quais, tous les mâts avec les vergues,° les flèches,° les cordages,° donnaient à cette ouverture au milieu de la ville l'aspect d'un grand bois mort. Au-dessus de cette forêt sans feuilles, les goélands° tournoyaient, épiant pour s'abattre,° comme une pierre qui tombe, tous les débris jetés à l'eau; et un mousse,° qui rattachait une poulie à l'extrémité d'un cacatois,° semblait monté là pour chercher des nids.°

— Voulez-vous dîner avec nous sans cérémonie aucune, afin de finir ensemble la journée? demanda Mme Roland à Mme Rosémilly.

— Mais oui, avec plaisir; j'accepte aussi sans cérémonie. Ce serait triste de rentrer toute seule ce soir.

Pierre, qui avait entendu et que l'indifférence de la jeune femme commençait à froisser,° murmura: « Bon, voici la veuve qui s'incruste,° maintenant. » Depuis quelques jours il l'appelait « la veuve ». Ce mot, sans rien exprimer, agaçait° Jean rien que par l'intonation, qui lui paraissait méchante et blessante.°

Et les trois hommes ne prononcèrent plus un mot jusqu'au seuil° de leur logis. C'était une maison étroite, composée d'un rez-de-

coques: *ici*, carcasses d'un bateau	**mousse:** garçon-apprentis de moins de 16 ans
mâts: pièces de bois verticales qui portent les voiles	**cacatois:** voile carrée en haut du mât
vergues: pièces de bois horizontales qui soutiennent les voiles	**nids:** abris que se font les oiseaux
flèches: parties du mât tout en haut	**froisser:** vexer
cordages: cordes de manœuvre	**s'incruste:** (familier) fait des visites indésirables
goélands: grosses mouettes (oiseaux de mer)	**agaçait:** causait de l'irritation
s'abattre: tomber	**blessante:** cruelle, qui fait mal
	seuil: entrée

20 *la rue de Paris... la place de la Bourse... le bassin du Commerce.* De vrais lieux de la ville du Havre. La rue de Paris est toujours la principale rue commerçante havraise; la Bourse se situe sur la place Carnot (ou place de la Bourse). Notez ici les allusions faites aux opérations financières et commerciales du Havre.

chaussée et de deux petits étages, rue Belle-Normande.[21] La bonne, Joséphine, une fillette de dix-neuf ans, servante campagnarde à bon marché, qui possédait à l'excès l'air étonné et bestial des paysans, vint ouvrir, referma la porte, monta derrière ses maîtres jusqu'au salon qui était au premier, puis elle dit:

— Il est v'nu un m'sieu trois fois.[22]

Le père Roland, qui ne lui parlait pas sans hurler et sans sacrer,° cria:

— Qui ça est venu, nom d'un chien?

Elle ne se troublait jamais des éclats de voix de son maître, et elle reprit:

— Un m'sieu d'chez l'notaire.

— Quel notaire?[23]

— D'chez m'sieu Canu, donc.

— Et qu'est-ce qu'il a dit, ce monsieur?

— Qu'm'sieu Canu y viendrait en personne dans la soirée.

M. Lecanu était le notaire et un peu l'ami du père Roland, dont il faisait les affaires. Pour qu'il eût annoncé sa visite dans la soirée, il fallait qu'il s'agît d'une chose urgente et importante; et les quatre Roland se regardèrent, troublés par cette nouvelle comme le sont les gens de fortune modeste à toute intervention d'un notaire, qui éveille une foule d'idées de contrats, d'héritages,° de procès, de choses désirables ou redoutables.° Le père, après quelques secondes de silence, murmura:

— Qu'est-ce que cela peut vouloir dire?

Mme Rosémilly se mit à rire:

---

sacrer: blasphémer	mort d'un proche
héritages: biens hérités après la	**redoutables:** qui sont à craindre

---

21 *rue Belle-Normande.* Ce nom de rue a été inventé par le romancier; selon toute probabilité il s'agit de la rue de Normandie, aujourd'hui rue Maréchal-Foch (L. Forestier).

22 *Il est v'nu un m'sieu trois fois.* Ici Maupassant s'essaie à traduire la façon de parler de la bonne, qui est d'origine paysanne.

23 *Quel notaire?* Autrefois, comme aujourd'hui, le notaire français remplissait certaines fonctions de l'avocat, du comptable et du fiduciaire. C'est-à-dire, qu'il s'occupait des contrats et des transferts de biens, y compris les héritages (en tant que fiduciaire).

— Allez, c'est un héritage. J'en suis sûre. Je porte bonheur.°
Mais ils n'espéraient la mort de personne qui pût leur laisser quelque chose.

Mme Roland, douée d'une excellente mémoire pour les parentés, se mit aussitôt à rechercher toutes les alliances du côté de son mari et du sien, à remonter les filiations,° à suivre les branches des cousinages.

Elle demandait, sans avoir même ôté son chapeau:

— Dis donc, père (elle appelait son mari « père » dans la maison, et quelquefois « monsieur Roland » devant les étrangers), dis donc, père, te rappelles-tu qui a épousé Joseph Lebru, en secondes noces?

— Oui, une petite Duménil, la fille d'un papetier.°

— En a-t-il eu des enfants?

— Je crois bien, quatre ou cinq, au moins.

— Non. Alors il n'y a rien par là.

Déjà elle s'animait à cette recherche, elle s'attachait à cette espérance d'un peu d'aisance leur tombant du ciel. Mais Pierre, qui aimait beaucoup sa mère, qui la savait un peu rêveuse, et qui craignait une désillusion, un petit chagrin, une petite tristesse, si la nouvelle, au lieu d'être bonne, était mauvaise, l'arrêta.

— Ne t'emballe pas, maman, il n'y a plus d'oncle d'Amérique![24] Moi, je croirais bien plutôt qu'il s'agit d'un mariage pour Jean.

Tout le monde fut surpris à cette idée, et Jean demeura un peu froissé que son frère eût parlé de cela devant Mme Rosémilly.

— Pourquoi pour moi plutôt que pour toi? La supposition est très contestable. Tu es l'aîné; c'est donc à toi qu'on aurait songé d'abord. Et puis, moi, je ne veux pas me marier.

Pierre ricana°:

— Tu es donc amoureux?

L'autre, mécontent, répondit:

— Est-il nécessaire d'être amoureux pour dire qu'on ne veut pas encore se marier?

---

bonheur: *ici*, bonne chance
filiations: liens de parenté
papetier: marchand de papiers et

d'outils de bureau
ricana: rit avec malice

---

24 *il n'y a plus d'oncle d'Amérique.* Le cliché se réfère à un membre (imaginaire et rêvé) de la famille qui aurait émigré en Amérique et y aurait fait fortune.

— Ah! bon, le « encore » corrige tout; tu attends.

— Admets que j'attends, si tu veux.

Mais le père Roland, qui avait écouté et réfléchi, trouva tout à coup la solution la plus vraisemblable.

— Parbleu!° nous sommes bien bêtes de nous creuser la tête. M. Lecanu est notre ami, il sait que Pierre cherche un cabinet de médecin, et Jean un cabinet d'avocat, il a trouvé à caser° l'un de vous deux.

C'était tellement simple et probable que tout le monde en fut d'accord.

— C'est servi, dit la bonne.

Et chacun gagna sa chambre afin de se laver les mains avant de se mettre à table.

Dix minutes plus tard, ils dînaient dans la petite salle à manger, au rez-de-chaussée.

On ne parla guère tout d'abord; mais, au bout de quelques instants, Roland s'étonna de nouveau de cette visite du notaire.

— En somme, pourquoi n'a-t-il pas écrit, pourquoi a-t-il envoyé trois fois son clerc, pourquoi vient-il lui-même?

Pierre trouvait cela naturel.

— Il faut sans doute une réponse immédiate; et il a peut-être à nous communiquer des clauses confidentielles qu'on n'aime pas beaucoup écrire.

Mais ils demeuraient préoccupés et un peu ennuyés tous les quatre d'avoir invité cette étrangère qui gênerait° leur discussion et les résolutions à prendre.

Ils venaient de remonter au salon quand le notaire fut annoncé. Roland s'élança.°

— Bonjour, cher maître.

Il donnait comme titre à M. Lecanu le « maître » qui précède le nom de tous les notaires.

Mme Rosémilly se leva:

— Je m'en vais, je suis très fatiguée.

On tenta faiblement de la retenir; mais elle n'y consentit point et elle s'en alla sans qu'un des trois hommes la reconduisît, comme

---

Parbleu!: juron exprimant l'approbation
caser: établir (dans une profession)

gênerait: dérangerait
s'élança: se jeta en avant

on le faisait toujours.

Mme Roland s'empressa près du nouveau venu:

— Une tasse de café, Monsieur?

— Non, merci, je sors de table.

— Une tasse de thé, alors?

— Je ne dis pas non, mais un peu plus tard, nous allons d'abord parler affaires.

Dans le profond silence qui suivit ces mots on n'entendit plus que le mouvement rythmé de la pendule et, à l'étage au-dessous, le bruit des casseroles lavées par la bonne trop bête même pour écouter aux portes.

Le notaire reprit:

— Avez-vous connu à Paris un certain M. Maréchal, Léon Maréchal?

M. et Mme Roland poussèrent la même exclamation: « Je crois bien! »

— C'était un de vos amis?

Roland déclara:

— Le meilleur, Monsieur, mais un Parisien enragé°; il ne quitte pas le boulevard. Il est chef de bureau aux finances.° Je ne l'ai plus revu depuis mon départ de la capitale. Et puis nous avons cessé de nous écrire. Vous savez, quand on vit loin l'un de l'autre....

Le notaire reprit gravement:

— M. Maréchal est décédé!

L'homme et la femme eurent ensemble ce petit mouvement de surprise triste, feint° ou vrai, mais toujours prompt, dont on accueille ces nouvelles.

M. Lecanu continua:

— Mon confrère de Paris vient de me communiquer la principale disposition de son testament par laquelle il institue votre fils Jean, M. Jean Roland, son légataire universel.°

L'étonnement fut si grand qu'on ne trouvait pas un mot à dire.

Mme Roland, la première, dominant son émotion, balbutia:

— Mon Dieu, ce pauvre Léon... notre pauvre ami... mon Dieu... mon Dieu... mort!...

---

enragé: *ici*, excessif
aux finances: *c'est-à-dire*, au ministère des Finances

feint: artificiel
légataire universel: héritier de tous les biens de quelqu'un

Des larmes apparurent dans ses yeux, ces larmes silencieuses des femmes, gouttes de chagrin venues de l'âme qui coulent sur les joues et semblent si douloureuses, étant si claires. Mais Roland songeait moins à la tristesse de cette perte qu'à l'espérance annoncée. Il n'osait cependant interroger tout de suite sur les clauses de ce testament, et sur le chiffre de la fortune; et il demanda, pour arriver à la question intéressante:

— De quoi est-il mort, ce pauvre Maréchal?

M. Lecanu l'ignorait parfaitement.

— Je sais seulement, disait-il, que, décédé sans héritiers directs, il laisse toute sa fortune, une vingtaine de mille francs de rentes en obligations trois pour cent,[25] à votre second fils, qu'il a vu naître, grandir, et qu'il juge digne de ce legs.° À défaut d'acceptation de la part de M. Jean, l'héritage irait aux enfants abandonnés.

Le père Roland déjà ne pouvait plus dissimuler sa joie et il s'écria:

— Sacristi! voilà une bonne pensée du cœur. Moi, si je n'avais pas eu de descendant, je ne l'aurais certainement point oublié non plus, ce brave ami!

Le notaire souriait:

— J'ai été bien aise, dit-il, de vous annoncer moi-même la chose. Ça fait toujours plaisir d'apporter aux gens une bonne nouvelle.

Il n'avait point du tout songé que cette bonne nouvelle était la mort d'un ami, du meilleur ami du père Roland, qui venait lui-même d'oublier subitement cette intimité annoncée tout à l'heure avec conviction.

Seuls, Mme Roland et ses fils gardaient une physionomie triste. Elle pleurait toujours un peu, essuyant ses yeux avec son mouchoir

---

legs: héritage, don fait par testament

---

25 *une vingtaine de mille francs de rentes en obligations trois pour cent.* Les investissements de M. Maréchal vont continuer à rapporter trois pour cent de leur capital, ainsi fournissant à Jean des revenus annuels de vingt mille francs. (Notez que comme employé au Ministère de la Marine et plus tard de l'Instruction publique, Guy de Maupassant n'a jamais gagné plus de 150 francs par mois — soit environ 1800 francs par an — salaire estimé suffisant à un jeune célibataire de l'époque.)

qu'elle appuyait ensuite sur sa bouche pour comprimer° de gros soupirs.

Le docteur murmura:

— C'était un brave homme, bien affectueux. Il nous invitait souvent à dîner, mon frère et moi.

Jean, les yeux grands ouverts et brillants, prenait d'un geste familier sa belle barbe blonde dans sa main droite, et l'y faisait glisser, jusqu'aux derniers poils,° comme pour l'allonger et l'amincir.°

Il remua deux fois les lèvres pour prononcer aussi une phrase convenable, et, après avoir longtemps cherché, il ne trouva que ceci:

— Il m'aimait bien, en effet, il m'embrassait toujours quand j'allais le voir.

Mais la pensée du père galopait; elle galopait autour de cet héritage annoncé, acquis déjà, de cet argent caché derrière la porte et qui allait entrer tout à l'heure, demain, sur un mot d'acceptation. Il demanda:

— Il n'y a pas de difficultés possibles?... pas de procès?... pas de contestations?...

M. Lecanu semblait tranquille:

— Non, mon confrère de Paris me signale la situation comme très nette. Il ne nous faut que l'acceptation de M. Jean.

— Parfait, alors... et la fortune est bien claire?

— Très claire.

— Toutes les formalités ont été remplies?

— Toutes.

Soudain, l'ancien bijoutier eut un peu honte,° une honte vague, instinctive et passagère° de sa hâte à se renseigner, et il reprit:

— Vous comprenez bien que si je vous demande immédiatement toutes ces choses, c'est pour éviter à mon fils des désagréments qu'il pourrait ne pas prévoir. Quelquefois il y a des dettes, une situation embarrassée,° est-ce que je sais, moi? et on se fourre° dans un roncier° inextricable. En somme, ce n'est pas moi qui hérite, mais je pense au petit avant tout.

---

comprimer: empêcher (de sortir)
poils: cheveux
amincir: rendre plus mince ou
    étroite
eut... honte: se sentit confus,
    embarrassé

passagère: *ici*, temporaire
embarrassée: *ici*, encombrée
se fourre: se met dans
roncier: buisson de ronces (plantes
    épineuses)

Dans la famille on appelait toujours Jean « le petit », bien qu'il fût beaucoup plus grand que Pierre.

Mme Roland, tout à coup, parut sortir d'un rêve, se rappeler une chose lointaine, presque oubliée, qu'elle avait entendue autrefois, dont elle n'était pas sûre d'ailleurs, et elle balbutia:

— Ne disiez-vous point que notre pauvre Maréchal avait laissé sa fortune à mon petit Jean?

— Oui, Madame.

Elle reprit alors simplement:

— Cela me fait grand plaisir, car cela prouve qu'il nous aimait.

Roland s'était levé:

— Voulez-vous, cher maître, que mon fils signe tout de suite l'acceptation?

— Non... non... monsieur Roland. Demain, demain, à mon étude, à deux heures, si cela vous convient.

— Mais oui, mais oui, je crois bien!

Alors, Mme Roland qui s'était levée aussi, et qui souriait, après les larmes, fit deux pas vers le notaire, posa sa main sur le dos de son fauteuil, et le couvrant d'un regard attendri de mère reconnaissante, elle demanda:

— Et cette tasse de thé, monsieur Lecanu?

— Maintenant, je veux bien, Madame, avec plaisir.

La bonne appelée apporta d'abord des gâteaux secs en de profondes boîtes de fer-blanc,° ces fades° et cassantes° pâtisseries anglaises qui semblent cuites pour des becs de perroquet et soudées° en des caisses de métal pour des voyages autour du monde. Elle alla chercher ensuite des serviettes grises, pliées en petits carrés, ces serviettes à thé qu'on ne lave jamais dans les familles besogneuses.° Elle revint une troisième fois avec le sucrier et les tasses; puis elle ressortit pour faire chauffer l'eau. Alors on attendit.

Personne ne pouvait parler; on avait trop à penser, et rien à dire. Seule Mme Roland cherchait des phrases banales. Elle raconta la partie de pêche, fit l'éloge de la *Perle* et de Mme Rosémilly.

— Charmante, charmante, répétait le notaire.

---

fer-blanc: métal dont se font les boîtes à conserve
fades: sans saveur

cassantes: très peu flexibles, raides
soudées: unies, liées
besogneuses: pauvres

Roland, les reins° appuyés au marbre de la cheminée, comme en hiver, quand le feu brûle, les mains dans ses poches et les lèvres remuantes comme pour siffler, ne pouvait plus tenir en place, torturé du désir impérieux de laisser sortir toute sa joie.

Les deux frères, en deux fauteuils pareils, les jambes croisées de la même façon, à droite et à gauche du guéridon° central, regardaient fixement devant eux, en des attitudes semblables, pleines d'expressions différentes.

Le thé parut enfin. Le notaire prit, sucra et but sa tasse, après avoir émietté° dedans une petite galette trop dure pour être croquée; puis il se leva, serra les mains et sortit.

— C'est entendu, répétait Roland, demain, chez vous, à deux heures.

— C'est entendu, demain, deux heures.

Jean n'avait pas dit un mot.

Après ce départ il y eut encore un silence, puis le père Roland vint taper de ses deux mains ouvertes sur les deux épaules de son jeune fils en criant:

— Eh bien! sacré veinard,° tu ne m'embrasses pas?

Alors Jean eut un sourire, et il embrassa son père en disant:

— Cela ne m'apparaissait pas comme indispensable.

Mais le bonhomme ne se possédait° plus d'allégresse. Il marchait, jouait du piano sur les meubles avec ses ongles maladroits, pivotait sur ses talons, et répétait:

— Quelle chance! quelle chance! En voilà une, de chance!

Pierre demanda:

— Vous le connaissiez donc beaucoup, autrefois, ce Maréchal?

Le père répondit:

— Parbleu, il passait toutes ses soirées à la maison; mais tu te rappelles bien qu'il allait te prendre au collège, les jours de sortie, et qu'il t'y reconduisait souvent après dîner. Tiens, justement, le matin de la naissance de Jean, c'est lui qui est allé chercher le médecin! Il avait déjeuné chez nous quand ta mère s'est trouvée souffrante. Nous avons compris tout de suite de quoi il s'agissait, et il est parti

---

reins: *ici*, la partie inférieure du dos
guéridon: petite table ronde à pied central

émietté: réduit en petits morceaux
veinard: (populaire) celui qui a de la chance
se possédait: se contenait

en courant. Dans sa hâte il a pris mon chapeau au lieu du sien. Je me rappelle cela parce que nous en avons beaucoup ri, plus tard. Il est même probable qu'il s'est souvenu de ce détail au moment de mourir; et comme il n'avait aucun héritier il s'est dit: « Tiens, j'ai contribué à la naissance de ce petit-là, je vais lui laisser ma fortune. » Mme Roland, enfoncée° dans une bergère,° semblait partie en ses souvenirs. Elle murmura, comme si elle pensait tout haut:

— Ah! c'était un brave ami, bien dévoué, bien fidèle, un homme rare, par le temps qui court.°

Jean s'était levé:

— Je vais faire un bout de promenade, dit-il.

Son père s'étonna, voulut le retenir, car ils avaient à causer, à faire des projets, à arrêter des résolutions. Mais le jeune homme s'obstina, prétextant un rendez-vous. On aurait d'ailleurs tout le temps de s'entendre bien avant d'être en possession de l'héritage.

Et il s'en alla, car il désirait être seul, pour réfléchir. Pierre, à son tour, déclara qu'il sortait, et suivit son frère, après quelques minutes.

Dès qu'il fut en tête à tête avec sa femme, le père Roland la saisit dans ses bras, l'embrassa dix fois sur chaque joue, et, pour répondre à un reproche qu'elle lui avait souvent adressé:

— Tu vois, ma chérie, que cela ne m'aurait servi à rien de rester à Paris plus longtemps, de m'esquinter° pour les enfants, au lieu de venir ici refaire ma santé, puisque la fortune nous tombe du ciel.

Elle était devenue toute sérieuse:

— Elle tombe du ciel pour Jean, dit-elle, mais Pierre?

— Pierre! mais il est docteur, il en gagnera... de l'argent... et puis son frère fera bien quelque chose pour lui.

— Non. Il n'accepterait pas. Et puis cet héritage est à Jean, rien qu'à Jean. Pierre se trouve ainsi très désavantagé.

Le bonhomme semblait perplexe:

— Alors, nous lui laisserons un peu plus par testament, nous.

— Non. Ce n'est pas très juste non plus.

---

enfoncée: située au fond
bergère: *ici,* fauteuil large et profond

par le temps qui court: ces jours-ci
m'esquinter: (familier) m'épuiser, me fatiguer

Il s'écria:

— Ah! bien alors, zut! Qu'est-ce que tu veux que j'y fasse, moi? Tu vas toujours chercher un tas d'idées désagréables. Il faut que tu gâtes tous mes plaisirs. Tiens, je vais me coucher. Bonsoir. C'est égal, en voilà une veine,° une rude veine!

Et il s'en alla, enchanté, malgré tout, et sans un mot de regret pour l'ami mort si généreusement.

Mme Roland se remit à songer devant la lampe qui charbonnait.°

II

Dès qu'il fut dehors, Pierre se dirigea vers la rue de Paris, la principale rue du Havre, éclairée, animée, bruyante. L'air un peu frais des bords de mer lui caressait la figure, et il marchait lentement, la canne sous le bras, les mains derrière le dos.

Il se sentait mal à l'aise, alourdi, mécontent comme lorsqu'on a reçu quelque fâcheuse nouvelle. Aucune pensée précise ne l'affligeait et il n'aurait su dire tout d'abord d'où lui venait cette pesanteur° de l'âme et cet engourdissement du corps. Il avait mal quelque part, sans savoir où; il portait en lui un petit point douloureux, une de ces presque insensibles meurtrissures° dont on ne trouve pas la place, mais qui gênent, fatiguent, attristent, irritent, une souffrance inconnue et légère, quelque chose comme une graine de chagrin.

Lorsqu'il arriva place du Théâtre,²⁶ il se sentit attiré par les lumières du café Tortoni,²⁷ et il s'en vint lentement vers la façade illuminée; mais au moment d'entrer, il songea qu'il allait trouver là des amis, des connaissances, des gens avec qui il faudrait causer; et une répugnance brusque l'envahit pour cette banale camaraderie des demi-tasses et des petits verres. Alors, retournant sur ses pas, il revint prendre la rue principale qui le conduisait vers le port.

veine: (populaire) chance	**pesanteur:** *ici*, malaise, lourdeur
charbonnait: se carbonisait sans brûler	**meurtrissures:** contusions, taches bleues

---

26 *place du Théâtre.* Aujourd'hui la place Gambetta.

27 *café Tortoni.* Pierre parle d'un célèbre café du Havre, établi en 1868, et qui était à la fois salle de concert et hôtel. Cet établissement portait le même nom que le café parisien du boulevard des Italiens.

Il se demandait: « Où irais-je bien? » cherchant un endroit qui lui plût, qui fût agréable à son état d'esprit. Il n'en trouvait pas, car il s'irritait d'être seul, et il n'aurait voulu rencontrer personne.

En arrivant sur le grand quai, il hésita encore une fois, puis tourna vers la jetée; il avait choisi la solitude.

Comme il frôlait° un banc sur le brise-lames,° il s'assit, déjà las° de marcher et dégoûté de sa promenade avant même de l'avoir faite. Il se demanda: « Qu'ai-je donc ce soir? » Et il se mit à chercher dans son souvenir quelle contrariété avait pu l'atteindre, comme on interroge un malade pour trouver la cause de sa fièvre.

Il avait l'esprit excitable et réfléchi en même temps, il s'emballait, puis raisonnait, approuvait ou blâmait ses élans; mais chez lui la nature première demeurait en dernier lieu la plus forte, et l'homme sensitif° dominait toujours l'homme intelligent.

Donc il cherchait d'où lui venait cet énervement, ce besoin de mouvement sans avoir envie de rien, ce désir de rencontrer quelqu'un pour n'être pas du même avis, et aussi ce dégoût pour les gens qu'il pourrait voir et pour les choses qu'ils pourraient lui dire.

Et il se posa cette question: « Serait-ce l'héritage de Jean? »

Oui, c'était possible, après tout. Quand le notaire avait annoncé cette nouvelle, il avait senti son cœur battre un peu plus fort. Certes, on n'est pas toujours maître de soi, et on subit des émotions spontanées et persistantes, contre lesquelles on lutte en vain.

Il se mit à réfléchir profondément à ce problème physiologique de l'impression produite par un fait sur l'être instinctif et créant en lui un courant d'idées et de sensations douloureuses ou joyeuses, contraires à celles que désire, qu'appelle, que juge bonnes et saines l'être pensant, devenu supérieur à lui-même par la culture de son intelligence.

Il cherchait à concevoir l'état d'âme du fils qui hérite d'une grosse fortune, qui va goûter, grâce à elle, beaucoup de joies désirées depuis longtemps et interdites par l'avarice d'un père, aimé pourtant, et regretté.°

---

frôlait: touchait légèrement
brise-lames: structure à l'entrée du port qui protège contre les vagues fortes

las: fatigué
sensitif: particulièrement sensible, susceptible
regretté: pleuré

Il se leva et se remit à marcher vers le bout de la jetée. Il se sentait mieux, content d'avoir compris, de s'être surpris lui-même, d'avoir dévoilé l'autre qui est en nous.

— Donc j'ai été jaloux de Jean, pensait-il. C'est vraiment assez bas, cela! J'en suis sûr maintenant, car la première idée qui m'est venue est celle de son mariage avec Mme Rosémilly. Je n'aime pourtant pas cette petite dinde° raisonnable, bien faite pour dégoûter du bon sens et de la sagesse.[28] C'est donc de la jalousie gratuite, l'essence même de la jalousie, celle qui est parce qu'elle est! Faut soigner cela!

Il arrivait devant le mât des signaux° qui indique la hauteur de l'eau dans le port, et il alluma une allumette pour lire la liste des navires signalés au large° et devant entrer à la prochaine marée. On attendait des steamers du Brésil, de la Plata,[29] du Chili et du Japon, deux bricks danois, une goélette norvégienne et un vapeur° turc, ce qui surprit Pierre autant que s'il avait lu « un vapeur suisse »; et il aperçut dans une sorte de songe bizarre un grand vaisseau° couvert d'hommes en turban, qui montaient dans les cordages avec de larges pantalons.

— Que c'est bête, pensait-il; le peuple turc est pourtant un peuple marin.

Ayant fait encore quelques pas, il s'arrêta pour contempler la rade.° Sur sa droite, au-dessus de Sainte-Adresse,[30] les deux phares électriques du cap de la Hève, semblables à deux cyclopes monstrueux[31] et jumeaux, jetaient sur la mer leurs longs et puissants regards. Partis des deux foyers° voisins, les deux rayons parallèles,

dinde: (populaire) *ici*, femme stupide	**vaisseau:** bateau
mât des signaux: poteau indicateur	**rade:** grand bassin où stationnent les navires
au large: en haute mer	**foyers:** *ici*, points d'où partent des rayons lumineux
un vapeur: bateau qui fonctionne à la vapeur	

28 *pour dégoûter du bon sens et de la sagesse.* C'est-à-dire, « pour repousser toute personne raisonnable ou intelligente ».

29 *de la Plata.* Port d'Argentine (Amérique du Sud).

30 *Sainte-Adresse.* Village près du Havre que surmontent les phares bien connus du cap de la Hève, les phares électriques par lampe à arc étant alors une grande innovation.

31 *deux cyclopes monstrueux.* Fait allusion aux géants de la mythologie grecque qui n'avaient qu'un œil.

pareils aux queues géantes de deux comètes, descendaient, suivant une pente° droite et démesurée,° du sommet de la côte au fond de l'horizon. Puis sur les deux jetées, deux autres feux, enfants de ces colosses,[32] indiquaient l'entrée du Havre; et là-bas, de l'autre côté de la Seine, on en voyait d'autres encore, beaucoup d'autres, fixes ou clignotants,° à éclats et à éclipses, s'ouvrant et se fermant comme des yeux, les yeux des ports, jaunes, rouges, verts, guettant° la mer obscure couverte de navires, les yeux vivants de la terre hospitalière disant, rien que par le mouvement mécanique invariable et régulier de leurs paupières: « C'est moi. Je suis Trouville, je suis Honfleur, je suis la rivière de Pont-Audemer.[33] » Et dominant tous les autres, si haut que, de si loin, on le prenait pour une planète, le phare aérien d'Étouville[34] montrait la route de Rouen, à travers les bancs de sable de l'embouchure du grand fleuve.

Puis sur l'eau profonde, sur l'eau sans limites, plus sombre que le ciel, on croyait voir, çà et là, des étoiles. Elles tremblotaient dans la brume° nocturne, petites, proches ou lointaines, blanches, vertes ou rouges aussi. Presque toutes étaient immobiles, quelques-unes, cependant, semblaient courir; c'étaient les feux des bâtiments à l'ancre attendant la marée prochaine, ou des bâtiments en marche venant chercher un mouillage.°

Juste à ce moment la lune se leva derrière la ville; et elle avait l'air du phare énorme et divin, allumé dans le firmament pour guider la flotte infinie des vraies étoiles.

Pierre murmura, presque à haute voix: « Voilà, et nous nous faisons de la bile pour quatre sous!° »

---

pente: inclinaison	**mouillage:** lieu où on jette l'ancre
démesurée: excessive	**nous nous faisons de la bile**
clignotants: qui s'allument et s'éteignent	**pour quatre sous!:** (familier, idiomatique) on s'inquiète
guettant: épiant, surveillant	pour rien
brume: vapeur, brouillard léger	

---

32 *ces colosses.* Le terme se réfère aux statues antiques d'une grandeur extraordinaire; ici, il décrit les deux énormes phares illuminés.

33 *la rivière de Pont-Audemer.* Un autre phare à l'embouchure de la rivière (le Risle) qui traverse la ville de Pont-Audemer (à 50 km du Havre).

34 *d'Étouville.* Le village intérieur d'Étouville n'ayant pas de phare, l'auteur évoque probablement le phare de la pointe de la Roque à l'embouchure de la Seine (L. Forestier).

Tout près de lui soudain, dans la tranchée° large et noire ouverte entre les jetées, une ombre, une grande ombre fantastique, glissa. S'étant penché sur le parapet de granit, il vit une barque de pêche qui rentrait, sans un bruit de voix, sans un bruit de flot,° sans un bruit d'aviron, doucement poussée par sa haute voile brune tendue à la brise du large.

Il pensa: « Si on pouvait vivre là-dessus, comme on serait tranquille, peut-être! » Puis ayant fait encore quelques pas, il aperçut un homme assis à l'extrémité du môle.°

Un rêveur, un amoureux, un sage,° un heureux ou un triste? Qui était-ce? Il s'approcha, curieux, pour voir la figure de ce solitaire; et il reconnut son frère.

— Tiens, c'est toi, Jean?

— Tiens... Pierre... Qu'est-ce que tu viens faire ici?

— Mais je prends l'air. Et toi?

Jean se mit à rire:

— Je prends l'air également.

Et Pierre s'assit à côté de son frère.

— Hein, c'est rudement beau?

— Mais oui.

Au son de la voix il comprit que Jean n'avait rien regardé; il reprit:

— Moi, quand je viens ici, j'ai des désirs fous de partir, de m'en aller avec tous ces bateaux, vers le nord ou vers le sud. Songe que ces petits feux, là-bas, arrivent de tous les coins du monde, des pays aux grandes fleurs et aux belles filles pâles ou cuivrées,° des pays aux oiseaux-mouches,° aux éléphants, aux lions libres, aux rois nègres, de tous les pays qui sont nos contes de fées à nous qui ne croyons plus à la Chatte blanche ni à la Belle au bois dormant.[35] Ce serait

---

tranchée: *ici*, espace, chemin	**cuivrées:** couleur de cuivre
flot: vague, onde	**oiseaux-mouches:** tout petits
môle: jetée	oiseaux, colibris
un sage: homme savant	

---

35 *la Chatte blanche ni à la Belle au bois dormant.* Les contes « La Chatte blanche » de Mme d'Aulnoy (1650-1706) et « La Belle au bois dormant » de Charles Perrault (1628-1703) font partie de la culture enfantine partagée des deux frères, Pierre et Jean.

rudement chic de pouvoir s'offrir une promenade par là-bas; mais voilà, il faudrait de l'argent, beaucoup....

Il se tut° brusquement, songeant que son frère l'avait maintenant, cet argent, et que délivré de tout souci, délivré du travail quotidien, libre, sans entraves,° heureux, joyeux, il pouvait aller où bon lui semblerait, vers les blondes Suédoises ou les brunes Havanaises.°

Puis une de ces pensées involontaires, fréquentes chez lui, si brusques, si rapides qu'il ne pouvait ni les prévoir, ni les arrêter, ni les modifier, venues, semblait-il, d'une seconde âme indépendante et violente, le traversa: « Bah! il est trop niais, il épousera la petite Rosémilly. »

---

se tut: resta silencieux (se taire)
entraves: obstacles

°**Havanaises:** filles de La Havane (Cuba)

Il s'était levé.

— Je te laisse rêver d'avenir; moi, j'ai besoin de marcher.

Il serra la main de son frère, et reprit avec un accent très cordial:

— Eh bien, mon petit Jean, te voilà riche! Je suis bien content de t'avoir rencontré tout seul ce soir, pour te dire combien cela me fait plaisir, combien je te félicite, et combien je t'aime.

Jean d'une nature douce et tendre, très ému, balbutiait:

— Merci... merci... mon bon Pierre, merci.

Et Pierre s'en retourna, de son pas lent, la canne sous le bras, les mains derrière le dos.

Lorsqu'il fut rentré dans la ville, il se demanda de nouveau ce qu'il ferait, mécontent de cette promenade écourtée°; d'avoir été privé° de la mer par la présence de son frère.

Il eut une inspiration: « Je vais boire un verre de liqueur chez le père Marowsko[36] » ; et il remonta vers le quartier d'Ingouville.[37]

Il avait connu le père Marowsko dans les hôpitaux, à Paris. C'était un vieux Polonais, réfugié politique, disait-on, qui avait eu des histoires terribles là-bas, et qui était venu exercer en France, après nouveaux examens, son métier de pharmacien. On ne savait rien de sa vie passée; aussi des légendes avaient-elles couru parmi les internes, les externes, et plus tard parmi les voisins. Cette réputation de conspirateur redoutable, de nihiliste,[38] de régicide,° de patriote prêt à tout, échappé à la mort par miracle, avait séduit l'imagination aventureuse et vive de Pierre Roland; et il était devenu l'ami du vieux Polonais, sans avoir jamais obtenu de lui, d'ailleurs, aucun aveu sur

---

écourtée: diminuée, réduite	**régicide:** celui qui se voue à
privé: dépossédé	l'assassinat du roi

---

36 *chez le père Marowsko.* Le deuxième soulèvement des Polonais en 1863 contre l'Empire russe a provoqué une importante émigration de Polonais vers la France. Le personnage du pharmacien Marowsko pourrait bien faire partie de ces émigrants, lui-même s'étant rendu de Paris au Havre.

37 *le quartier d'Ingouville.* Faubourg du nord du Havre, situé au pied et sur la colline du même nom.

38 *de nihiliste.* C'est-à-dire, adhérent de la doctrine philosophique russe du XIXe siècle qui avait pour objectif la destruction radicale de toutes les conditions sociales.

son existence ancienne. C'était encore grâce au jeune médecin que le bonhomme était venu s'établir au Havre, comptant sur une belle clientèle que le nouveau docteur lui fournirait.

En attendant il vivait pauvrement dans sa modeste pharmacie, en vendant des remèdes aux petits bourgeois et aux ouvriers de son quartier.

Pierre allait souvent le voir après dîner et causer une heure avec lui, car il aimait la figure calme et la rare conversation de Marowsko, dont il jugeait profonds les longs silences.

Un seul bec de gaz° brûlait au-dessus du comptoir chargé de fioles.° Ceux de la devanture° n'avaient point été allumés, par économie. Derrière ce comptoir, assis sur une chaise et les jambes allongées l'une sur l'autre, un vieux homme° chauve, avec un grand nez d'oiseau qui, continuant son front dégarni,° lui donnait un air triste de perroquet, dormait profondément, le menton sur la poitrine.

Au bruit du timbre° il s'éveilla, se leva, et reconnaissant le docteur, vint au-devant de lui, les mains tendues.

Sa redingote° noire, tigrée de taches d'acides et de sirops, beaucoup trop vaste pour son corps maigre et petit, avait un aspect d'antique soutane°; et l'homme parlait avec un fort accent polonais qui donnait à sa voix fluette° quelque chose d'enfantin, un zézaiement° et des intonations de jeune être qui commence à prononcer.

Pierre s'assit et Marowsko demanda:

— Quoi de neuf, mon cher docteur?

— Rien. Toujours la même chose partout.

— Vous n'avez pas l'air gai, ce soir.

— Je ne le suis pas souvent.

— Allons, allons, il faut secouer° cela. Voulez-vous un verre de liqueur?

---

bec de gaz: lampe, intérieure ou dans la rue, alimentée par le gaz

fioles: petits flacons de verre

devanture: devant d'une boutique

vieux homme: Normalement on écrirait: **vieil homme**.

dégarni: chauve, sans cheveux

timbre: *ici*, sonnerie de la porte

redingote: longue veste d'homme (XIXe s.)

soutane: robe de prêtre

fluette: mince, délicate

zézaiement: parler qui donne le son du z à certaines lettres

secouer: *ici*, résister à

— Oui, je veux bien.

— Alors je vais vous faire goûter une préparation nouvelle. Voilà deux mois que je cherche à tirer quelque chose de la groseille,° dont on n'a fait jusqu'ici que du sirop... eh bien! j'ai trouvé... j'ai trouvé... une bonne liqueur, très bonne, très bonne.

Et ravi, il alla vers une armoire, l'ouvrit et choisit une fiole qu'il apporta. Il remuait et agissait par gestes courts, jamais complets, jamais il n'allongeait le bras tout à fait, n'ouvrait toutes grandes les jambes, ne faisait un mouvement entier et définitif. Ses idées semblaient pareilles à ses actes; il les indiquait, les promettait, les esquissait,° les suggérait, mais ne les énonçait° pas.

Sa plus grande préoccupation dans la vie semblait être d'ailleurs la préparation des sirops et des liqueurs. « Avec un bon sirop ou une bonne liqueur, on fait fortune », disait-il souvent.

Il avait inventé des centaines de préparations sucrées sans parvenir à en lancer° une seule. Pierre affirmait que Marowsko le faisait penser à Marat.[39]

Deux petits verres furent pris dans l'arrière-boutique et apportés sur la planche° aux préparations; puis les deux hommes examinèrent en l'élevant vers le gaz la coloration du liquide.

— Joli rubis! déclara Pierre.

— N'est-ce pas?

La vieille tête de perroquet du Polonais semblait ravie.

Le docteur goûta, savoura, réfléchit, goûta de nouveau, réfléchit encore et se prononça:

— Très bon, très bon, et très neuf comme saveur; une trouvaille,° mon cher!

— Ah! vraiment, je suis bien content.

groseille: fruit rouge (plus petit que le raisin) **esquissait:** *ici*, commençait **énonçait:** exprimait	**lancer:** *ici*, faire sortir **planche:** plateau, plaque **trouvaille:** découverte

---

39 *Marowsko le faisait penser à Marat.* Jean-Paul Marat (1743-1793), médecin et chercheur scientifique ainsi que journaliste virulent de la Révolution française (*L'Ami du peuple*), était aussi réputé pour son doux tempérament. Certains ennemis l'ont accusé, entre autres, d'avoir fait le trafic de médicaments de charlatan (faux médecin). Marat a été assassiné dans son bain par Charlotte Corday.

Alors Marowsko demanda conseil pour baptiser la liqueur nouvelle; il voulait l'appeler « essence de groseille », ou bien « fine groseille », ou bien « grosélia », ou bien « groséline ».

Pierre n'approuvait aucun de ces noms.

Le vieux eut une idée:

— Ce que vous avez dit tout à l'heure est très bon, très bon: « Joli rubis. »

Le docteur contesta encore la valeur de ce nom, bien qu'il l'eût trouvé, et il conseilla simplement « groseillette », que Marowsko déclara admirable.

Puis ils se turent et demeurèrent assis quelques minutes, sans prononcer un mot, sous l'unique bec de gaz.

Pierre, enfin, presque malgré lui:

— Tiens, il nous est arrivé une chose assez bizarre, ce soir. Un des amis de mon père, en mourant, a laissé sa fortune à mon frère.

Le pharmacien sembla ne pas comprendre tout de suite, mais, après avoir songé, il espéra que le docteur héritait par moitié.° Quand la chose eut été bien expliquée, il parut surpris et fâché; et pour exprimer son mécontentement de voir son jeune ami sacrifié, il répéta plusieurs fois:

— Ça ne fera pas un bon effet.

Pierre, que son énervement reprenait, voulut savoir ce que Marowsko entendait par cette phrase. — Pourquoi cela ne ferait-il pas un bon effet? Quel mauvais effet pouvait résulter de ce que son frère héritait la fortune d'un ami de la famille?

Mais le bonhomme circonspect ne s'expliqua pas davantage.

— Dans ce cas-là on laisse aux deux frères également, je vous dis que ça ne fera pas un bon effet.

Et le docteur, impatienté, s'en alla, rentra dans la maison paternelle et se coucha.

Pendant quelque temps, il entendit Jean qui marchait doucement dans la chambre voisine, puis il s'endormit après avoir bu deux verres d'eau.

---

par moitié: à titre égal

III

Le docteur se réveilla le lendemain avec la résolution bien arrêtée de faire fortune. Plusieurs fois déjà il avait pris cette détermination sans en poursuivre la réalité. Au début de toutes ses tentatives de carrière nouvelle, l'espoir de la richesse vite acquise soutenait ses efforts et sa confiance jusqu'au premier obstacle, jusqu'au premier échec qui le jetait dans une voie nouvelle.

Enfoncé dans son lit entre les draps chauds, il méditait. Combien de médecins étaient devenus millionnaires en peu de temps! Il suffisait d'un grain de savoir-faire, car, dans le cours de ses études, il avait pu apprécier les plus célèbres professeurs, et il les jugeait des ânes.° Certes il valait autant qu'eux, sinon mieux. S'il parvenait par un moyen quelconque à capter la clientèle élégante et riche du Havre, il pouvait gagner cent mille francs par an avec facilité.⁴⁰ Et il calculait, d'une façon précise, les gains assurés. Le matin il sortirait, il irait chez ses malades. En prenant la moyenne, bien faible, de dix par jour, à vingt francs l'un, cela lui ferait, au minimum, soixante-douze mille francs par an, même soixante-quinze mille, car le chiffre de dix malades était inférieur à la réalisation certaine. Après midi, il recevrait dans son cabinet une autre moyenne de dix visiteurs à dix francs, soit trente-six mille francs. Voilà donc cent vingt mille francs, chiffre rond. Les clients anciens et les amis qu'il irait voir à dix francs et qu'il recevrait à cinq francs feraient peut-être sur ce total une légère diminution compensée par les consultations avec d'autres médecins et par tous les petits bénéfices° courants de la profession. Rien de plus facile que d'arriver là avec de la réclame° habile, des échos dans le *Figaro*⁴¹ indiquant que le corps scientifique parisien avait les yeux sur lui, s'intéressait à des cures surprenantes entreprises

---

ânes: *ici,* hommes ignorants   **réclame:** publicité
bénéfices: avantages

---

40   *il pouvait gagner cent mille francs par an avec facilité.* Notons chez Pierre son avenir de rêve, en nous souvenant que Jean se trouve riche, avec en perspective des rentes annuelles de vingt mille francs.

41   le *Figaro.* Quotidien parisien fondé en 1854, conservateur et très influent (jusqu'à nos jours). Durant sa carrière Maupassant y a contribué des articles dont « Le Roman », qui servira de préface à *Pierre et Jean.*

par le jeune et modeste savant° havrais.° Et il serait plus riche que son frère, plus riche et célèbre, et content de lui-même, car il ne devrait sa fortune qu'à lui; et il se montrerait généreux pour ses vieux parents, justement fiers de sa renommée.° Il ne se marierait pas, ne voulant point encombrer son existence d'une femme unique et gênante, mais il aurait des maîtresses parmi ses clientes les plus jolies.

Il se sentait si sûr du succès, qu'il sauta hors du lit comme pour le saisir tout de suite, et il s'habilla afin d'aller chercher par la ville l'appartement qui lui convenait.

Alors, en rôdant° à travers les rues, il songea combien sont légères les causes déterminantes de nos actions. Depuis trois semaines il aurait pu, il aurait dû prendre cette résolution née brusquement en lui, sans aucun doute, à la suite de l'héritage de son frère.

Il s'arrêtait devant les portes où pendait un écriteau° annonçant soit un bel appartement, soit un riche appartement à louer, les indications sans adjectif le laissant toujours plein de dédain. Alors il visitait avec des façons hautaines,° mesurait la hauteur des plafonds, dessinait sur son calepin° le plan du logis, les communications,° la disposition des issues,° annonçait qu'il était médecin et qu'il recevait beaucoup.[42] Il fallait que l'escalier fût large et bien tenu; il ne pouvait monter d'ailleurs au-dessus du premier étage.[43]

Après avoir noté sept ou huit adresses et griffonné° deux cents renseignements, il rentra pour déjeuner avec un quart d'heure de retard.

Dès le vestibule, il entendit un bruit d'assiettes. On mangeait donc sans lui. Pourquoi? Jamais on n'était aussi exact dans la maison.

---

savant: scientifique	**calepin:** carnet, cahier
'havrais: du Havre	**communications:** *ici*, passages,
renommée: célébrité	couloirs
rôdant: allant ça et là	**issues:** entrées et sorties
écriteau: affiche, annonce	**griffonné:** écrit rapidement
'hautaines: fières	

---

42 *qu'il était médecin et qu'il recevait beaucoup.* À l'époque, les médecins (et les avocats) recevaient leurs clients à domicile. Souvent le cabinet professionnel et l'appartement de la famille occupaient les mêmes lieux.

43 *au-dessus du premier étage.* Souvenez-vous que le *premier étage* d'un immeuble européen équivaut au *deuxième* niveau d'un bâtiment aux États-Unis.

Il fut froissé, mécontent, car il était un peu susceptible. Dès qu'il entra, Roland lui dit:

— Allons, Pierre, dépêche-toi, sacrebleu! Tu sais que nous allons à deux heures chez le notaire. Ce n'est pas le jour de musarder.°

Le docteur s'assit, sans répondre, après avoir embrassé sa mère et serré la main de son père et de son frère; et il prit dans le plat creux,° au milieu de la table, la côtelette réservée pour lui. Elle était froide et sèche. Ce devait être la plus mauvaise. Il pensa qu'on aurait pu la laisser dans le fourneau° jusqu'à son arrivée, et ne pas perdre la tête au point d'oublier complètement l'autre fils, le fils aîné. La conversation, interrompue par son entrée, reprit au point où il l'avait coupée.

— Moi, disait à Jean Mme Roland, voici ce que je ferais tout de suite. Je m'installerais richement, de façon à frapper l'œil, je me montrerais dans le monde, je monterais à cheval, et je choisirais une ou deux causes intéressantes pour les plaider et me bien poser au Palais.[44] Je voudrais être une sorte d'avocat amateur très recherché. Grâce à Dieu, te voici à l'abri du besoin, et si tu prends une profession, en somme, c'est pour ne pas perdre le fruit de tes études et parce qu'un homme ne doit jamais rester à rien faire.

Le père Roland, qui pelait une poire, déclara:

— Cristi! à ta place, c'est moi qui achèterais un joli bateau, un cotre° sur le modèle de nos pilotes. J'irais jusqu'au Sénégal,[45] avec ça.

Pierre, à son tour, donna son avis. En somme, ce n'était pas la fortune qui faisait la valeur morale, la valeur intellectuelle d'un homme. Pour les médiocres elle n'était qu'une cause d'abaissement,° tandis qu'elle mettait au contraire un levier° puissant aux mains des

---

musarder: perdre son temps	**cotre:** petit navire rapide à un mât
creux: *ici,* concave	**abaissement:** *ici,* dégradation
fourneau: cuisinière, four	**levier:** outil qui sert à soulever

---

44 *au Palais.* Jean devrait établir sa réputation professionnelle auprès des juges et des avocats du Palais de Justice à Paris.

45 *jusqu'au Sénégal.* Pays sur la côte de l'Afrique de l'Ouest (capitale: Dakar). Exploité par des commerçants normands dès le XVIIe siècle, le Sénégal a été gouverné par la France pendant l'époque coloniale, déclarant son indépendance en 1960. (L'empire colonial de la France commençait à fleurir au temps de Maupassant et a duré jusque vers 1960. *Voir* les notes 56 et 57.)

forts. Ils étaient rares d'ailleurs, ceux-là. Si Jean était vraiment un homme supérieur, il le pourrait montrer maintenant qu'il se trouvait à l'abri du besoin. Mais il lui faudrait travailler cent fois plus qu'il ne l'aurait fait en d'autres circonstances. Il ne s'agissait pas de plaider pour ou contre la veuve et l'orphelin et d'empocher° tant d'écus pour tout procès gagné ou perdu, mais de devenir un jurisconsulte° éminent, une lumière du droit.

Et il ajouta comme conclusion:

— Si j'avais de l'argent, moi, j'en découperais, des cadavres[46]!

Le père Roland haussa les épaules:

— Tra la la! Le plus sage dans la vie c'est de se la couler douce.° Nous ne sommes pas des bêtes de peine, mais des hommes. Quand on naît pauvre, il faut travailler; eh bien! tant pis, on travaille; mais quand on a des rentes, sacristi! il faudrait être jobard° pour s'esquinter le tempérament.

Pierre répondit avec hauteur:

— Nos tendances ne sont pas les mêmes! Moi je ne respecte au monde que le savoir et l'intelligence, tout le reste est méprisable.°

Mme Roland s'efforçait toujours d'amortir° les heurts° incessants entre le père et le fils; elle détourna donc la conversation, et parla d'un meurtre qui avait été commis, la semaine précédente, à Bolbec-Nointot.[47] Les esprits aussitôt furent occupés par les circonstances environnant le forfait,° et attirés par l'horreur intéressante, par le mystère attrayant des crimes, qui, même vulgaires, honteux et répugnants, exercent sur la curiosité humaine une étrange et générale fascination.

empocher: mettre dans sa poche	**jobard:** (familier) niais, naïf
jurisconsulte: expert en questions juridiques	**méprisable:** sans valeur
se la couler douce: (familier) mener une vie sans complication	**amortir:** rendre moins violents
	'heurts: chocs
	forfait: crime

46 *j'en découperais, des cadavres.* Au XIXe siècle les recherches médicales se faisaient principalement par l'étude et la dissection des cadavres. Les médecins-chercheurs avaient donc besoin d'argent, pour pouvoir acheter des cadavres et pour disposer de temps pour se consacrer à la recherche.

47 *à Bolbec-Nointot.* Petite ville à 30 km à l'ouest du Havre. Elle jouera notamment un rôle dans *La Bête humaine* d'Émile Zola (1890).

De temps en temps, cependant, le père Roland tirait sa montre:
— Allons, dit-il, il va falloir se mettre en route.
Pierre ricana:
— Il n'est pas encore une heure. Vrai, ça n'était point la peine de
me faire manger une côtelette froide.
— Viens-tu chez le notaire? demanda sa mère.
Il répondit sèchement:
— Moi, non, pour quoi faire? Ma présence est fort inutile.
Jean demeurait silencieux comme s'il ne s'agissait point de lui.
Quand on avait parlé du meurtre de Bolbec, il avait émis, en juriste,
quelques idées et développé quelques considérations sur les crimes et
sur les criminels. Maintenant, il se taisait de nouveau, mais la clarté
de son œil, la rougeur animée de ses joues, jusqu'au luisant de sa
barbe, semblaient proclamer son bonheur.
Après le départ de sa famille, Pierre, se trouvant seul de nouveau,
recommença ses investigations du matin à travers les appartements à
louer. Après deux ou trois heures d'escaliers montés et descendus, il
découvrit enfin, sur le boulevard François-Ier,[48] quelque chose de joli:
un grand entre-sol° avec deux portes sur des rues différentes, deux
salons, une galerie vitrée où les malades, en attendant leur tour, se
promèneraient au milieu des fleurs, et une délicieuse salle à manger
en rotonde ayant vue sur la mer.
Au moment de louer, le prix de trois mille francs l'arrêta, car il
fallait payer d'avance le premier terme, et il n'avait rien, pas un sou
devant lui.
La petite fortune amassée par son père s'élevait à peine à huit
mille francs de rentes, et Pierre se faisait ce reproche d'avoir mis
souvent ses parents dans l'embarras° par ses longues hésitations dans
le choix d'une carrière, ses tentatives toujours abandonnées et ses
continuels recommencements d'études. Il partit donc en promettant
une réponse avant deux jours; et l'idée lui vint de demander à son

---

entre-sol: appartement situé   **mis... dans l'embarras:** causé des
        entre le rez-de-chaussée et le   difficultés financières
        premier étage

---

48 *sur le boulevard François-Ier.* L'élégant boulevard résidentiel François-
    Ier allait du boulevard de Strasbourg (avenue Foch) au Grand Quai
    (quai de Southampton).

frère ce premier trimestre, ou même le semestre, soit quinze cents francs, dès que Jean serait en possession de son héritage. « Ce sera un prêt° de quelques mois à peine, pensait-il. Je le rembourserai peut-être même avant la fin de l'année. C'est tout simple, d'ailleurs, et il sera content de faire cela pour moi. »

Comme il n'était pas encore quatre heures, et qu'il n'avait rien à faire, absolument rien, il alla s'asseoir dans le Jardin public; et il demeura longtemps sur son banc, sans idées, les yeux à terre, accablé° par une lassitude° qui devenait de la détresse.

Tous les jours précédents, depuis son retour dans la maison paternelle, il avait vécu ainsi pourtant, sans souffrir aussi cruellement du vide de l'existence et de son inaction. Comment avait-il donc passé son temps du lever jusqu'au coucher?

Il avait flâné sur la jetée aux heures de marée, flâné par les rues, flâné dans les cafés, flâné chez Marowsko, flâné partout. Et voilà que, tout à coup, cette vie, supportée jusqu'ici, lui devenait odieuse, intolérable. S'il avait eu quelque argent il aurait pris une voiture pour faire une longue promenade dans la campagne, le long des fossés° de ferme ombragés° de hêtres° et d'ormes°; mais il devait compter le prix d'un bock° ou d'un timbre-poste,° et ces fantaisies-là ne lui étaient point permises. Il songea soudain combien il est dur, à trente ans passés, d'être réduit à demander, en rougissant, un louis° à sa mère, de temps en temps; et il murmura, en grattant la terre du bout de sa canne:

— Cristi! si j'avais de l'argent!

Et la pensée de l'héritage de son frère entra en lui de nouveau, à la façon d'une piqûre de guêpe°; mais il la chassa avec impatience, ne voulant point s'abandonner sur cette pente de jalousie.

Autour de lui des enfants jouaient dans la poussière des chemins. Ils étaient blonds avec de longs cheveux, et ils faisaient d'un air très sérieux, avec une attention grave, de petites montagnes de sable pour les écraser ensuite d'un coup de pied.

prêt: argent donné pour un certain temps	**ormes:** arbres à bois fibreux
accablé: *ici*, épuisé	**bock:** bière
lassitude: fatigue	**timbre-poste:** vignette collée sur une lettre
fossés: *ici*, canaux d'irrigation	**louis:** ancienne monnaie de 20 francs
ombragés: couverts de feuillages	
`hêtres:** grands arbres à écorce lisse	**guêpe:** insecte qui pique

Pierre était dans un de ces jours mornes° où on regarde dans tous les coins de son âme, où on en secoue tous les plis.°
« Nos besognes ressemblent aux travaux de ces mioches,° » pensait-il. Puis il se demanda si le plus sage dans la vie n'était pas encore d'engendrer deux ou trois de ces petits êtres inutiles et de les regarder grandir avec complaisance° et curiosité. Et le désir du mariage l'effleura.° On n'est pas si perdu, n'étant plus seul. On entend au moins remuer quelqu'un près de soi aux heures de trouble et d'incertitude, c'est déjà quelque chose de dire « tu » à une femme, quand on souffre.

Il se mit à songer aux femmes.

Il les connaissait très peu, n'ayant eu au quartier Latin[49] que des liaisons de quinzaine, rompues° quand était mangé l'argent du mois, et renouées° ou remplacées le mois suivant. Il devait exister, cependant, des créatures très bonnes, très douces et très consolantes. Sa mère n'avait-elle pas été la raison et le charme du foyer paternel? Comme il aurait voulu connaître une femme, une vraie femme!

Il se releva tout à coup avec la résolution d'aller faire une petite visite à Mme Rosémilly.

Puis il se rassit° brusquement. Elle lui déplaisait, celle-là! Pourquoi? Elle avait trop de bon sens vulgaire et bas; et puis, ne semblait-elle pas lui préférer Jean? Sans se l'avouer à lui-même d'une façon nette, cette préférence entrait pour beaucoup dans sa mésestime° pour l'intelligence de la veuve, car, s'il aimait son frère, il ne pouvait s'abstenir de le juger un peu médiocre et de se croire supérieur.

Il n'allait pourtant point rester là jusqu'à la nuit; et, comme la veille° au soir, il se demanda anxieusement: « Que vais-je faire? »

Il se sentait maintenant à l'âme un besoin de s'attendrir, d'être embrassé et consolé. Consolé de quoi? Il ne l'aurait su dire, mais il était dans une de ces heures de faiblesse et de lassitude où la

mornes: tristes	**rompues:** brisées, détruites
plis: sinuosités, rides	**renouées:** rétablies
mioches: (familier) enfants, gosses	**se rassit:** reprit sa place (s'asseoir)
complaisance: *ici*, satisfaction	**mésestime:** mépris, dédain
effleura: toucha légèrement	**la veille:** le jour ou la soirée d'avant

49 *au quartier Latin.* C'était pendant sa vie d'étudiant à l'École de médecine à Paris que Pierre a mené les aventures amoureuses décrites ici.

présence d'une femme, la caresse d'une femme, le toucher d'une main, le frôlement d'une robe, un doux regard noir ou bleu semblent indispensables, et tout de suite, à notre cœur.

Et le souvenir lui vint d'une petite bonne de brasserie° ramenée un soir chez elle et revue de temps en temps.

Il se leva donc de nouveau pour aller boire un bock avec cette fille. Que lui dirait-il? Que lui dirait-elle? Rien, sans doute. Qu'importe? il lui tiendrait la main quelques secondes! Elle semblait avoir du goût pour lui. Pourquoi donc ne la voyait-il pas plus souvent?

Il la trouva sommeillant sur une chaise dans la salle de brasserie presque vide. Trois buveurs fumaient leurs pipes, accoudés° aux tables de chêne,° la caissière lisait un roman, tandis que le patron, en manches de chemise, dormait tout à fait sur la banquette.

Dès qu'elle l'aperçut, la fille se leva vivement et, venant à lui:

— Bonjour, comment allez-vous?

— Pas mal, et toi?

— Moi, très bien. Comme vous êtes rare?[50]

— Oui, j'ai très peu de temps à moi. Tu sais que je suis médecin.

— Tiens, vous ne me l'aviez pas dit. Si j'avais su, j'ai été souffrante la semaine dernière, je vous aurais consulté. Qu'est-ce que vous prenez?

— Un bock, et toi?

— Moi, un bock aussi, puisque tu me le payes.

Et elle continua à le tutoyer[51] comme si l'offre de cette consommation en avait été la permission tacite. Alors, assis face à face, ils causèrent. De temps en temps elle lui prenait la main avec cette familiarité facile des filles dont la caresse est à vendre, et le regardant avec des yeux engageants elle lui disait:

---

bonne de brasserie: serveuse de bar

accoudés: appuyés sur les coudes
chêne: bois fort et dur

---

50 *Comme vous êtes rare?* « Pourquoi ne venez-vous pas me voir plus souvent? »

51 *elle continua à le tutoyer.* À cause de la différence de classe, il est normal que Pierre utilise *tu* quand il parle à la serveuse, tandis qu'elle doit se limiter à lui dire *vous*. En choisissant de *tutoyer* Pierre, la serveuse a franchi cette barrière.

— Pourquoi ne viens-tu pas plus souvent? Tu me plais beaucoup, mon chéri.

Mais déjà il se dégoûtait d'elle, la voyait bête, commune, sentant le peuple. Les femmes, se disait-il, doivent nous apparaître dans un rêve ou dans une auréole° de luxe qui poétise leur vulgarité.

Elle lui demandait:

— Tu es passé l'autre matin avec un beau blond à grande barbe, est-ce ton frère?

— Oui, c'est mon frère.

— Il est rudement joli garçon.

— Tu trouves?

— Mais oui, et puis il a l'air d'un bon vivant.°

Quel étrange besoin le poussa tout à coup à raconter à cette servante de brasserie l'héritage de Jean? Pourquoi cette idée, qu'il rejetait de lui lorsqu'il se trouvait seul, qu'il repoussait par crainte du trouble apporté dans son âme, lui vint-elle aux lèvres en cet instant, et pourquoi la laissa-t-il couler, comme s'il eût eu besoin de vider de nouveau devant quelqu'un son cœur gonflé° d'amertume°?

Il dit en croisant ses jambes:

— Il a joliment de la chance, mon frère, il vient d'hériter de vingt mille francs de rentes.

Elle ouvrit tout grands ses yeux bleus et cupides°:

— Oh! et qui est-ce qui lui a laissé cela, sa grand'mère ou bien sa tante?

— Non, un vieil ami de mes parents.

— Rien qu'un ami? Pas possible! Et il ne t'a rien laissé, à toi?

— Non. Moi je le connaissais très peu.

Elle réfléchit quelques instants, puis, avec un sourire drôle sur les lèvres:

— Eh bien! il a de la chance ton frère d'avoir des amis de cette espèce-là! Vrai, ça n'est pas étonnant qu'il te ressemble si peu!

Il eut envie de la gifler° sans savoir au juste pourquoi, et il demanda, la bouche crispée:

— Qu'est-ce que tu entends par là?

---

auréole: halo, nimbe
bon vivant: homme d'humeur gaie
gonflé: *ici*, rempli

amertume: affliction, aigreur
cupides: avides d'argent
gifler: frapper au visage

Elle avait pris un air bête et naïf:

— Moi, rien. Je veux dire qu'il a plus de chance que toi.

Il jeta vingt sous sur la table et sortit.

Maintenant il se répétait cette phrase: « Ça n'est pas étonnant qu'il te ressemble si peu. »

Qu'avait-elle pensé, qu'avait-elle sous-entendu dans ces mots? Certes il y avait là une malice, une méchanceté, une infamie.° Oui, cette fille avait dû croire que Jean était le fils de Maréchal.

L'émotion qu'il ressentit à l'idée de ce soupçon jeté sur sa mère fut si violente qu'il s'arrêta et qu'il chercha de l'œil un endroit pour s'asseoir.

Un autre café se trouvait en face de lui, il y entra, prit une chaise, et comme le garçon se présentait: « Un bock », dit-il.

Il sentait battre son cœur; des frissons° lui couraient sur la peau. Et tout à coup le souvenir lui vint de ce qu'avait dit Marowsko la veille: « Ça ne fera pas un bon effet. » Avait-il eu la même pensée, le même soupçon que cette drôlesse?

La tête penchée sur son bock il regardait la mousse° blanche pétiller° et fondre,° et il se demandait: « Est-ce possible qu'on croie une chose pareille? »

Les raisons qui feraient naître ce doute odieux dans les esprits lui apparaissaient maintenant, l'une après l'autre, claires, évidentes, exaspérantes. Qu'un vieux garçon sans héritiers laisse sa fortune aux deux enfants d'un ami, rien de plus simple et de plus naturel, mais qu'il la donne tout entière à un seul de ces enfants, certes le monde s'étonnera, chuchotera° et finira par sourire. Comment n'avait-il pas prévu cela, comment son père ne l'avait-il pas senti, comment sa mère ne l'avait-elle pas deviné? Non, ils s'étaient trouvés trop heureux de cet argent inespéré pour que cette idée les effleurât. Et puis comment ces honnêtes gens auraient-ils soupçonné une pareille ignominie?

Mais le public, mais le voisin, le marchand, le fournisseur,° tous ceux qui les connaissaient n'allaient-ils pas répéter cette chose

---

infamie: propos injurieux
frissons: sensations de froid, avec
   tremblement
mousse: *ici,* écume qui se produit
   sur la bière
pétiller: éclater avec un petit bruit

fondre: dissoudre à l'état liquide
chuchotera: parlera bas,
   murmurera
fournisseur: marchand de tous les
   jours

abominable, s'en amuser, s'en réjouir, rire de son père et mépriser sa mère?

Et la remarque faite par la fille de brasserie que Jean était blond et lui brun, qu'ils ne se ressemblaient ni de figure, ni de démarche,° ni de tournure,° ni d'intelligence, frapperait maintenant tous les yeux et tous les esprits. Quand on parlerait d'un fils Roland on dirait: « Lequel, le vrai ou le faux? »

Il se leva avec la résolution de prévenir son frère, de le mettre en garde contre cet affreux danger menaçant l'honneur de leur mère. Mais que ferait Jean? Le plus simple, assurément, serait de refuser l'héritage qui irait alors aux pauvres, et de dire seulement aux amis et connaissances informés de ce legs que le testament contenait des clauses et conditions inacceptables qui auraient fait de Jean, non pas un héritier, mais un dépositaire.°

Tout en rentrant à la maison paternelle, il songeait qu'il devait voir son frère seul, afin de ne point parler devant ses parents d'un pareil sujet.

Dès la porte il entendit un grand bruit de voix et de rires dans le salon, et, comme il entrait, il entendit Mme Rosémilly et le capitaine Beausire, ramenés par son père et gardés à dîner afin de fêter la bonne nouvelle.

On avait fait apporter du vermouth et de l'absinthe° pour se mettre en appétit, et on s'était mis d'abord en belle humeur. Le capitaine Beausire, un petit homme tout rond à force d'avoir roulé sur la mer, et dont toutes les idées semblaient rondes aussi, comme les galets° des rivages, et qui riait avec des *r* plein la gorge, jugeait la vie une chose excellente dont tout était bon à prendre.

Il trinquait° avec le père Roland, tandis que Jean présentait aux dames deux nouveaux verres pleins.

Mme Rosémilly refusait, quand le capitaine Beausire, qui avait connu feu° son époux, s'écria:

---

démarche: *ici*, façon de marcher, allure
tournure: forme, aspect
dépositaire: celui qui garde une somme d'argent, sans la posséder

absinthe: liqueur aromatique verte, forte et de goût amer
galets: pierres, cailloux (sur la plage)
trinquait: choquais les verres (à table)
feu: *ici*, décédé

— Allons, allons, Madame, *bis repetita placent*,[52] comme nous disons en patois,° ce qui signifie: « Deux vermouths ne font jamais mal. » Moi, voyez-vous, depuis que je ne navigue plus, je me donne comme ça, chaque jour, avant dîner, deux ou trois coups de roulis° artificiel! J'y ajoute un coup de tangage° après le café, ce qui me fait grosse mer° pour la soirée. Je ne vais jamais jusqu'à la tempête par exemple, jamais, jamais, car je crains les avaries.°

Roland, dont le vieux long-courrier flattait la manie nautique, riait de tout son cœur, la face déjà rouge et l'œil troublé par l'absinthe. Il avait un gros ventre de boutiquier,° rien qu'un ventre où semblait réfugié le reste de son corps, un de ces ventres mous d'hommes toujours assis, qui n'ont plus ni cuisses, ni poitrine, ni bras, ni cou, le fond de leur chaise ayant tassé° toute leur matière au même endroit.

Beausire au contraire, bien que court et gros, semblait plein comme un œuf et dur comme une balle.

Mme Roland n'avait point vidé son premier verre, et, rose de bonheur, le regard brillant, elle contemplait son fils Jean.

Chez lui maintenant la crise de joie éclatait. C'était une affaire finie, une affaire signée, il avait vingt mille francs de rentes. Dans la façon dont il riait, dont il parlait avec une voix plus sonore, dont il regardait les gens, à ses manières plus nettes, à son assurance plus grande, on sentait l'aplomb° que donne l'argent.

Le dîner fut annoncé, et comme le vieux Roland allait offrir son bras à Mme Rosémilly: « Non, non, père, cria sa femme, aujourd'hui tout est pour Jean. »

Sur la table éclatait un luxe inaccoutumé: devant l'assiette de Jean, assis à la place de son père, un énorme bouquet rempli de

---

patois: dialecte régional
roulis: balancement du bateau, de bâbord à tribord
tangage: balancement du bateau, d'avant en arrière
grosse mer: la mer par mauvais temps
avaries: dommages arrivés à un navire
boutiquier: marchand
tassé: serré dans un seul espace
aplomb: assurance hardie

---

52 *bis repetita placent.* C'est du latin (et non du patois), adapté de l'*Art poétique* du poète latin Horace (« les choses répétées deux fois font plaisir »). Ici, Beausire se plaît à jouer le rôle d'un cultivé. (Notez que dans son essai « Le Roman », Maupassant évoque plusieurs fois l'*Art poétique* de Nicolas Boileau [1674].)

faveurs° de soie, un vrai bouquet de grande cérémonie, s'élevait comme un dôme pavoisé,° flanqué de quatre compotiers° dont l'un contenait une pyramide de pêches magnifiques, le second un gâteau monumental gorgé de crème fouettée et couvert de clochettes de sucre fondu, une cathédrale en biscuit, le troisième des tranches d'ananas noyées dans un sirop clair, et le quatrième, luxe inouï,° du raisin noir, venu des pays chauds.

— Bigre!° dit Pierre en s'asseyant, nous célébrons l'avènement° de Jean le Riche.

Après le potage on offrit du madère°; et tout le monde déjà parlait en même temps. Beausire racontait un dîner qu'il avait fait à Saint-Domingue[53] à la table d'un général nègre. Le père Roland l'écoutait, tout en cherchant à glisser entre les phrases le récit d'un autre repas donné par un de ses amis, à Meudon,[54] et dont chaque convive° avait été quinze jours malade. Mme Rosémilly, Jean et sa mère faisaient un projet d'excursion et de déjeuner à Saint-Jouin,[55] dont ils se promettaient déjà un plaisir infini; et Pierre regrettait de ne pas avoir dîné seul, dans une gargote° au bord de la mer, pour éviter tout ce bruit, ces rires et cette joie qui l'énervaient.

Il cherchait comment il allait s'y prendre,° maintenant, pour dire à son frère ses craintes et pour le faire renoncer à cette fortune acceptée déjà, dont il jouissait, dont il se grisait° d'avance. Ce serait dur pour

faveurs: *ici*, rubans	**madère:** vin fort (de l'île
pavoisé: décoré d'un bouquet de	portugaise de Madère)
drapeaux	**convive:** personne qui participe à
compotiers: plats pour fruits	un repas
inouï: inattendu, pas usuel	**gargote:** restaurant à bas prix
Bigre!: (interjection populaire)	**s'y prendre:** procéder
Mon Dieu! (= Bougre!)	**se grisait:** comme s'il buvait de
avènement: élévation,	l'alcool, s'enivrait
couronnement (d'un roi)	

53 *Saint-Domingue.* Aujourd'hui Haïti, île des Grandes Antilles. (Notez que la France avait perdu tout contrôle de Saint-Domingue après la libération de ses esclaves en 1794 par Toussaint Louverture, et encore définitivement en 1803, avec la retraite de l'armée de Napoléon Ier.)

54 *à Meudon.* Ville de la banlieue parisienne (donc, beaucoup moins exotique que Saint-Domingue...).

55 *à Saint-Jouin.* Village à une vingtaine de km du Havre. L'hôtel-restaurant Auberge de Paris était à l'époque une destination recherchée.

lui, certes, mais il le fallait; il ne pouvait hésiter, la réputation de leur mère étant menacée.

L'apparition d'un bar° énorme rejeta Roland dans les récits de pêche. Beausire en narra de surprenantes au Gabon,[56] à Sainte-Marie de Madagascar[57] et surtout sur les côtes de la Chine et du Japon, où les poissons ont des figures drôles comme les habitants. Et il racontait les mines de ces poissons, leurs gros yeux d'or, leurs ventres bleus ou rouges, leurs nageoires bizarres, pareilles à des éventails,° leur queue coupée en croissant de lune, en mimant° d'une façon si plaisante que tout le monde riait aux larmes en l'écoutant.

Seul, Pierre paraissait incrédule et murmurait: « On a bien raison de dire que les Normands sont les Gascons du Nord.[58] »

Après le poisson vint un vol-au-vent,° puis un poulet rôti, une salade, des haricots verts et un pâté d'alouettes° de Pithiviers.[59] La bonne de Mme Rosémilly aidait au service; et la gaieté allait croissant° avec le nombre des verres de vin. Quand sauta le bouchon

---

bar: *ici*, poisson de mer, appelé aussi « loup »
éventails: petits écrans pour agiter l'air
mimant: imitant

vol-au-vent: pâte feuilletée remplie d'un aliment chaud
pâté d'alouettes: préparation de la viande des oiseaux sauvages
allait croissant: continuait à augmenter

---

56 *au Gabon.* Pays sur la côte de l'Afrique de l'Ouest (capitale: Libreville), autrefois une des colonies de l'Afrique équatoriale française; il est devenu une république indépendante en 1960. Notez que les personnages masculins de *Pierre et Jean* (à l'exception de Jean, peut-être), petits bourgeois et commerçants normands, passionnés des bateaux et de la mer, rêvent de prendre part à l'aventure coloniale.

57 *à Sainte-Marie de Madagascar.* La république de Madagascar (capitale: Antanarivo), grande île de l'océan Indien (au sud-est de l'Afrique) a deux *Sainte-Marie*: une petite île à l'est et aussi le cap Sainte-Marie, sa pointe la plus au sud. La France a occupé la capitale en 1883; Madagascar est restée colonie française jusqu'à son indépendance en 1960.

58 *les Normands sont les Gascons du Nord.* Les Gascons (de Gascogne, région française du sud-ouest, au sud de Toulouse) ont la réputation d'être imaginatifs, vantards et éloquents.

59 *un pâté d'alouettes de Pithiviers.* Spécialité gastronomique recherchée de Pithiviers, ville du département du Loiret (au nord d'Orléans). Elle se compose de viande des petits oiseaux passereaux (alouettes).

de la première bouteille de champagne, le père Roland, très excité, imita avec sa bouche le bruit de cette détonation, puis déclara:

— J'aime mieux ça qu'un coup de pistolet.

Pierre, de plus en plus agacé, répondit en ricanant:

— Cela est peut-être, cependant, plus dangereux pour toi.

Roland, qui allait boire, reposa son verre plein sur la table et demanda:

— Pourquoi donc?

Depuis longtemps il se plaignait de sa santé, de lourdeurs,° de vertiges,° de malaises constants et inexplicables. Le docteur reprit:

— Parce que la balle du pistolet peut fort bien passer à côté de toi, tandis que le verre de vin te passe forcément dans le ventre.

— Et puis?

— Et puis il te brûle l'estomac, désorganise le système nerveux, alourdit la circulation et prépare l'apoplexie° dont sont menacés tous les hommes de ton tempérament.

L'ivresse° croissante de l'ancien bijoutier paraissait dissipée comme une fumée par le vent; et il regardait son fils avec des yeux inquiets et fixes, cherchant à comprendre s'il ne se moquait pas.

Mais Beausire s'écria:

— Ah! ces sacrés médecins, toujours les mêmes: ne mangez pas, ne buvez pas, n'aimez pas, et ne dansez pas en rond. Tout ça fait du bobo° à petite santé. Eh bien! j'ai pratiqué tout ça, moi, Monsieur, dans toutes les parties du monde, partout où j'ai pu, et le plus que j'ai pu, et je ne m'en porte pas plus mal.

Pierre répondit avec aigreur°:

— D'abord, vous, capitaine, vous êtes plus fort que mon père; et puis tous les viveurs° parlent comme vous jusqu'au jour où... et ils ne reviennent pas le lendemain dire au médecin prudent: «Vous aviez raison, docteur.» Quand je vois mon père faire ce qu'il y a de plus mauvais et de plus dangereux pour lui, il est bien naturel que je le prévienne. Je serais un mauvais fils si j'agissais autrement.

Mme Roland désolée intervint à son tour: — Voyons, Pierre, qu'est-ce que tu as? Pour une fois, ça ne lui fera pas de mal. Songe

lourdeurs: douleurs internes	par l'alcool
vertiges: troubles d'équilibre	**fait du bobo:** (familier) fait mal
apoplexie: hémorragie cérébrale	**avec aigreur:** désagréablement
ivresse: état de quelqu'un troublé	**viveurs:** débauchés

quelle fête pour lui, pour nous. Tu vas gâter tout son plaisir et nous chagriner tous. C'est vilain, ce que tu fais là!

Il murmura en haussant les épaules:

— Qu'il fasse ce qu'il voudra, je l'ai prévenu.

Mais le père Roland ne buvait pas. Il regardait son verre, son verre plein de vin lumineux et clair, dont l'âme légère, l'âme enivrante° s'envolait par petites bulles venues du fond et montant, pressées et rapides, s'évaporer à la surface; il le regardait avec une méfiance° de renard qui trouve une poule morte et flaire un piège.°

Il demanda, en hésitant:

— Tu crois que ça me ferait beaucoup de mal?

Pierre eut un remords et se reprocha de faire souffrir les autres de sa mauvaise humeur:

— Non, va, pour une fois, tu peux le boire; mais n'en abuse point et n'en prends pas l'habitude.

Alors le père Roland leva son verre sans se décider encore à le porter à sa bouche. Il le contemplait douloureusement, avec envie et avec crainte; puis il le flaira, le goûta, le but par petits coups, en les savourant, le cœur plein d'angoisse, de faiblesse et de gourmandise,° puis de regrets, dès qu'il eut absorbé la dernière goutte.

Pierre, soudain, rencontra l'œil de Mme Rosémilly; il était fixé sur lui limpide et bleu, clairvoyant et dur. Et il sentit, il pénétra, il devina la pensée nette qui animait ce regard, la pensée irritée de cette petite femme à l'esprit simple et droit, car ce regard disait: « Tu es jaloux, toi. C'est honteux, cela.»

Il baissa la tête en se remettant à manger.

Il n'avait pas faim, il trouvait tout mauvais. Une envie de partir le harcelait,° une envie de n'être plus au milieu de ces gens, de ne plus les entendre causer, plaisanter° et rire.

Cependant le père Roland, que les fumées du vin recommençaient à troubler, oubliait déjà les conseils de son fils et regardait d'un œil oblique et tendre une bouteille de champagne presque pleine encore à côté de son assiette. Il n'osait la toucher, par crainte d'admonestation nouvelle, et il cherchait par quelle malice, par quelle adresse,° il

---

enivrante: exaltante
méfiance: manque de confiance
flaire un piège: pressent un
   danger, qu'il sera pris

gourmandise: gloutonnerie
harcelait: tourmentait, poursuivait
plaisanter: parler pour rire
adresse: *ici,* dextérité

pourrait s'en emparer° sans éveiller les remarques de Pierre. Une ruse lui vint, la plus simple de toutes: il prit la bouteille avec nonchalance et, la tenant par le fond, tendit le bras à travers la table pour emplir d'abord le verre du docteur qui était vide; puis il fit le tour des autres verres, et quand il en vint au sien il se mit à parler très haut, et s'il versa quelque chose dedans on eût juré certainement que c'était par inadvertance. Personne d'ailleurs n'y fit attention.

Pierre, sans y songer, buvait beaucoup. Nerveux et agacé, il prenait à tout instant, et portait à ses lèvres d'un geste inconscient la longue flûte de cristal où l'on voyait courir les bulles dans le liquide vivant et transparent. Il le faisait alors couler très lentement dans sa bouche pour sentir la petite piqûre sucrée du gaz évaporé sur sa langue.

Peu à peu une chaleur douce emplit son corps. Partie du ventre, qui semblait en être le foyer, elle gagnait la poitrine, envahissait les membres,° se répandait° dans toute la chair, comme une onde° tiède et bienfaisante portant de la joie avec elle. Il se sentait mieux, moins impatient, moins mécontent; et sa résolution de parler à son frère ce soir-là même s'affaiblissait, non pas que la pensée d'y renoncer l'eût effleuré, mais pour ne point troubler si vite le bien-être qu'il sentait en lui.

Beausire se leva afin de porter un toast.

Ayant salué à la ronde il prononça:

— Très gracieuses dames, Messeigneurs, nous sommes réunis pour célébrer un événement heureux qui vient de frapper un de nos amis. On disait autrefois que la fortune était aveugle, je crois qu'elle était simplement myope° ou malicieuse et qu'elle vient de faire emplette d'°une excellente jumelle° marine, qui lui a permis de distinguer dans le port du Havre le fils de notre brave camarade Roland, capitaine de la *Perle*.

Des bravos jaillirent° des bouches, soutenus par des battements de mains; et Roland père se leva pour répondre.

s'en emparer: s'en saisir	**myope:** de courte vue
membres: *ici*, bras et jambes	**faire emplette de:** acheter
se répandait: coulait, circulait	**jumelle:** *ici*, longue-vue, lunette
onde: *ici*, eau mouvante	**jaillirent:** sortirent rapidement

Après avoir toussé,° car il sentait sa gorge grasse et sa langue un peu lourde, il bégaya°:

— Merci, capitaine, merci pour moi et mon fils. Je n'oublierai jamais votre conduite en cette circonstance. Je bois à vos désirs.

Il avait les yeux et le nez pleins de larmes, et il se rassit, ne trouvant plus rien.

Jean, qui riait, prit la parole à son tour:

— C'est moi, dit-il, qui dois remercier ici les amis dévoués, les amis excellents (il regardait Mme Rosémilly), qui me donnent aujourd'hui cette preuve touchante de leur affection. Mais ce n'est point par des paroles que je peux leur témoigner ma reconnaissance. Je la leur prouverai demain, à tous les instants de ma vie, toujours, car notre amitié n'est point de celles qui passent.

Sa mère, fort émue, murmura:

— Très bien, mon enfant. Mais Beausire s'écriait:

— Allons, madame Rosémilly, parlez au nom du beau sexe.

Elle leva son verre, et, d'une voix gentille, un peu nuancée de tristesse:

— Moi, dit-elle, je bois à la mémoire bénie de M. Maréchal.

Il y eut quelques secondes d'accalmie, de recueillement° décent, comme après une prière; et Beausire, qui avait le compliment coulant, fit cette remarque:

— Il n'y a que les femmes pour trouver de ces délicatesses.

Puis se tournant vers Roland père:

— Au fond, qu'est-ce que c'était que ce Maréchal? Vous étiez donc bien intimes avec lui?

Le vieux, attendri par l'ivresse, se mit à pleurer, et d'une voix bredouillante°:

— Un frère... vous savez... un de ceux qu'on ne retrouve plus... nous ne nous quittions pas... il dînait à la maison tous les soirs... et il nous payait de petites fêtes au théâtre... je ne vous dis que ça... que ça... que ça... Un ami, un vrai... un vrai... n'est-ce pas, Louise?

Sa femme répondit simplement:

— Oui, c'était un fidèle ami.

Après avoir toussé: Après s'être
    raclé la gorge
bégaya: parla en hésitant

recueillement: réflexion,
    méditation
bredouillante: presque
    inintelligible

Pierre regardait son père et sa mère, mais comme on parla d'autre chose, il se remit à boire.

De la fin de cette soirée il n'eut guère de souvenir. On avait pris le café, absorbé des liqueurs, et beaucoup ri en plaisantant. Puis il se coucha, vers minuit, l'esprit confus et la tête lourde. Et il dormit comme une brute jusqu'à neuf heures le lendemain.

IV

Ce sommeil baigné de champagne et de chartreuse[60] l'avait sans doute adouci et calmé, car il s'éveilla en des dispositions d'âme très bienveillantes. Il appréciait, pesait et résumait, en s'habillant, ses émotions de la veille, cherchant à en dégager bien nettement et bien complètement les causes réelles, secrètes, les causes personnelles en même temps que les causes extérieures.

Il se pouvait en effet que la fille de brasserie eût eu une mauvaise pensée, une vraie pensée de prostituée, en apprenant qu'un seul des fils Roland héritait d'un inconnu; mais ces créatures-là n'ont-elles pas toujours des soupçons pareils, sans l'ombre° d'un motif, sur toutes les honnêtes femmes? Ne les entend-on pas, chaque fois qu'elles parlent, injurier, calomnier, diffamer toutes celles qu'elles devinent irréprochables? Chaque fois qu'on cite devant elles une personne inattaquable, elles se fâchent, comme si on les outrageait,° et s'écrient: « Ah! tu sais, je les connais tes femmes mariées, c'est du propre°! Elles ont plus d'amants que nous, seulement elles les cachent parce qu'elles sont hypocrites. Ah! oui, c'est du propre! »

En toute autre occasion il n'aurait certes pas compris, pas même supposé possibles des insinuations de cette nature sur sa pauvre mère, si bonne, si simple, si digne. Mais il avait l'âme troublée par ce levain° de jalousie qui fermentait en lui. Son esprit surexcité, à l'affût° pour ainsi dire, et malgré lui, de tout ce qui pouvait nuire à° son frère, avait même peut-être prêté à cette vendeuse de bocks

---

l'ombre: *ici*, l'apparence
outrageait: offensait
c'est du propre: (familier) c'est indécent, c'est sale

levain: *ici*, germe, excitation
à l'affût: épier, attendre l'apparition de quelque chose
nuire à: faire mal à

---

60 *chartreuse.* Liqueur verdâtre aromatique, fabriquée par les moines (religieux) chartreux de l'ordre de Saint-Bruno, dans les Alpes savoyardes.

des intentions odieuses qu'elle n'avait pas eues. Il se pouvait que son imagination seule, cette imagination qu'il ne gouvernait point, qui échappait sans cesse à sa volonté, s'en allait libre, hardie, aventureuse et sournoise° dans l'univers infini des idées, et en rapportait parfois d'inavouables,° de honteuses, qu'elle cachait en lui, au fond de son âme, dans les replis° insondables,° comme des choses volées; il se pouvait que cette imagination seule eût créé, inventé cet affreux doute. Son cœur, assurément, son propre cœur avait des secrets pour lui; et ce cœur blessé n'avait-il pas trouvé dans ce doute abominable un moyen de priver son frère de cet héritage qu'il jalousait. Il se suspectait lui-même, à présent, interrogeant, comme les dévots leur conscience, tous les mystères de sa pensée.

Certes, Mme Rosémilly, bien que son intelligence fût limitée, avait le tact, le flair et le sens subtil des femmes. Or cette idée ne lui était pas venue, puisqu'elle avait bu, avec une simplicité parfaite, à la mémoire bénie de feu Maréchal. Elle n'aurait point fait cela, elle, si le moindre soupçon l'eût effleurée. Maintenant il ne doutait plus, son mécontentement involontaire de la fortune tombée sur son frère et aussi, assurément, son amour religieux pour sa mère avait exalté ses scrupules, scrupules pieux et respectables, mais exagérés.

En formulant cette conclusion, il fut content, comme on l'est d'une bonne action accomplie, et il se résolut à se montrer gentil pour tout le monde, en commençant par son père dont les manies, les affirmations niaises, les opinions vulgaires et la médiocrité trop visible l'irritaient sans cesse.

Il ne rentra pas en retard à l'heure du déjeuner et il amusa toute la famille par son esprit et sa bonne humeur.

Sa mère lui disait, ravie:

« Mon Pierrot, tu ne te doutes pas° comme tu es drôle et spirituel,° quand tu veux bien. »

Et il parlait, trouvait des mots, faisait rire par des portraits ingénieux de leurs amis. Beausire lui servit de cible,° et un peu Mme Rosémilly, mais d'une façon discrète, pas trop méchante. Et il

---

sournoise: dissimulée, cachée
inavouables: coupables
replis: *ici*, lieux cachés
insondables: sans fond, impénétrables

tu ne te doutes pas: *ici*, tu ne comprends pas
spirituel: amusant, brillant
cible: *ici*, objectif, but

pensait, en regardant son frère: « Mais défends-la donc, jobard; tu as beau être riche,° je t'éclipserai toujours quand il me plaira. »

Au café, il dit à son père:

— Est-ce que tu te sers de la *Perle* aujourd'hui?

— Non, mon garçon.

— Je peux la prendre avec Jean-Bart?

— Mais oui, tant que tu voudras.

Il acheta un bon cigare, au premier débit° de tabac rencontré, et il descendit, d'un pied joyeux, vers le port.

Il regardait le ciel clair, lumineux, d'un bleu léger, rafraîchi, lavé par la brise de la mer.

Le matelot Papagris, dit Jean-Bart, sommeillait au fond de la barque qu'il devait tenir prête à sortir tous les jours à midi, quand on n'allait pas à la pêche le matin.

— À nous deux, patron! cria Pierre.

Il descendit l'échelle de fer du quai et sauta dans l'embarcation.

— Quel vent? dit-il.

— Toujours vent d'amont,° m'sieu Pierre. J'avons bonne brise au large.

— Eh bien! mon père, en route.

Ils hissèrent° la misaine,° levèrent l'ancre, et le bateau, libre, se mit à glisser lentement vers la jetée sur l'eau calme du port. Le faible souffle d'air venu par les rues tombait sur le haut de la voile, si doucement qu'on ne sentait rien, et la *Perle* semblait animée d'une vie propre, de la vie des barques, poussée par une force mystérieuse cachée en elle. Pierre avait pris la barre,° et, le cigare aux dents, les jambes allongées sur le banc, les yeux mi-fermés sous les rayons aveuglants du soleil, il regardait passer contre lui les grosses pièces de bois goudronné° du brise-lames.

Quand ils débouchèrent° en pleine mer, en atteignant la pointe de la jetée nord qui les abritait,° la brise, plus fraîche, glissa sur le visage et sur les mains du docteur comme une caresse un peu froide,

---

tu as beau être riche: tu es riche, mais en vain, inutilement	**barre:** bâton qui dirige le bateau
débit: comptoir, boutique	**goudronné:** recouvert d'une substance résineuse
vent d'amont: venant de la terre	**débouchèrent:** *ici,* sortirent (du port)
'hissèrent: élevèrent (avec effort)	
misaine: voile à l'avant du navire	**abritait:** protégeait

entra dans sa poitrine qui s'ouvrit, en un long soupir, pour la boire, et, enflant° la voile brune qui s'arrondit, fit s'incliner la *Perle* et la rendit plus alerte.

Jean-Bart tout à coup hissa le foc,° dont le triangle, plein de vent, semblait une aile,° puis gagnant l'arrière en deux enjambées° il dénoua le tapecul° amarré° contre son mât.

Alors, sur le flanc de la barque couchée brusquement, et courant maintenant de toute sa vitesse, ce fut un bruit doux et vif d'eau qui bouillonne et qui fuit.

L'avant° ouvrait la mer, comme le soc° d'une charrue° folle, et l'onde soulevée, souple et blanche d'écume, s'arrondissait et retombait, comme retombe, brune et lourde, la terre labourée des champs.

À chaque vague rencontrée, —elles étaient courtes et rapprochées, — une secousse secouait la *Perle* du bout du foc au gouvernail° qui frémissait° dans la main de Pierre; et quand le vent, pendant quelques secondes, soufflait plus fort, les flots effleuraient le bordage° comme s'ils allaient envahir la barque. Un vapeur charbonnier° de Liverpool était à l'ancre attendant la marée; ils allèrent tourner par derrière, puis ils visitèrent, l'un après l'autre, les navires en rade, puis ils s'éloignèrent un peu plus pour voir se dérouler la côte.

Pendant trois heures, Pierre tranquille, calme et content, vagabonda sur l'eau frémissante, gouvernant, comme une bête ailée, rapide et docile, cette chose de bois et de toile qui allait et venait à son caprice, sous une pression de ses doigts.

Il rêvassait, comme on rêvasse sur le dos d'un cheval ou sur le pont° d'un bateau, pensant à son avenir, qui serait beau, et à la douceur de vivre avec intelligence. Dès le lendemain il demanderait

---

enflant: remplissant
foc: voile triangulaire à l'avant du bateau
aile: organe locomoteur des oiseaux
enjambées: grands pas
tapecul: petite voile à l'arrière du bateau
amarré: attaché par un cordage
L'avant: *c'est-à-dire*, l'avant du bateau
soc: fer, lame de charrue

charrue: machine à labourer les champs
gouvernail: appareil qui permet de diriger le bateau
frémissait: tremblait
bordage: bords supérieurs d'un bateau
charbonnier: qui transporte le charbon
pont: *ici*, étage du navire

à son frère de lui prêter, pour trois mois, quinze cents francs afin de s'installer tout de suite dans le joli appartement du boulevard François-Ier.

Le matelot dit tout à coup:

— V'la d'la brume, m'sieu Pierre, faut rentrer.

Il leva les yeux et aperçut vers le nord une ombre grise, profonde et légère, noyant le ciel et couvrant la mer, accourant vers eux, comme un nuage tombé d'en haut.

Il vira de bord,° et vent arrière° fit route vers la jetée, suivi par la brume rapide qui le gagnait. Lorsqu'elle atteignit la *Perle*, l'enveloppant dans son imperceptible épaisseur,° un frisson de froid courut sur les membres de Pierre, et une odeur de fumée et de moisissure,° l'odeur bizarre des brouillards marins, lui fit fermer la bouche pour ne point goûter cette nuée° humide et glacée. Quand la barque reprit dans le port sa place accoutumée, la ville entière était ensevelie° déjà sous cette vapeur menue, qui, sans tomber, mouillait° comme une pluie et glissait sur les maisons et les rues à la façon d'un fleuve qui coule.

Pierre, les pieds et les mains gelés,° rentra vite, et se jeta sur son lit pour sommeiller jusqu'au dîner. Lorsqu'il parut dans la salle à manger, sa mère disait à Jean:

— La galerie sera ravissante. Nous y mettrons des fleurs. Tu verras. Je me chargerai de leur entretien et de leur renouvellement.° Quand tu donneras des fêtes, ça aura un coup d'œil féerique.

— De quoi parlez-vous donc? demanda le docteur.

— D'un appartement délicieux que je viens de louer pour ton frère. Une trouvaille, un entre-sol donnant sur deux rues. Il a deux salons, une galerie vitrée et une petite salle à manger en rotonde, tout à fait coquette pour un garçon.

Pierre pâlit. Une colère lui serrait le cœur.

— Où est-ce situé, cela? dit-il.

— Boulevard François-Ier.

---

vira de bord: changea de direction
vent arrière: vent qui souffle dans le dos du bateau
épaisseur: densité
moisissure: végétation qui recouvre des substances décomposées

nuée: gros nuage
ensevelie: enveloppée
mouillait: *ici*, rendait humide, trempait
gelés: très froids
renouvellement: remplacement

Il n'eut plus de doutes et s'assit, tellement exaspéré qu'il avait envie de crier: « C'est trop fort à la fin! Il n'y en a donc plus que pour lui! »

Sa mère, radieuse, parlait toujours:

— Et figure-toi que j'ai eu cela pour deux mille huit cents francs. On en voulait trois mille, mais j'ai obtenu deux cents francs de diminution en faisant un bail° de trois, six ou neuf ans. Ton frère sera parfaitement là-dedans. Il suffit d'un intérieur élégant pour faire la fortune d'un avocat. Cela attire le client, le séduit, le retient, lui donne du respect et lui fait comprendre qu'un homme ainsi logé fait payer cher ses paroles.

Elle se tut quelques secondes, et reprit:

— Il faudrait trouver quelque chose d'approchant° pour toi, bien plus modeste puisque tu n'as rien, mais assez gentil tout de même. Je t'assure que cela te servirait beaucoup.

Pierre répondit d'un ton dédaigneux:

— Oh! moi, c'est par le travail et la science° que j'arriverai.

Sa mère insista:

— Oui, mais je t'assure qu'un joli logement te servirait beaucoup tout de même.

Vers le milieu du repas il demanda tout à coup:

— Comment l'aviez-vous connu, ce Maréchal?

Le père Roland leva la tête et chercha dans ses souvenirs:

— Attends, je ne me rappelle plus trop. C'est si vieux. Ah! oui, j'y suis. C'est ta mère qui a fait sa connaissance dans la boutique, n'est-ce pas, Louise? Il était venu commander quelque chose, et puis il est revenu souvent. Nous l'avons connu comme client avant de le connaître comme ami.

Pierre, qui mangeait des flageolets° et les piquait un à un avec une pointe de sa fourchette, comme s'il les eût embrochés, reprit:

— À quelle époque ça s'est-il fait, cette connaissance-là?

Roland chercha de nouveau, mais ne se souvenant plus de rien, il fit appel à la mémoire de sa femme:

— En quelle année, voyons, Louise, tu ne dois pas avoir oublié, toi qui as un si bon souvenir? Voyons, c'était en... en... en cinquante-

---

bail: contrat de location d'un logement
approchant: presque semblable,

voisin
science: connaissances, intelligence
flageolets: haricots

cinq ou cinquante-six?... Mais cherche donc, tu dois le savoir mieux que moi?

Elle chercha quelque temps en effet, puis d'une voix sûre et tranquille:

— C'était en cinquante-huit,[61] mon gros. Pierre avait alors trois ans. Je suis bien certaine de ne pas me tromper, car c'est l'année où l'enfant eut la fièvre scarlatine,° et Maréchal, que nous connaissions encore très peu, nous a été d'un grand secours.

Roland s'écria:

— C'est vrai, c'est vrai, il a été admirable, même! Comme ta mère n'en pouvait plus de fatigue et que moi j'étais occupé à la boutique, il allait chez le pharmacien chercher tes médicaments. Vraiment, c'était un brave cœur. Et quand tu as été guéri, tu ne te figures pas comme il fut content et comme il t'embrassait. C'est à partir de ce moment-là que nous sommes devenus de grands amis.

Et cette pensée brusque, violente, entra dans l'âme de Pierre comme une balle° qui troue° et déchire°: «Puisqu'il m'a connu le premier, qu'il fut si dévoué pour moi, puisqu'il m'aimait et m'embrassait tant, puisque je suis la cause de sa grande liaison avec mes parents, pourquoi a-t-il laissé toute sa fortune à mon frère et rien à moi?»

Il ne posa plus de questions et demeura sombre, absorbé plutôt que songeur, gardant en lui une inquiétude nouvelle, encore indécise, le germe secret d'un nouveau mal.

Il sortit de bonne heure et se remit à rôder par les rues. Elles étaient ensevelies sous le brouillard qui rendait pesante, opaque et nauséabonde la nuit. On eût dit une fumée pestilentielle° abattue sur la terre. On la voyait passer sur les becs de gaz qu'elle paraissait éteindre par moments. Les pavés des rues devenaient glissants comme par les soirs de verglas,° et toutes les mauvaises odeurs semblaient

---

fièvre scarlatine: maladie
   provoquée par des
   streptocoques
balle: projectile d'arme à feu
troue: perce

déchire: met en pièces
pestilentielle: contagieuse,
   porteuse de la peste
verglas: couche de glace mince

---

61 *C'était en cinquante-huit.* Ceci nous rappelle que l'action du roman
   se situe en 1885. Si Pierre avait trois ans en 1858, il en a trente
   maintenant.

sortir du ventre des maisons, puanteurs des caves,° des fosses,° des égouts,° des cuisines pauvres, pour se mêler à l'affreuse senteur de cette brume errante.°

Pierre, le dos arrondi et les mains dans ses poches, ne voulant point rester dehors par ce froid, se rendit chez Marowsko.

Sous le bec de gaz qui veillait° pour lui, le vieux pharmacien dormait toujours. En reconnaissant Pierre, qu'il aimait d'un amour de chien fidèle, il secoua sa torpeur, alla chercher deux verres et apporta la groseillette.

— Eh bien! demanda le docteur, où en êtes-vous avec votre liqueur?

Le Polonais expliqua comment quatre des principaux cafés de la ville consentaient à la lancer dans la circulation, et comment le *Phare de la Côte* et le *Sémaphore havrais*⁶² lui feraient de la réclame en échange de quelques produits pharmaceutiques mis à la disposition des rédacteurs.°

Après un long silence, Marowsko demanda si Jean, décidément, était en possession de sa fortune; puis il fit encore deux ou trois questions vagues sur le même sujet. Son dévouement ombrageux° pour Pierre se révoltait de cette préférence. Et Pierre croyait l'entendre penser, devinait, comprenait, lisait dans ses yeux détournés,° dans le ton hésitant de sa voix, les phrases, qui lui venaient aux lèvres et qu'il ne disait pas, qu'il ne dirait point, lui si prudent, si timide, si cauteleux.°

Maintenant il ne doutait plus, le vieux pensait: « Vous n'auriez pas dû lui laisser accepter cet héritage qui fera mal parler de votre mère. » Peut-être même croyait-il que Jean était le fils de Maréchal. Certes il le croyait! Comment ne le croirait-il pas, tant la chose devait paraître vraisemblable, probable, évidente? Mais lui-même,

caves: *ici*, lieux sous les maisons	dormir)
fosses: trous dans la terre	**rédacteurs:** journalistes, écrivains
égouts: conduits d'eaux sales, le long de la rue	**ombrageux:** inquiet, méfiant
errante: nomade, qui va ça et là	**détournés:** *ici*, tournés de l'autre côté
veillait: *ici*, passait la nuit (sans	**cauteleux:** méfiant; donc, rusé

62 *le Phare de la Côte et le Sémaphore havrais.* Deux journaux régionaux imaginés par l'auteur dont les titres rappellent les noms de vrais journaux.

lui Pierre, le fils, depuis trois jours ne luttait-il pas de toute sa force, avec toutes les subtilités de son cœur, pour tromper sa raison, ne luttait-il pas contre ce soupçon terrible?

Et de nouveau, tout à coup, le besoin d'être seul pour songer, pour discuter cela avec lui-même, pour envisager hardiment, sans scrupules, sans faiblesse, cette chose possible et monstrueuse, entra en lui si dominateur qu'il se leva sans même boire son verre de groseillette, serra la main du pharmacien stupéfait et se replongea dans le brouillard de la rue.

Il se disait: « Pourquoi ce Maréchal a-t-il laissé toute sa fortune à Jean? »

Ce n'était plus la jalousie maintenant qui lui faisait chercher cela, ce n'était plus cette envie un peu basse et naturelle qu'il savait cachée en lui et qu'il combattait depuis trois jours, mais la terreur d'une chose épouvantable,° la terreur de croire lui-même que Jean, que son frère était le fils de cet homme!

Non, il ne le croyait pas, il ne pouvait même se poser cette question criminelle! Cependant il fallait que ce soupçon si léger, si invraisemblable, fût rejeté de lui, complètement, pour toujours. Il lui fallait la lumière, la certitude, il fallait dans son cœur la sécurité complète, car il n'aimait que sa mère au monde.

Et tout seul en errant par la nuit, il allait faire, dans ses souvenirs, dans sa raison, l'enquête minutieuse d'où résulterait l'éclatante vérité. Après cela ce serait fini, il n'y penserait plus, plus jamais. Il irait dormir.

Il songeait: « Voyons, examinons d'abord les faits; puis je me rappellerai tout ce que je sais de lui, de son allure° avec mon frère et avec moi, je chercherai toutes les causes qui ont pu motiver cette préférence... Il a vu naître Jean? — oui, mais il me connaissait auparavant. — S'il avait aimé ma mère d'un amour muet et réservé, c'est moi qu'il aurait préféré puisque c'est grâce à moi, grâce à ma fièvre scarlatine, qu'il est devenu l'ami intime de mes parents. Donc, logiquement, il devait me choisir, avoir pour moi une tendresse plus vive, à moins qu'il n'eût éprouvé pour mon frère, en le voyant grandir, une attraction, une prédilection instinctives. »

épouvantable: qui fait très peur   **allure:** *ici*, manière de se comporter

Alors il chercha dans sa mémoire, avec une tension désespérée de toute sa pensée, de toute sa puissance intellectuelle, à reconstituer, à revoir, à reconnaître, à pénétrer l'homme, cet homme qui avait passé devant lui, indifférent à son cœur, pendant toutes ses années de Paris.

Mais il sentit que la marche, le léger mouvement de ses pas, troublait un peu ses idées, dérangeait leur fixité, affaiblissait leur portée,° voilait° sa mémoire.

Pour jeter sur le passé et les événements inconnus ce regard aigu,° à qui rien ne devait échapper, il fallait qu'il fût immobile, dans un lieu vaste et vide. Et il se décida à aller s'asseoir sur la jetée, comme l'autre nuit.

En approchant du port il entendit vers la pleine mer une plainte lamentable et sinistre, pareille au meuglement° d'un taureau,° mais plus longue et plus puissante. C'était le cri d'une sirène, le cri des navires perdus dans la brume.

Un frisson remua sa chair, crispa son cœur, tant il avait retenti° dans son âme et dans ses nerfs, ce cri de détresse, qu'il croyait avoir jeté lui-même. Une autre voix semblable gémit° à son tour, un peu plus loin; puis, tout près, la sirène du port, leur répondant, poussa une clameur déchirante.

Pierre gagna la jetée à grands pas, ne pensant plus à rien, satisfait d'entrer dans ces ténèbres° lugubres et mugissantes.°

Lorsqu'il se fut assis à l'extrémité du môle, il ferma les yeux pour ne point voir les foyers électriques, voilés de brouillard, qui rendent le port accessible la nuit, ni le feu rouge du phare sur la jetée sud, qu'on distinguait à peine cependant. Puis se tournant à moitié, il posa ses coudes sur le granit et cacha sa figure dans ses mains.

Sa pensée, sans qu'il prononçât ce mot avec ses lèvres, répétait comme pour l'appeler, pour évoquer et provoquer son ombre: « Maréchal... Maréchal. » Et dans le noir de ses paupières baissées, il le vit tout à coup tel qu'il l'avait connu. C'était un homme de soixante

---

portée: *ici*, force, importance
voilait: cachait, dissimulait
aigu: *ici*, clair et perçant
meuglement: cri de la vache
taureau: mâle de la vache

retenti: résonné
gémit: émit des sons plaintifs
ténèbres: obscurité, ombres
mugissantes: qui émettent les cris
　　prolongés des vaches

ans, portant en pointe sa barbe blanche, avec des sourcils° épais, tout blancs aussi. Il n'était ni grand ni petit, avait l'air affable, les yeux gris et doux, le geste modeste, l'aspect d'un brave être, simple et tendre. Il appelait Pierre et Jean « mes chers enfants », n'avait jamais paru préférer l'un ou l'autre, et les recevait ensemble à dîner.

Et Pierre, avec une ténacité de chien qui suit une piste° évaporée, se mit à rechercher les paroles, les gestes, les intonations, les regards de cet homme disparu de la terre. Il le retrouvait peu à peu, tout entier, dans son appartement de la rue Tronchet[63] quand il les recevait à sa table, son frère et lui.

Deux bonnes le servaient, vieilles toutes deux, qui avaient pris, depuis bien longtemps sans doute, l'habitude de dire « monsieur Pierre » et « monsieur Jean ».

Maréchal tendait ses deux mains aux jeunes gens, la droite à l'un, la gauche à l'autre, au hasard de leur entrée.

— Bonjour, mes enfants, disait-il, avez-vous des nouvelles de vos parents? Quant à moi, ils ne m'écrivent jamais.

On causait, doucement et familièrement, de choses ordinaires. Rien de hors ligne dans l'esprit de cet homme, mais beaucoup d'aménité,° de charme et de grâce. C'était certainement pour eux un bon ami, un de ces bons amis auxquels on ne songe guère parce qu'on les sent très sûrs.

Maintenant les souvenirs affluaient° dans l'esprit de Pierre. Le voyant soucieux plusieurs fois, et devinant sa pauvreté d'étudiant, Maréchal lui avait offert et prêté, spontanément, de l'argent, quelques centaines de francs peut-être, oubliées par l'un et par l'autre et jamais rendues. Donc cet homme l'aimait toujours, s'intéressait toujours à lui, puisqu'il s'inquiétait de ses besoins. Alors... alors pourquoi laisser toute sa fortune à Jean? Non, il n'avait jamais été visiblement plus affectueux pour le cadet que pour l'aîné, plus préoccupé de l'un que de l'autre, moins tendre en apparence avec celui-ci qu'avec celui-là.

---

sourcils: arc de poils au-dessus des
    yeux
piste: *ici*, trace (d'un animal, d'une
    personne)

aménité: affabilité
affluaient: arrivaient en grand
    nombre

---

63 *la rue Tronchet.* M. Maréchal avait habité cette rue parisienne du VIIIe arrondissement, pas loin de la gare Saint-Lazare. Guy de Maupassant y prenait sans doute régulièrement le train pour la Normandie.

Alors... alors... il avait donc eu une raison puissante et secrète de tout donner à Jean — tout — et rien à Pierre.

Plus il y songeait, plus il revivait le passé des dernières années, plus le docteur jugeait invraisemblable, incroyable cette différence établie entre eux.

Et une souffrance aiguë, une inexprimable angoisse entrée dans sa poitrine, faisait aller son cœur comme une loque° agitée. Les ressorts° en paraissaient brisés, et le sang y passait à flots, librement, en le secouant d'un ballottement° tumultueux.

Alors, à mi-voix, comme on parle dans les cauchemars, il murmura: « Il faut savoir. Mon Dieu, il faut savoir. »

Il cherchait plus loin, maintenant, dans les temps plus anciens où ses parents habitaient Paris. Mais les visages lui échappaient, ce qui brouillait° ses souvenirs. Il s'acharnait° surtout à retrouver Maréchal avec des cheveux blonds, châtains ou noirs? Il ne le pouvait pas, la dernière figure de cet homme, sa figure de vieillard, ayant effacé les autres. Il se rappelait pourtant qu'il était plus mince, qu'il avait la main douce et qu'il apportait souvent des fleurs, très souvent, car son père répétait sans cesse: « Encore des bouquets! mais c'est de la folie, mon cher, vous vous ruinerez en roses. »

Maréchal répondait: « Laissez donc, cela me fait plaisir. »

Et soudain l'intonation de sa mère, de sa mère qui souriait et disait: « Merci, mon ami, » lui traversa l'esprit, si nette qu'il crut l'entendre. Elle les avait donc prononcés bien souvent, ces trois mots, pour qu'ils se fussent gravés ainsi dans la mémoire de son fils!

Donc Maréchal apportait des fleurs, lui, l'homme riche, le monsieur, le client, à cette petite boutiquière, à la femme de ce bijoutier modeste. L'avait-il aimée? Comment serait-il devenu l'ami de ces marchands s'il n'avait pas aimé la femme? C'était un homme instruit, d'esprit assez fin.° Que de fois il avait parlé poètes et poésie avec Pierre! Il n'appréciait point les écrivains en artiste, mais en bourgeois qui vibre. Le docteur avait souvent souri de ces attendrissements, qu'il jugeait un peu niais. Aujourd'hui il comprenait que cet homme sentimental n'avait jamais pu, jamais, être l'ami de son père, de son

---

loque: étoffe déchirée
ressorts: *ici*, mécanismes qui
    règlent la circulation du sang
ballottement: agitation

brouillait: obscurcissait
s'acharnait: s'obstinait
fin: *ici*, délicat

père si positif,[64] si terre à terre, si lourd, pour qui le mot « poésie »
signifiait sottise.

Donc, ce Maréchal, jeune, libre, riche, prêt à toutes les tendresses,
était entré, un jour, par hasard, dans une boutique, ayant remarqué
peut-être la jolie marchande. Il avait acheté, était revenu, avait causé,
de jour en jour plus familier, et payant par des acquisitions fréquentes
le droit de s'asseoir dans cette maison, de sourire à la jeune femme et
de serrer la main du mari.

Et puis après... après... oh! mon Dieu... après?...

Il avait aimé et caressé le premier enfant, l'enfant du bijoutier,
jusqu'à la naissance de l'autre, puis il était demeuré impénétrable
jusqu'à la mort, puis, son tombeau fermé, sa chair décomposée, son
nom effacé des noms vivants, tout son être disparu pour toujours,
n'ayant plus rien à ménager,° à redouter et à cacher, il avait donné
toute sa fortune au deuxième enfant!... Pourquoi?... Cet homme était
intelligent... il avait dû comprendre et prévoir qu'il pouvait, qu'il
allait presque infailliblement laisser supposer que cet enfant était à
lui. — Donc il déshonorait une femme? Comment aurait-il fait cela
si Jean n'était point son fils?

Et soudain un souvenir précis, terrible, traversa l'âme de
Pierre. Maréchal avait été blond, blond comme Jean. Il se rappelait
maintenant un petit portrait miniature vu autrefois, à Paris, sur la
cheminée de leur salon, et disparu à présent. Où était-il? Perdu, ou
caché! Oh! s'il pouvait le tenir rien qu'une seconde? Sa mère l'avait
gardé peut-être dans le tiroir° inconnu où l'on serre les reliques
d'amour.

Sa détresse, à cette pensée, devint si déchirante qu'il poussa un
gémissement, une de ces courtes plaintes arrachées à la gorge par les
douleurs trop vives. Et soudain, comme si elle l'eût entendu, comme
si elle l'eût compris et lui eût répondu, la sirène de la jetée hurla tout
près de lui. Sa clameur de monstre surnaturel, plus retentissante que
le tonnerre, rugissement° sauvage et formidable fait pour dominer les

---

ménager: respecter, épargner   qui se tire
tiroir: compartiment d'un meuble   **rugissement:** cri du lion

---

64 *son père si positif.* L'adjectif fait allusion à la philosophie positiviste
    d'Auguste Comte (1798-1857), qui se réclamait de la seule connaissance
    des faits et de l'expérience. L'esprit du père Roland reste donc au niveau
    du réalisme et du sens pratique.

voix du vent et des vagues, se répandit dans les ténèbres sur la mer invisible ensevelie sous les brouillards.

Alors, à travers la brume, proches ou lointains, des cris pareils s'élevèrent de nouveau dans la nuit. Ils étaient effrayants, ces appels poussés par les grands paquebots aveugles.

Puis tout se tut encore.

Pierre avait ouvert les yeux et regardait, surpris d'être là, réveillé de son cauchemar.

« Je suis fou, pensa-t-il, je soupçonne ma mère. » Et un flot d'amour et d'attendrissement, de repentir,° de prière et de désolation noya son cœur. Sa mère! La connaissant comme il la connaissait, comment avait-il pu la suspecter? Est-ce que l'âme, est-ce que la vie de cette femme simple, chaste et loyale, n'étaient pas plus claires que l'eau? Quand on l'avait vue et connue, comment ne pas la juger insoupçonnable? Et c'était lui, le fils, qui avait douté d'elle! Oh! s'il avait pu la prendre en ses bras à ce moment, comme il l'eût embrassée, caressée, comme il se fût agenouillé° pour demander grâce!

Elle aurait trompé son père, elle?... Son père! Certes, c'était un brave homme, honorable et probe° en affaires, mais dont l'esprit n'avait jamais franchi l'horizon de sa boutique. Comment cette femme, fort jolie autrefois, il le savait et on le voyait encore, douée d'une âme délicate, affectueuse, attendrie, avait-elle accepté comme fiancé et comme mari un homme si différent d'elle?

Pourquoi chercher? Elle avait épousé comme les fillettes épousent le garçon doté° que présentent les parents. Ils s'étaient installés aussitôt dans leur magasin de la rue Montmartre[65]; et la jeune femme, régnant au comptoir, animée par l'esprit du foyer nouveau, par ce sens subtil et sacré de l'intérêt commun qui remplace l'amour et même l'affection dans la plupart des ménages commerçants de Paris, s'était mise à travailler avec toute son intelligence active et fine à la fortune espérée de leur maison.° Et sa vie s'était écoulée° ainsi, uniforme, tranquille, honnête, sans tendresse!...

repentir: remords	**doté:** qui a de la fortune
agenouillé: mis à genoux	**maison:** *ici*, commerce, boutique
probe: très honnête	**s'était écoulée:** avait passé

---

65 *la rue Montmartre.* Rue commerciale étroite qui monte de l'ancien quartier des Halles vers la colline (ou butte) Montmartre (XVIIIe arrondissement de Paris).

Sans tendresse?... Était-il possible qu'une femme n'aimât point? Une femme jeune, jolie, vivant à Paris, lisant des livres, applaudissant des actrices mourant de passion sur la scène, pouvait-elle aller de l'adolescence à la vieillesse sans qu'une fois seulement, son cœur fût touché? D'une autre il ne le croirait pas, — pourquoi le croirait-il de sa mère?

Certes, elle avait pu aimer, comme une autre! car pourquoi serait-elle différente d'une autre, bien qu'elle fût sa mère?

Elle avait été jeune, avec toutes les défaillances° poétiques qui troublent le cœur des jeunes êtres! Enfermée, emprisonnée dans la boutique à côté d'un mari vulgaire et parlant toujours commerce, elle avait rêvé de clairs de lune, de voyages, de baisers donnés dans l'ombre des soirs. Et puis un homme, un jour, était entré comme entrent les amoureux dans les livres, et il avait parlé comme eux.

Elle l'avait aimé. Pourquoi pas? C'était sa mère! Eh bien! fallait-il être aveugle et stupide au point de rejeter l'évidence parce qu'il s'agissait de sa mère?

S'était-elle donnée?... Mais oui, puisque cet homme n'avait pas eu d'autre amie; — mais oui, puisqu'il était resté fidèle à la femme éloignée et vieillie, — mais oui, puisqu'il avait laissé toute sa fortune à son fils, à leur fils!...

Et Pierre se leva, frémissant d'une telle fureur qu'il eût voulu tuer quelqu'un! Son bras tendu, sa main grande ouverte avaient envie de frapper, de meurtrir, de broyer,° d'étrangler! Qui? tout le monde, son père, son frère, le mort, sa mère!

Il s'élança pour rentrer. Qu'allait-il faire?

Comme il passait devant une tourelle° auprès du mât des signaux, le cri strident de la sirène lui partit dans la figure. Sa surprise fut si violente qu'il faillit tomber° et recula° jusqu'au parapet de granit. Il s'y assit, n'ayant plus de force, brisé par cette commotion.

Le vapeur qui répondit le premier semblait tout proche et se présentait à l'entrée, la marée étant haute.

Pierre se retourna et aperçut son œil rouge, terni° de brume. Puis, sous la clarté diffuse des feux électriques du port, une grande

---

défaillances: faiblesses
broyer: écraser
tourelle: petite tour
il faillit tomber: il est presque

tombé (faillir)
recula: se porta en arrière
terni: ayant perdu sa couleur, son
éclat

ombre noire se dessina entre les deux jetées. Derrière lui, la voix du veilleur,° voix enrouée° de vieux capitaine en retraite, criait:

— Le nom du navire?

Et dans le brouillard la voix du pilote debout sur le pont, enrouée aussi, répondit.

— *Santa-Lucia.*

— Le pays?

— Italie.

— Le port?

— Naples.

Et Pierre devant ses yeux troublés crut apercevoir le panache° de feu du Vésuve[66] tandis qu'au pied du volcan, des lucioles° voltigeaient dans les bosquets° d'orangers de Sorrente ou de Castellamare[67]! Que de fois il avait rêvé de ces noms familiers, comme s'il en connaissait les paysages. Oh! s'il avait pu partir, tout de suite, n'importe où, et ne jamais revenir, ne jamais écrire, ne jamais laisser savoir ce qu'il était devenu! Mais non, il fallait rentrer, rentrer dans la maison paternelle et se coucher dans son lit.

Tant pis, il ne rentrerait pas, il attendrait le jour. La voix des sirènes lui plaisait. Il se releva et se mit à marcher comme un officier qui fait le quart° sur un pont.

Un autre navire s'approchait derrière le premier, énorme et mystérieux. C'était un Anglais qui revenait des Indes.

Il en vit venir encore plusieurs, sortant l'un après l'autre de l'ombre impénétrable. Puis, comme l'humidité du brouillard devenait intolérable, Pierre se remit en route vers la ville. Il avait si froid qu'il entra dans un café de matelots pour boire un grog; et quand l'eau-de-vie° poivrée et chaude lui eut brûlé le palais° et la gorge, il sentit en lui renaître un espoir.

veilleur: garde de nuit	**fait le quart:** fait un service de
enrouée: rude, rauque	quatre heures
panache: *ici,* fumée blanche	**eau-de-vie:** cognac
lucioles: insectes lumineux	**palais:** *ici,* haut de l'intérieur de la
bosquets: petits bois	bouche

---

66 *du Vésuve.* Volcan de l'Italie du sud qui s'élève près de Naples. En l'année 79 son éruption a détruit les villes de Pompéi et d'Herculanum.

67 *de Sorrente ou de Castellamare.* Villes italiennes sur le golfe de Naples (mer Tyrrhénienne).

Il s'était trompé, peut-être? Il la connaissait si bien, sa déraison°
vagabonde! Il s'était trompé sans doute? Il avait accumulé les preuves
ainsi qu'on dresse un réquisitoire° contre un innocent toujours facile
à condamner quand on veut le croire coupable. Lorsqu'il aurait
dormi, il penserait tout autrement. Alors il rentra pour se coucher,
et, à force de volonté, il finit par s'assoupir.

V

Mais le corps du docteur s'engourdit à peine une heure ou deux
dans l'agitation d'un sommeil troublé. Quand il se réveilla, dans
l'obscurité de sa chambre chaude et fermée, il ressentit, avant même
que la pensée se fût rallumée en lui, cette oppression douloureuse, ce
malaise de l'âme que laisse en nous le chagrin sur lequel on a dormi.
Il semble que le malheur, dont le choc nous a seulement heurté la
veille, se soit glissé, durant notre repos, dans notre chair elle-même,
qu'il meurtrit et fatigue comme une fièvre. Brusquement le souvenir
lui revint, et il s'assit dans son lit.

Alors il recommença lentement, un à un, tous les raisonnements
qui avaient torturé son cœur sur la jetée pendant que criaient les sirènes.
Plus il songeait, moins il doutait. Il se sentait traîné par sa logique,
comme par une main qui attire et étrangle vers l'intolérable certitude.

Il avait soif, il avait chaud, son cœur battait. Il se leva pour
ouvrir sa fenêtre et respirer, et, quand il fut debout, un bruit léger lui
parvint à travers le mur.

Jean dormait tranquille et ronflait doucement. Il dormait, lui! Il
n'avait rien pressenti, rien deviné! Un homme qui avait connu leur
mère lui laissait toute sa fortune. Il prenait l'argent, trouvant cela
juste et naturel.

Il dormait, riche et satisfait, sans savoir que son frère haletait
de souffrance et de détresse. Et une colère se levait en lui contre ce
ronfleur insouciant et content.

La veille il eût frappé contre sa porte, serait entré, et, assis près
du lit, lui aurait dit dans l'effarement° de son réveil subit: « Jean, tu
ne dois pas garder ce legs qui pourrait demain faire suspecter notre
mère et la déshonorer. »

---

déraison: manque de raison   d'accusations
réquisitoire: liste de reproches,   **effarement:** peur, frayeur

Mais aujourd'hui il ne pouvait plus parler, il ne pouvait pas dire à Jean qu'il ne le croyait point le fils de leur père. Il fallait à présent garder, enterrer en lui cette honte découverte par lui, cacher à tous la tache° aperçue, et que personne ne devait découvrir, pas même son frère, surtout son frère.

Il ne songeait plus guère maintenant au vain° respect de l'opinion publique. Il aurait voulu que tout le monde accusât sa mère pourvu qu'il la sût innocente, lui, lui seul! Comment pourrait-il supporter de vivre près d'elle, tous les jours, et de croire, en la regardant, qu'elle avait enfanté son frère de la caresse d'un étranger?

Comme elle était calme et sereine pourtant, comme elle paraissait sûre d'elle! Était-il possible qu'une femme comme elle, d'une âme pure et d'un cœur droit, pût tomber, entraînée par la passion, sans que, plus tard, rien n'apparût de ses remords, des souvenirs de sa conscience troublée?

Ah! les remords! les remords! ils avaient dû, jadis, dans les premiers temps, la torturer, puis ils s'étaient effacés, comme tout s'efface. Certes, elle avait pleuré sa faute, et, peu à peu, l'avait presque oubliée. Est-ce que toutes les femmes, toutes, n'ont pas cette faculté d'oubli prodigieuse qui leur fait reconnaître à peine, après quelques années passées, l'homme à qui elles ont donné leur bouche et tout leur corps à baiser? Le baiser frappe comme la foudre,° l'amour passe comme un orage, puis la vie, de nouveau, se calme comme le ciel, et recommence ainsi qu'avant. Se souvient-on d'un nuage?

Pierre ne pouvait plus demeurer dans sa chambre! Cette maison, la maison de son père l'écrasait. Il sentait peser le toit sur sa tête et les murs l'étouffer.° Et comme il avait très soif, il alluma sa bougie° afin d'aller boire un verre d'eau fraîche au filtre de la cuisine.

Il descendit les deux étages, puis, comme il remontait avec la carafe pleine, il s'assit en chemise° sur une marche de l'escalier où circulait un courant d'air, et il but, sans verre, par longues gorgées, comme un coureur essoufflé. Quand il eut cessé de remuer, le silence de cette demeure l'émut; puis, un à un, il en distingua les moindres bruits. Ce fut d'abord l'horloge de la salle à manger dont le battement

---

tache: *ici,* marque honteuse
vain: inutile
foudre: décharge électrique, accompagnée de tonnerre

l'étouffer: l'asphyxier
bougie: chandelle
chemise: *ici,* chemise de nuit

lui paraissait grandir de seconde en seconde. Puis il entendit de
nouveau un ronflement, un ronflement de vieux, court, pénible et
dur, celui de son père sans aucun doute; et il fut crispé par cette idée,
comme si elle venait seulement de jaillir en lui, que ces deux hommes
qui ronflaient dans ce même logis, le père et le fils, n'étaient rien
l'un à l'autre! Aucun lien, même le plus léger, ne les unissait, et ils ne
le savaient pas! Ils se parlaient avec tendresse, ils s'embrassaient, se
réjouissaient et s'attendrissaient ensemble des mêmes choses, comme
si le même sang eût coulé dans leurs veines. Et deux personnes nées
aux deux extrémités du monde ne pouvaient pas être plus étrangères
l'une à l'autre que ce père et que ce fils. Ils croyaient s'aimer parce
qu'un mensonge avait grandi entre eux. C'était un mensonge qui
faisait cet amour paternel et cet amour filial, un mensonge impossible
à dévoiler et que personne ne connaîtrait jamais que lui, le vrai fils.

Pourtant, pourtant, s'il se trompait? Comment le savoir? Ah!
si une ressemblance, même légère, pouvait exister entre son père et
Jean, une de ces ressemblances mystérieuses qui vont de l'aïeul° aux
arrière-petits-fils, montrant que toute une race descend directement
du même baiser. Il aurait fallu si peu de chose, à lui médecin, pour
reconnaître cela, la forme de la mâchoire,° la courbure du nez,
l'écartement des yeux, la nature des dents ou des poils, moins encore,
un geste, une habitude, une manière d'être, un goût transmis, un
signe quelconque bien caractéristique pour un œil exercé.°

Il cherchait et ne se rappelait rien, non, rien. Mais il avait mal
regardé, mal observé, n'ayant aucune raison pour découvrir ces
imperceptibles indications.

Il se leva pour rentrer dans sa chambre et se mit à monter
l'escalier, à pas lents, songeant toujours. En passant devant la porte
de son frère, il s'arrêta net, la main tendue pour l'ouvrir. Un désir
impérieux venait de surgir en lui de voir Jean tout de suite, de le
regarder longuement, de le surprendre pendant le sommeil, pendant
que la figure apaisée, que les traits détendus se reposent, que toute la
grimace de la vie a disparu. Il saisirait ainsi le secret dormant de sa
physionomie; et si quelque ressemblance existait, appréciable, elle ne
lui échapperait pas.

---

l'aïeul: l'ancêtre   supporte les dents
mâchoire: partie de la bouche qui   **exercé:** expérimenté, expert

Mais si Jean s'éveillait, que dirait-il? Comment expliquer cette visite? Il demeurait debout, les doigts crispés sur la serrure° et cherchant une raison, un prétexte.

Il se rappela tout à coup que, huit jours plus tôt, il avait prêté à son frère une fiole de laudanum° pour calmer une rage° de dents. Il pouvait lui-même souffrir, cette nuit-là, et venir réclamer sa drogue. Donc il entra, mais d'un pied furtif, comme un voleur.

Jean, la bouche entrouverte, dormait d'un sommeil animal et profond. Sa barbe et ses cheveux blonds faisaient une tache d'or sur le linge blanc. Il ne s'éveilla point, mais il cessa de ronfler.

Pierre, penché vers lui, le contemplait d'un œil avide. Non, ce jeune homme-là ne ressemblait pas à Roland; et, pour la seconde fois, s'éveilla dans son esprit le souvenir du petit portrait disparu de Maréchal. Il fallait qu'il le trouvât! En le voyant, peut-être, il ne douterait plus.

Son frère remua, gêné sans doute par sa présence, ou par la lueur° de sa bougie pénétrant ses paupières. Alors le docteur recula, sur la pointe des pieds, vers la porte, qu'il referma sans bruit; puis il retourna dans sa chambre, mais il ne se coucha pas.

Le jour fut lent à venir. Les heures sonnaient, l'une après l'autre, à la pendule de la salle à manger, dont le timbre avait un son profond et grave, comme si ce petit instrument d'horlogerie eût avalé une cloche de cathédrale. Elles montaient, dans l'escalier vide, traversaient les murs et les portes, allaient mourir au fond des chambres dans l'oreille inerte des dormeurs. Pierre s'était mis à marcher de long en large, de son lit à sa fenêtre. Qu'allait-il faire? Il se sentait trop bouleversé pour passer ce jour-là dans sa famille. Il voulait encore rester seul, au moins jusqu'au lendemain, pour réfléchir, se calmer, se fortifier pour la vie de chaque jour qu'il lui faudrait reprendre.

Eh bien! il irait à Trouville, voir grouiller° la foule sur la plage.[68]

serrure: appareil qui ferme une porte	**rage:** *ici*, douleur violente
laudanum: calmant à base d'opium	**lueur:** clarté
	grouiller: s'agiter en masse confuse

---

68 *il irait à Trouville, voir grouiller la foule sur la plage.* La station balnéaire de Trouville, lancée par des artistes et très à la mode au XIXe siècle, se situe sur l'embouchure de la Seine, en face du Havre. Pierre va prendre un bateau (un bac) pour y accéder.

Cela le distrairait, changerait l'air de sa pensée, lui donnerait le temps
de se préparer à l'horrible chose qu'il avait découverte.

Dès que l'aurore° parut, il fit sa toilette et s'habilla. Le brouillard
s'était dissipé, il faisait beau, très beau. Comme le bateau de Trouville
ne quittait le port qu'à neuf heures, le docteur songea qu'il lui faudrait
embrasser sa mère avant de partir.

Il attendit le moment où elle se levait tous les jours, puis il
descendit. Son cœur battait si fort en touchant sa porte qu'il s'arrêta
pour respirer. Sa main, posée sur la serrure, était molle et vibrante,
presque incapable du léger effort de tourner le bouton° pour entrer.
Il frappa. La voix de sa mère demanda:

— Qui est-ce?

— Moi, Pierre.

— Qu'est-ce que tu veux?

— Te dire bonjour parce que je vais passer la journée à Trouville
avec des amis.

— C'est que je suis encore au lit.

— Bon, alors ne te dérange pas. Je t'embrasserai en rentrant, ce
soir.

Il espéra qu'il pourrait partir sans la voir, sans poser sur ses joues
le baiser faux qui lui soulevait le cœur° d'avance.

Mais elle répondit:

— Un moment, je t'ouvre. Tu attendras que je me sois
recouchée.

Il entendit ses pieds nus sur le parquet puis le bruit du verrou°
glissant. Elle cria:

— Entre.

Il entra. Elle était assise dans son lit tandis qu'à son côté, Roland,
un foulard sur la tête et tourné vers le mur, s'obstinait à dormir. Rien
ne l'éveillait tant qu'on ne l'avait pas secoué à lui arracher le bras. Les
jours de pêche, c'était la bonne, sonnée à l'heure convenue° par le
matelot Papagris, qui venait tirer son maître de cet invincible repos.

Pierre, en allant vers elle, regardait sa mère; et il lui sembla tout
à coup qu'il ne l'avait jamais vue.

---

l'aurore: le lever du jour, l'aube
bouton: *ici*, mécanisme rond qui
ouvre une porte

soulevait le cœur: donnait la
nausée
verrou: pièce de métal mobile qui
ferme une porte
convenue: décidée

Elle lui tendit ses joues, il y mit deux baisers, puis s'assit sur une chaise basse.

— C'est hier soir que tu as décidé cette partie? dit-elle.

— Oui, hier soir.

— Tu reviens pour dîner?

— Je ne sais pas encore. En tout cas, ne m'attendez point.

Il l'examinait avec une curiosité stupéfaite. C'était sa mère, cette femme! Toute cette figure, vue dès l'enfance, dès que son œil avait pu distinguer, ce sourire, cette voix si connue, si familière, lui paraissaient brusquement nouveaux et autres de ce qu'ils avaient été jusque-là pour lui. Il comprenait à présent que, l'aimant, il ne l'avait jamais regardée. C'était bien elle pourtant, et il n'ignorait rien des plus petits détails de son visage; mais ces petits détails il les apercevait nettement pour la première fois. Son attention anxieuse, fouillant° cette tête chérie, la lui révélait différente, avec une physionomie qu'il n'avait jamais découverte.

Il se leva pour partir, puis, cédant soudain à l'invincible envie de savoir qui lui mordait le cœur depuis la veille:

— Dis donc, j'ai cru me rappeler qu'il y avait autrefois, à Paris, un petit portrait de Maréchal dans notre salon.

Elle hésita une seconde ou deux; ou du moins il se figura qu'elle hésitait; puis elle dit:

— Mais oui.

— Et qu'est-ce qu'il est devenu, ce portrait?

Elle aurait pu encore répondre plus vite:

— Ce portrait... attends... je ne sais pas trop... Peut-être que je l'ai dans mon secrétaire.

— Tu serais bien aimable de le retrouver.

— Oui, je chercherai. Pourquoi le veux-tu?

— Oh! ce n'est pas pour moi. J'ai songé qu'il serait tout naturel de le donner à Jean, et que cela ferait plaisir à mon frère.

— Oui, tu as raison, c'est une bonne pensée. Je vais le chercher dès que je serai levée.

Et il sortit.

C'était un jour bleu, sans un souffle d'air. Les gens dans la rue semblaient gais, les commerçants allant à leurs affaires, les employés

---

fouillant: examinant avec soin

allant à leur bureau, les jeunes filles allant à leur magasin. Quelques-uns chantonnaient, mis en joie par la clarté. Sur le bateau de Trouville les passagers montaient déjà. Pierre s'assit, tout à l'arrière, sur un banc de bois.

Il se demandait:

— A-t-elle été inquiétée par ma question sur le portrait, ou seulement surprise? L'a-t-elle égaré° ou caché? Sait-elle où il est, ou bien ne sait-elle pas? Si elle l'a caché, pourquoi?

Et son esprit, suivant toujours la même marche, de déduction en déduction, conclut ceci:

Le portrait, portrait d'ami, portrait d'amant, était resté dans le salon bien en vue, jusqu'au jour où la femme, où la mère s'était aperçue, la première, avant tout le monde, que ce portrait ressemblait à son fils. Sans doute, depuis longtemps, elle épiait cette ressemblance; puis, l'ayant découverte, l'ayant vue naître et comprenant que chacun pourrait, un jour ou l'autre, l'apercevoir aussi, elle avait enlevé, un soir, la petite peinture redoutable et l'avait cachée, n'osant pas la détruire.

Et Pierre se rappelait fort bien maintenant que cette miniature avait disparu longtemps, longtemps avant leur départ de Paris! Elle avait disparu, croyait-il, quand la barbe de Jean, se mettant à pousser, l'avait rendu tout à coup pareil au jeune homme blond qui souriait dans le cadre.°

Le mouvement du bateau qui partait troubla sa pensée et la dispersa! Alors, s'étant levé, il regarda la mer.

Le petit paquebot sortit des jetées, tourna à gauche et soufflant, haletant, frémissant, s'en alla vers la côte lointaine qu'on apercevait dans la brume matinale. De place en place la voile rouge d'un lourd bateau de pêche immobile sur la mer plate avait l'air d'un gros rocher sortant de l'eau. Et la Seine descendant de Rouen semblait un large bras de mer séparant deux terres voisines.

En moins d'une heure on parvint au port de Trouville, et comme c'était le moment du bain,[69] Pierre se rendit sur la plage.

égaré: *ici*, perdu   **cadre:** *ici*, bordure entourant un
                                                          tableau

---

69 *comme c'était le moment du bain.* Tous les touristes et estivants allaient se baigner à la même heure, à la marée basse. Donc, si on tient à être « vu », c'est le moment de descendre à la plage.

De loin, elle avait l'air d'un long jardin plein de fleurs éclatantes. Sur la grande dune de sable jaune, depuis la jetée jusqu'aux Roches-Noires,[70] les ombrelles de toutes les couleurs, les chapeaux de toutes les formes, les toilettes° de toutes les nuances, par groupes devant les cabines,[71] par lignes le long du flot ou dispersés çà et là, ressemblaient vraiment à des bouquets énormes dans une prairie démesurée. Et le bruit confus, proche et lointain des voix égrenées° dans l'air léger, les appels, les cris d'enfants qu'on baigne, les rires clairs des femmes faisaient une rumeur° continue et douce, mêlée à la brise insensible et qu'on aspirait avec elle.

Pierre marchait au milieu de ces gens, plus perdu, plus séparé d'eux, plus isolé, plus noyé dans sa pensée torturante, que si on l'avait jeté à la mer du pont d'un navire, à cent lieues au large.[72] Il les frôlait, entendait, sans écouter, quelques phrases; et il voyait, sans regarder, les hommes parler aux femmes et les femmes sourire aux hommes.

Mais tout à coup, comme s'il s'éveillait, il les aperçut distinctement; et une haine surgit en lui contre eux, car ils semblaient heureux et contents.

Il allait maintenant frôlant les groupes, tournant autour, saisi par des pensées nouvelles. Toutes ces toilettes multicolores qui couvraient le sable comme un bouquet, ces étoffes jolies, ces ombrelles voyantes,° la grâce factice° des tailles emprisonnées, toutes ces inventions ingénieuses de la mode depuis la chaussure mignonne° jusqu'au chapeau extravagant, la séduction du geste, de la voix et du sourire, la coquetterie enfin étalée° sur cette plage lui apparaissaient soudain

toilettes: *ici*, habits, vêtements de femme	colorées
égrenées: *ici*, entendues une à une	**factice:** artificiel
rumeur: *ici*, bruit	**mignonne:** délicate
voyantes: trop brillantes ou	**étalée:** exposée

70 *jusqu'aux Roches-Noires.* Une des plages de Trouville qui longe la promenade des « Planches », lieu clé de la société mondaine. L'hôtel du même nom figure dans un célèbre tableau de Claude Monet (*L'Hôtel des Roches-Noires à Trouville*, 1870).

71 *devant les cabines.* Sur la plage, tentes ou cabanes de bois pour se changer; certaines étaient roulantes, attelées d'un cheval qui les remontait au moment de la marée.

72 *à cent lieues au large.* Une lieue maritime vaut à peu près 5 kilomètres. Pierre rêve donc d'être seul, loin, naufragé, en haute mer.

comme une immense floraison° de la perversité féminine. Toutes ces femmes parées° voulaient plaire, séduire, et tenter quelqu'un. Elles s'étaient faites belles pour les hommes, pour tous les hommes, excepté pour l'époux qu'elles n'avaient plus besoin de conquérir. Elles s'étaient faites belles pour l'amant d'aujourd'hui et l'amant de demain, pour l'inconnu rencontré, remarqué, attendu peut-être.

Et ces hommes, assis près d'elles, les yeux dans les yeux, parlant la bouche près de la bouche, les appelaient et les désiraient, les chassaient comme un gibier° souple et fuyant,° bien qu'il semblât si proche et si facile. Cette vaste plage n'était donc qu'une halle° d'amour où les unes se vendaient, les autres se donnaient, celles-ci marchandaient° leurs caresses et celles-là se promettaient seulement. Toutes ces femmes ne pensaient qu'à la même chose, offrir et faire désirer leur chair déjà donnée, déjà vendue, déjà promise à d'autres hommes. Et il songea que sur la terre entière c'était toujours la même chose.

Sa mère avait fait comme les autres, voilà tout! Comme les autres? — non! Il existait des exceptions, et beaucoup, beaucoup! Celles qu'il voyait autour de lui, des riches, des folles, des chercheuses d'amour, appartenaient en somme à la galanterie élégante et mondaine ou même à la galanterie tarifée,° car on ne rencontrait pas sur les plages piétinées° par la légion des désœuvrées,° le peuple des honnêtes femmes enfermées dans la maison close.°

La mer montait, chassant peu à peu vers la ville les premières lignes des baigneurs. On voyait les groupes se lever vivement et fuir, en emportant leurs sièges, devant le flot jaune qui s'en venait frangé° d'une petite dentelle° d'écume. Les cabines roulantes, attelées° d'un cheval, remontaient aussi; et sur les planches de la promenade, qui borde la plage d'un bout à l'autre, c'était maintenant une coulée continue, épaisse et lente, de foule élégante, formant deux courants contraires qui se coudoyaient et se mêlaient. Pierre, nerveux, exaspéré

---

floraison: ouverture des fleurs au printemps
parées: habillées avec recherche
gibier: animal chassé
fuyant: qui s'éloigne
halle: marché
marchandaient: discutaient du prix
tarifée: payée

piétinées: écrasés par les pieds
désœuvrées: paresseuses, sans travail
la maison close: *ici*, chez elles, à la maison
frangé: bordé
dentelle: tissu délicat fait avec du fil
attelées: attachées (cheval)

par ce frôlement, s'enfuit, s'enfonça dans la ville et s'arrêta pour déjeuner chez un simple marchand de vins, à l'entrée des champs.

Quand il eut pris son café, il s'étendit sur deux chaises devant la porte, et comme il n'avait guère dormi cette nuit-là, il s'assoupit à l'ombre d'un tilleul.° Après quelques heures de repos, s'étant secoué, il s'aperçut qu'il était temps de revenir pour reprendre le bateau, et il se mit en route, accablé par une courbature° subite tombée sur lui pendant son assoupissement. Maintenant il voulait rentrer, il voulait savoir si sa mère avait retrouvé le portrait de Maréchal. En parlerait-elle la première, ou faudrait-il qu'il le demandât de nouveau? Certes si elle attendait qu'on l'interrogeât encore, elle avait une raison secrète de ne point montrer ce portrait.

Mais lorsqu'il fut rentré dans sa chambre, il hésita à descendre pour le dîner. Il souffrait trop. Son cœur soulevé n'avait pas encore eu le temps de s'apaiser. Il se décida pourtant, et il parut dans la salle à manger comme on se mettait à table.

Un air de joie animait les visages.

— Eh bien! dit Roland, ça avance-t-il, vos achats? Moi, je ne veux rien voir avant que tout soit installé.

Sa femme répondit:

— Mais oui, ça va. Seulement il faut longtemps réfléchir pour ne pas commettre d'impair.° La question du mobilier° nous préoccupe beaucoup.

Elle avait passé la journée à visiter avec Jean des boutiques de tapissiers° et des magasins d'ameublement. Elle voulait des étoffes riches, un peu pompeuses, pour frapper l'œil. Son fils, au contraire, désirait quelque chose de simple et de distingué. Alors, devant tous les échantillons proposés ils avaient répété, l'un et l'autre, leurs arguments. Elle prétendait que le client, le plaideur° a besoin d'être impressionné, qu'il doit ressentir, en entrant dans le salon d'attente, l'émotion de la richesse.

---

tilleul: grand arbre commun des rues et des parcs européens
courbature: douleur dans les membres
impair: *ici,* faute, maladresse

mobilier: ameublement
tapissiers: artisans qui recouvrent divans, fauteuils, etc.
plaideur: celui qui conteste en justice, client de l'avocat

Jean au contraire, désirant n'attirer que la clientèle élégante et opulente, voulait conquérir l'esprit des gens fins par son goût modeste et sûr.

Et la discussion, qui avait duré toute la journée, reprit dès le potage.

Roland n'avait pas d'opinion. Il répétait:

— Moi, je ne veux entendre parler de rien. J'irai voir quand ce sera fini.

Mme Roland fit appel au jugement de son fils aîné:

— Voyons, toi, Pierre, qu'en penses-tu?

Il avait les nerfs tellement surexcités qu'il eut envie de répondre par un juron. Il dit cependant sur un ton sec, où vibrait son irritation:

— Oh! moi, je suis tout à fait de l'avis de Jean. Je n'aime que la simplicité, qui est, quand il s'agit de goût, comparable à la droiture° quand il s'agit de caractère.

Sa mère reprit:

— Songe que nous habitons une ville de commerçants, où le bon goût ne court pas les rues.

Pierre répondit:

— Et qu'importe? Est-ce une raison pour imiter les sots? Si mes compatriotes sont bêtes ou malhonnêtes, ai-je besoin de suivre leur exemple? Une femme ne commettra pas une faute pour cette raison que ses voisines ont des amants.

Jean se mit à rire:

— Tu as des arguments par comparaison qui semblent pris dans les maximes d'un moraliste.[73]

Pierre ne répliqua point. Sa mère et son frère recommencèrent à parler d'étoffes et de fauteuils.

---

droiture: rectitude, moralité

---

73 *les maximes d'un moraliste.* Les *maximes* sont de courtes phrases, souvent ironiques, typiques de certains écrivains — les *moralistes* — critiques de leur époque. Parmi eux, Maupassant aurait connu Jean de La Bruyère et le duc de La Rochefoucauld (du XVIIe siècle), ainsi que le marquis de Vauvenargues (du XVIIIe). Michel de Montaigne (1533-1592), Blaise Pascal (1623-1662) et Voltaire (1694-1778) ont aussi joué ce rôle dans les lettres françaises.

Il les regardait comme il avait regardé sa mère, le matin, avant de partir pour Trouville; il les regardait en étranger qui observe, et il se croyait en effet entré tout à coup dans une famille inconnue.

Son père, surtout, étonnait son œil et sa pensée. Ce gros homme flasque,° content et niais, c'était son père, à lui! Non, non, Jean ne lui ressemblait en rien.

Sa famille! Depuis deux jours une main inconnue et malfaisante,° la main d'un mort, avait arraché et cassé, un à un, tous les liens qui tenaient l'un à l'autre ces quatre êtres. C'était fini, c'était brisé. Plus de mère, car il ne pourrait plus la chérir, ne la pouvant vénérer avec ce respect absolu, tendre et pieux, dont a besoin le cœur des fils; plus de frère, puisque ce frère était l'enfant d'un étranger; il ne lui restait qu'un père, ce gros homme, qu'il n'aimait pas, malgré lui.

Et tout à coup:

— Dis donc, maman, as-tu retrouvé ce portrait?

Elle ouvrit des yeux surpris:

— Quel portrait?

— Le portrait de Maréchal.

— Non... c'est-à-dire oui... je ne l'ai pas retrouvé, mais je crois savoir où il est.

— Quoi donc? demanda Roland.

Pierre lui dit:

— Un petit portrait de Maréchal qui était autrefois dans notre salon à Paris. J'ai pensé que Jean serait content de le posséder.

Roland s'écria:

— Mais oui, mais oui, je m'en souviens parfaitement; je l'ai même vu encore à la fin de l'autre semaine. Ta mère l'avait tiré de son secrétaire en rangeant ses papiers. C'était jeudi ou vendredi. Tu te rappelles bien, Louise? J'étais en train de me raser quand tu l'as pris dans un tiroir et posé sur une chaise à côté de toi, avec un tas de lettres dont tu as brûlé la moitié. Hein? est-ce drôle que tu aies touché à ce portrait deux ou trois jours à peine avant l'héritage de Jean? Si je croyais aux pressentiments, je dirais que c'en est un!

Mme Roland répondit avec tranquillité:

— Oui, oui, je sais où il est; j'irai le chercher tout à l'heure.

---

flasque: sans force, mou   **malfaisante:** dangereuse, nuisible

Donc elle avait menti! Elle avait menti en répondant, ce matin-là même, à son fils qui lui demandait ce qu'était devenue cette miniature: «Je ne sais pas trop... peut-être que je l'ai dans mon secrétaire.»

Elle l'avait vue, touchée, maniée, contemplée quelques jours auparavant, puis elle l'avait recachée dans le tiroir secret, avec des lettres, ses lettres à lui.

Pierre regardait sa mère, qui avait menti! Il la regardait avec une colère exaspérée de fils trompé, volé dans son affection sacrée, et avec une jalousie d'homme longtemps aveugle qui découvre enfin une trahison honteuse. S'il avait été le mari de cette femme, lui, son enfant, il l'aurait saisie par les poignets,° par les épaules ou par les cheveux, et jetée à terre, frappée, meurtrie, écrasée! Et il ne pouvait rien dire, rien faire, rien montrer, rien révéler. Il était son fils, il n'avait rien à venger, lui, on ne l'avait pas trompé.

Mais oui, elle l'avait trompé dans sa tendresse, trompé dans son pieux respect. Elle se devait à lui irréprochable, comme se doivent toutes les mères à leurs enfants. Si la fureur dont il était soulevé arrivait presque à de la haine, c'est qu'il la sentait plus criminelle envers lui qu'envers son père lui-même.

L'amour de l'homme et de la femme est un pacte volontaire où celui qui faiblit n'est coupable que de perfidie°; mais quand la femme est devenue mère, son devoir a grandi puisque la nature lui confie une race. Si elle succombe alors, elle est lâche,° indigne et infâme!

— C'est égal, dit tout à coup Roland en allongeant ses jambes sous la table, comme il faisait chaque soir pour siroter° son verre de cassis,° ça n'est pas mauvais de vivre à rien faire quand on a une petite aisance. J'espère que Jean nous offrira des dîners extra, maintenant. Ma foi, tant pis si j'attrape quelquefois mal à l'estomac.

Puis se tournant vers sa femme:

— Va donc chercher ce portrait, ma chatte, puisque tu as fini de manger. Ça me fera plaisir aussi de le revoir.

Elle se leva, prit une bougie et sortit. Puis, après une absence qui parut longue à Pierre, bien qu'elle n'eût pas duré trois minutes, Mme

---

poignets: parties du bras qui joignent la main à l'avant-bras
perfidie: déloyauté, infidélité
lâche: sans aucun courage

siroter: boire lentement
cassis: liqueur tirée d'un fruit noir, sorte de groseille

Roland rentra, souriante, et tenant par l'anneau° un cadre doré de forme ancienne.

— Voilà, dit-elle, je l'ai retrouvé presque tout de suite.

Le docteur, le premier, avait tendu la main. Il reçut le portrait, et, d'un peu loin, à bout de bras, l'examina. Puis, sentant bien que sa mère le regardait, il leva lentement les yeux sur son frère, pour comparer. Il faillit dire, emporté par sa violence: « Tiens, cela ressemble à Jean.» S'il n'osa pas prononcer ces redoutables paroles, il manifesta sa pensée par la façon dont il comparait la figure vivante à la figure peinte.

Elles avaient, certes, des signes communs: la même barbe et le même front, mais rien d'assez précis pour permettre de déclarer: « Voilà le père, et voilà le fils.» C'était plutôt un air de famille, une parenté° de physionomies qu'anime le même sang. Or, ce qui fut pour Pierre plus décisif encore que cette allure des visages, c'est que sa mère s'était levée, avait tourné le dos et feignait° d'enfermer, avec trop de lenteur, le sucre et le cassis dans un placard.

Elle avait compris qu'il savait, ou du moins qu'il soupçonnait!

— Passe-moi donc ça, disait Roland.

Pierre tendit la miniature et son père attira la bougie pour bien voir; puis il murmura d'une voix attendrie:

— Pauvre garçon! dire qu'il était comme ça quand nous l'avons connu. Cristi! comme ça va vite! Il était joli homme, tout de même, à cette époque, et si plaisant de manière, n'est-ce pas, Louise?

Comme sa femme ne répondait pas, il reprit:

— Et quel caractère égal! Je ne lui ai jamais vu de mauvaise humeur. Voilà, c'est fini, il n'en reste plus rien... que ce qu'il a laissé à Jean. Enfin, on pourra jurer que celui-là s'est montré bon ami et fidèle jusqu'au bout. Même en mourant il ne nous a pas oubliés.

Jean, à son tour, tendit le bras pour prendre le portrait. Il le contempla quelques instants, puis, avec regret:

— Moi, je ne le reconnais pas du tout. Je ne me le rappelle qu'avec ses cheveux blancs.

Et il rendit la miniature à sa mère. Elle y jeta un regard rapide, vite détourné, qui semblait craintif; puis de sa voix naturelle:

---

anneau: attache en forme de cercle   **feignait:** faisant semblant de
parenté: *ici*, lien, similarité   (feindre)

— Cela t'appartient maintenant, mon Jeannot, puisque tu es
son héritier. Nous le porterons dans ton nouvel appartement.

Et comme on entrait au salon, elle posa la miniature sur la
cheminée, près de la pendule, où elle était autrefois.

Roland bourrait° sa pipe, Pierre et Jean allumèrent des cigarettes.
Ils les fumaient ordinairement l'un en marchant à travers la pièce,
l'autre assis, enfoncé dans un fauteuil, et les jambes croisées. Le père
se mettait toujours à cheval sur une chaise et crachait° de loin dans
la cheminée.

Mme Roland, sur un siège bas, près d'une petite table qui portait
la lampe, brodait, tricotait ou marquait du linge.

Elle commençait, ce soir-là, une tapisserie destinée à la chambre
de Jean. C'était un travail difficile et compliqué dont le début
exigeait toute son attention. De temps en temps cependant son
œil qui comptait les points se levait et allait, prompt et furtif, vers
le petit portrait du mort appuyé contre la pendule. Et le docteur
qui traversait l'étroit salon en quatre ou cinq enjambées, les mains
derrière le dos et la cigarette aux lèvres, rencontrait chaque fois le
regard de sa mère.

On eût dit qu'ils s'épiaient, qu'une lutte venait de se déclarer
entre eux; et un malaise douloureux, un malaise insoutenable crispait
le cœur de Pierre. Il se disait, torturé et satisfait pourtant: « Doit-elle
souffrir en ce moment, si elle sait que je l'ai devinée! » Et à chaque
retour vers le foyer, il s'arrêtait quelques secondes à contempler le
visage blond de Maréchal, pour bien montrer qu'une idée fixe le
hantait. Et ce petit portrait, moins grand qu'une main ouverte,
semblait une personne vivante, méchante, redoutable, entrée soudain
dans cette maison et dans cette famille.

Tout à coup la sonnette de la rue tinta.° Mme Roland, toujours si
calme, eut un sursaut° qui révéla le trouble de ses nerfs au docteur.

Puis elle dit: « Ça doit être Mme Rosémilly. » Et son œil anxieux
encore une fois se leva vers la cheminée.

Pierre comprit, ou crut comprendre sa terreur et son angoisse.
Le regard des femmes est perçant, leur esprit agile, et leur pensée

---

bourrait: remplissait de tabac   **tinta:** sonna
crachait: lançait du liquide hors de   **sursaut:** mouvement brusque, de
    la bouche   frayeur

soupçonneuse. Quand celle qui allait entrer apercevrait cette miniature inconnue, du premier coup, peut-être, elle découvrirait la ressemblance entre cette figure et celle de Jean. Alors elle saurait et comprendrait tout! Il eut peur, une peur brusque et horrible que cette honte fût dévoilée, et se retournant, comme la porte s'ouvrait, il prit la petite peinture et la glissa sous la pendule sans que son père et son frère l'eussent vu.

Rencontrant de nouveau les yeux de sa mère ils lui parurent changés, troubles et hagards.

— Bonjour, disait Mme Rosémilly, je viens boire avec vous une tasse de thé.

Mais pendant qu'on s'agitait autour d'elle pour s'informer de sa santé, Pierre disparut par la porte restée ouverte.

Quand on s'aperçut de son départ, on s'étonna. Jean mécontent, à cause de la jeune veuve qu'il craignait blessée, murmurait:

— Quel ours![74]

Mme Roland répondit:

— Il ne faut pas lui en vouloir,° il est un peu malade aujourd'hui et fatigué d'ailleurs de sa promenade à Trouville.

— N'importe, reprit Roland, ce n'est pas une raison pour s'en aller comme un sauvage.

Mme Rosémilly voulut arranger les choses en affirmant:

— Mais non, mais non, il est parti à l'anglaise°; on se sauve toujours ainsi dans le monde° quand on s'en va de bonne heure.

— Oh! répondit Jean, dans le monde c'est possible, mais on ne traite pas sa famille à l'anglaise, et mon frère ne fait que cela, depuis quelque temps.

---

lui en vouloir: lui porter de la haine (en vouloir à)	sans être aperçu
à l'anglaise: sans prendre congé,	**dans le monde:** *c'est-à-dire*, dans la bonne société

---

74 *Quel ours!* Par ses actions insolentes et impolies Pierre réussit de nouveau à offenser son frère. Notez que les deux femmes prennent le parti de Pierre.

VI

Rien ne survint° chez les Roland pendant une semaine ou deux. Le père pêchait, Jean s'installait aidé de sa mère, Pierre, très sombre, ne paraissait plus qu'aux heures des repas.

Son père lui ayant demandé un soir:

— Pourquoi diable nous fais-tu une figure d'enterrement°? Ça n'est pas d'aujourd'hui que je le remarque!

Le docteur répondit:

— C'est que je sens terriblement le poids° de la vie.

Le bonhomme n'y comprit rien et, d'un air désolé:

— Vraiment c'est trop fort. Depuis que nous avons eu le bonheur de cet héritage, tout le monde semble malheureux. C'est comme s'il nous était arrivé un accident, comme si nous pleurions quelqu'un!

— Je pleure quelqu'un en effet, dit Pierre.

— Toi? Qui donc?

— Oh! quelqu'un que tu n'as pas connu, et que j'aimais trop.

Roland s'imagina qu'il s'agissait d'une amourette, d'une personne légère courtisée par son fils, et il demanda:

— Une femme, sans doute?

— Oui, une femme.

— Morte?

— Non, c'est pis, perdue.

— Ah!

Bien qu'il s'étonnât de cette confidence imprévue, faite devant sa femme, et du ton bizarre de son fils, le vieux n'insista point, car il estimait que ces choses-là ne regardent pas les tiers.°

Mme Roland semblait n'avoir point entendu; elle paraissait malade, étant très pâle. Plusieurs fois déjà son mari, surpris de la voir s'asseoir comme si elle tombait sur son siège, de l'entendre souffler comme si elle ne pouvait plus respirer, lui avait dit:

— Vraiment, Louise, tu as mauvaise mine, tu te fatigues trop sans doute à installer Jean! Repose-toi un peu, sacristi! Il n'est pas pressé, le gaillard,° puisqu'il est riche.

---

survint: arriva (survenir)
d'enterrement: *ici*, morne, triste
poids: pesanteur, soucis

les tiers: *ici*, les autres, la troisième personne
gaillard: (familier) personne d'une conduite libre

Elle remuait la tête sans répondre.

Sa pâleur, ce jour-là, devint si grande que Roland, de nouveau, la remarqua.

— Allons, dit-il, ça ne va pas du tout, ma pauvre vieille, il faut te soigner.

Puis se tournant vers son fils:

— Tu le vois bien, toi, qu'elle est souffrante, ta mère. L'as-tu examinée, au moins?

Pierre répondit:

— Non, je ne m'étais pas aperçu qu'elle eût quelque chose.

Alors Roland se fâcha:

— Mais ça crève les yeux,° nom d'un chien! À quoi ça te sert-il d'être docteur alors, si tu ne t'aperçois même pas que ta mère est indisposée? Mais regarde-la, tiens, regarde-la. Non, vrai, on pourrait crever, ce médecin-là ne s'en douterait pas°!

Mme Roland s'était mise à haleter, si blême° que son mari s'écria:

— Mais elle va se trouver mal.

— Non... non... ce n'est rien... ça va passer... ce n'est rien.

Pierre s'était approché, et la regardant fixement:

— Voyons, qu'est-ce que tu as? dit-il.

Elle répétait, d'une voix basse, précipitée°:

— Mais rien... rien... je t'assure... rien.

Roland était parti chercher du vinaigre; il rentra, et tendant la bouteille à son fils:

— Tiens... mais soulage-la° donc, toi. As-tu tâté° son cœur, au moins?

Comme Pierre se penchait pour prendre son pouls, elle retira sa main d'un mouvement si brusque qu'elle heurta une chaise voisine.

— Allons, dit-il d'une voix froide, laisse-toi soigner puisque tu es malade.

Alors elle souleva et lui tendit son bras. Elle avait la peau brûlante, les battements du sang tumultueux et saccadés.° Il murmura:

crève les yeux: (familier) est trop évident	**blême:** pâle
crever: (familier) mourir	**précipitée:** *ici*, rapide
ne s'en douterait pas: ne suspecterait rien	**soulage-la:** allège ses souffrances
	tâté: vérifié, contrôlé
	saccadés: irréguliers, brusques

— En effet, c'est assez sérieux. Il faudra prendre des calmants. Je vais te faire une ordonnance.°

Et comme il écrivait, courbé sur son papier, un bruit léger de soupirs pressés,° de suffocation, de souffles courts et retenus, le fit se retourner soudain.

Elle pleurait, les deux mains sur la face.

Roland, éperdu,° demandait:

— Louise, Louise, qu'est-ce que tu as? mais qu'est-ce que tu as donc?

Elle ne répondait pas et semblait déchirée par un chagrin horrible et profond.

Son mari voulut prendre ses mains et les ôter de son visage. Elle résista, répétant:

— Non, non, non.

Il se tourna vers son fils.

— Mais qu'est-ce qu'elle a? Je ne l'ai jamais vue ainsi.

— Ce n'est rien, dit Pierre, une petite crise de nerfs.

Et il lui semblait que son cœur à lui se soulageait à la voir ainsi torturée, que cette douleur allégeait° son ressentiment, diminuait la dette d'opprobre° de sa mère. Il la contemplait comme un juge satisfait de sa besogne.

Mais soudain elle se leva, se jeta vers la porte, d'un élan si brusque qu'on ne put ni le prévoir ni l'arrêter; et elle courut s'enfermer dans sa chambre.

Roland et le docteur demeurèrent face à face.

— Est-ce que tu y comprends quelque chose? dit l'un.

— Oui, répondit l'autre, cela vient d'un simple petit malaise nerveux qui se déclare souvent à l'âge de maman. Il est probable qu'elle aura encore beaucoup de crises comme celle-là.

Elle en eut d'autres en effet, presque chaque jour, et que Pierre semblait provoquer d'une parole, comme s'il avait eu le secret de son mal étrange et inconnu. Il guettait° sur sa figure les intermittences de repos, et, avec des ruses de tortionnaire,° réveillait par un seul mot la douleur un instant calmée.

---

ordonnance: prescription médicale
pressés: courts, hâtifs
éperdu: affolé, secoué
allégeait: adoucissait

opprobre: ignominie, honte
guettait: épiait, surveillait
tortionnaire: celui qui applique la torture

Et il souffrait autant qu'elle, lui! Il souffrait affreusement de ne plus l'aimer, de ne plus la respecter et de la torturer. Quand il avait bien avivé° la plaie° saignante, ouverte par lui dans ce cœur de femme et de mère, quand il sentait combien elle était misérable et désespérée, il s'en allait seul, par la ville, si tenaillé° par les remords, si meurtri par la pitié, si désolé de l'avoir ainsi broyée° sous son mépris de fils, qu'il avait envie de se jeter à la mer, de se noyer pour en finir.

Oh! comme il aurait voulu pardonner, maintenant! mais il ne le pouvait point, étant incapable d'oublier. Si seulement il avait pu ne pas la faire souffrir; mais il ne le pouvait pas non plus, souffrant toujours lui-même. Il rentrait aux heures des repas, plein de résolutions attendries, puis dès qu'il l'apercevait, dès qu'il voyait son œil, autrefois si droit et si franc, et fuyant à présent, craintif, éperdu, il frappait malgré lui, ne pouvant garder° la phrase perfide qui lui montait aux lèvres.

L'infâme secret, connu d'eux seuls, l'aiguillonnait contre elle. C'était un venin° qu'il portait à présent dans les veines et qui lui donnait des envies de mordre à la façon d'un chien enragé.°

Rien ne le gênait plus pour la déchirer sans cesse, car Jean habitait maintenant presque tout à fait son nouvel appartement, et il revenait seulement pour dîner et pour coucher, chaque soir, dans sa famille.

Il[75] s'apercevait souvent des amertumes et des violences de son frère, qu'il attribuait à la jalousie. Il se promettait bien de le remettre à sa place, et de lui donner une leçon un jour ou l'autre, car la vie de famille devenait fort pénible à la suite de ces scènes continuelles. Mais comme il vivait à part maintenant, il souffrait moins de ces brutalités; et son amour de la tranquillité le poussait à la patience. La fortune, d'ailleurs, l'avait grisé, et sa pensée ne s'arrêtait plus guère qu'aux choses ayant pour lui un intérêt direct. Il arrivait, l'esprit plein de petits soucis nouveaux, préoccupé de la coupe d'une jaquette, de la forme d'un chapeau de feutre,° de la grandeur convenable pour

---

avivé: réanimé
plaie: blessure ouverte, affliction
tenaillé: tourmenté, torturé
broyée: écrasée
garder: *ici*, empêcher
venin: poison

enragé: *ici*, souffrant de la rage, grave maladie virulente des animaux
feutre: étoffe de laine comprimée, dont on fait des chapeaux

---

75 *Il...* C'est-à-dire, Jean.

des cartes de visite. Et il parlait avec persistance de tous les détails de sa maison, de planches posées dans le placard de sa chambre pour serrer le linge, de portemanteaux installés dans le vestibule, de sonneries électriques disposées pour prévenir toute pénétration clandestine dans le logis.

Il avait été décidé qu'à l'occasion de son installation, on ferait une partie de campagne à Saint-Jouin, et qu'on reviendrait prendre le thé, chez lui, après dîner. Roland voulait aller par mer, mais la distance et l'incertitude où l'on était d'arriver par cette voie, si le vent contraire soufflait, firent repousser son avis, et un break° fut loué pour cette excursion.

On partit vers dix heures afin d'arriver pour le déjeuner. La grand-route poudreuse se déployait° à travers la campagne normande que les ondulations des plaines et les fermes entourées d'arbres font ressembler à un parc sans fin. Dans la voiture emportée au trot lent de deux gros chevaux, la famille Roland, Mme Rosémilly et le capitaine Beausire, se taisaient, assourdis par le bruit des roues, et fermaient les yeux dans un nuage de poussière.

C'était l'époque des récoltes mûres.° À côté des trèfles° d'un vert sombre, et des betteraves d'un vert cru,° les blés jaunes éclairaient la campagne d'une lueur dorée et blonde. Ils semblaient avoir bu la lumière du soleil tombée sur eux. On commençait à moissonner° par places, et dans les champs attaqués par les faux° on voyait les hommes se balancer en promenant au ras du sol° leur grande lame° en forme d'aile.

Après deux heures de marche, le break prit un chemin à gauche, passa près d'un moulin à vent qui tournait, mélancolique épave° grise, à moitié pourrie° et condamnée,° dernier survivant des vieux moulins, puis il entra dans une jolie cour et s'arrêta devant une maison coquette, auberge célèbre dans le pays.

---

break: voiture à chevaux, ouverte et à deux sièges
se déployait: s'ouvrait
récoltes mûres: plantes cultivées prêtes à être cueillies
trèfles: plante fourragère dont chaque feuille a trois folioles
cru: *ici*, brillant, choquant
moissonner: cueillir, récolter

faux: outil de ferme tranchant pour couper l'herbe, le blé
au ras du sol: au niveau de la terre
lame: côté tranchant ou effilé d'un couteau
épave: débris (image maritime)
pourrie: *ici*, décomposée
condamnée: *ici*, qu'on n'utilise plus, qui va être rasée

La patronne, qu'on appelle la belle Alphonsine,[76] s'en vint, souriante, sur sa porte, et tendit la main aux deux dames qui hésitaient devant le marchepied° trop haut.

Sous une tente, au bord de l'herbage° ombragé de pommiers,° des étrangers déjeunaient déjà, des Parisiens venus d'Étretat; et on entendait dans l'intérieur de la maison des voix, des rires et des bruits de vaisselle.

On dut manger dans une chambre, toutes les salles étant pleines. Soudain Roland aperçut contre la muraille des filets° à salicoques.°

— Ah! ah! cria-t-il, on pêche du bouquet° ici?

— Oui, répondit Beausire, c'est même l'endroit où on en prend le plus de toute la côte.

— Bigre! si nous y allions après déjeuner?

Il se trouvait justement que la marée était basse à trois heures; et on décida que tout le monde passerait l'après-midi dans les rochers, à chercher des salicoques.

On mangea peu, pour éviter l'afflux de sang à la tête[77] quand on aurait les pieds dans l'eau. On voulait d'ailleurs se réserver pour le dîner, qui fut commandé magnifique et qui devait être prêt dès six heures, quand on rentrerait.

Roland ne se tenait pas d'impatience. Il voulait acheter les engins° spéciaux employés pour cette pêche, et qui ressemblent beaucoup à ceux dont on se sert pour attraper des papillons dans les prairies.

On les nomme lanets. Ce sont de petites poches en filet attachées sur un cercle de bois, au bout d'un long bâton. Alphonsine, souriant toujours, les lui prêta. Puis elle aida les deux femmes à faire une toilette improvisée pour ne point mouiller leurs robes. Elle offrit des

---

marchepied: marche pour monter en voiture
l'herbage: le feuillage
pommiers: arbres à pommes
filets: tissus à trous, pour pêcher

salicoques: grandes crevettes (crustacés)
bouquet: *ici*, grosse crevette rose
engins: (familier) outils, appareils

---

76 *qu'on appelle la belle Alphonsine. Voir* la note 55. L'Auberge de Paris à Saint-Jouin était tenue par Ernestine Aubourg, dite « la belle Ernestine ». En 1882 Maupassant lui avait consacré une de ses chroniques du périodique *Gil Blas* (L. Forestier).

77 *pour éviter l'afflux de sang à la tête.* Cette remarque reflète une croyance médicale populaire de l'époque à laquelle tout le monde ajoutait foi.

jupes, de gros bas° de laine et des espadrilles.° Les hommes ôtèrent
leurs chaussettes et achetèrent chez le cordonnier° du lieu des savates°
et des sabots.°

Puis on se mit en route, le lanet sur l'épaule et la hotte° sur
le dos. Mme Rosémilly, dans ce costume, était tout à fait gentille,
d'une gentillesse imprévue,° paysanne° et hardie.

La jupe prêtée par Alphonsine, coquettement relevée et fermée
par un point de couture° afin de pouvoir courir et sauter sans peur
dans les roches, montrait la cheville° et le bas du mollet,° un ferme
mollet de petite femme souple et forte. La taille était libre pour laisser
aux mouvements leur aisance; et elle avait trouvé, pour se couvrir la
tête, un immense chapeau de jardinier, en paille jaune, aux bords
démesurés, à qui une branche de tamaris,° tenant un côté retroussé,°
donnait un air mousquetaire[78] et crâne.

Jean, depuis son héritage, se demandait tous les jours s'il
l'épouserait ou non. Chaque fois qu'il la revoyait, il se sentait décidé
à en faire sa femme, puis, dès qu'il se trouvait seul, il songeait qu'en
attendant on a le temps de réfléchir. Elle était moins riche que lui
maintenant, car elle ne possédait qu'une douzaine de mille francs
de revenu, mais en biens-fonds,° en fermes et en terrains dans Le
Havre, sur les bassins; et cela, plus tard, pouvait valoir une grosse
somme. La fortune était donc à peu près équivalente, et la jeune
veuve assurément lui plaisait beaucoup.

---

bas: *ici*, vêtements de la jambe
espadrilles: chaussures de toile et
   de corde
cordonnier: marchand de
   chaussures
savates: chaussures sans lacets
sabots: chaussures de bois (comme
   celles de Hollande)
hotte: panier à poissons porté sur
   le dos
imprévue: inattendue
paysanne: *ici*, ressemblant à une

paysanne
point de couture: fermeture faite
   avec un fil et une aiguille
cheville: articulation entre le pied
   et la jambe
bas du mollet: partie inférieure du
   derrière de la jambe
tamaris: arbrisseau ornemental à
   fleurs
retroussé: relevé
biens-fonds: propriété consistant
   en maisons et terres

---

78 *un air mousquetaire.* Les personnages des *Trois Mousquetaires* (1844)
d'Alexandre Dumas père étaient déjà des icônes du roman historique.
Mousquetaires au service de Louis XIII, qui a régné de 1610 à 1643,
les quatre héros portaient des chapeaux d'époque distinctifs.

En la regardant marcher devant lui ce jour-là, il pensait: « Allons, il faut que je me décide. Certes, je ne trouverai pas mieux. »

Ils suivirent un petit vallon en pente, descendant du village vers la falaise; et la falaise, au bout de ce vallon, dominait la mer de quatre-vingts mètres. Dans l'encadrement des côtes° vertes, s'abaissant à droite et à gauche, un grand triangle d'eau, d'un bleu d'argent sous le soleil, apparaissait au loin, et une voile, à peine visible, avait l'air d'un insecte là-bas. Le ciel plein de lumière se mêlait tellement à l'eau qu'on ne distinguait point du tout où finissait l'un et où commençait l'autre; et les deux femmes, qui précédaient les trois hommes, dessinaient sur cet horizon clair leurs tailles serrées dans leurs corsages.°

Jean, l'œil allumé, regardait fuir devant lui la cheville mince, la jambe fine, la hanche souple et le grand chapeau provocant de Mme Rosémilly. Et cette fuite activait son désir, le poussait aux résolutions décisives que prennent brusquement les hésitants et les timides. L'air tiède, où se mêlait à l'odeur des côtes, des ajoncs,° des trèfles et des herbes, la senteur marine des roches découvertes, l'animait encore en le grisant doucement, et il se décidait un peu plus à chaque pas, à chaque seconde, à chaque regard jeté sur la silhouette alerte de la jeune femme; il se décidait à ne plus hésiter, à lui dire qu'il l'aimait et qu'il désirait l'épouser. La pêche lui servirait, facilitant leur tête-à-tête; et ce serait en outre un joli cadre, un joli endroit pour parler d'amour, les pieds dans un bassin d'eau limpide, en regardant fuir sous les varechs° les longues barbes des crevettes.

Quand ils arrivèrent au bout du vallon, au bord de l'abîme,° ils aperçurent un petit sentier° qui descendait le long de la falaise, et sous eux, entre la mer et le pied de la montagne, à mi-côte à peu près, un surprenant chaos de rochers énormes, écroulés,° renversés, entassés les uns sur les autres dans une espèce de plaine herbeuse et mouvementée qui courait à perte de vue vers le sud, formée par les éboulements° anciens. Sur cette longue bande de broussailles° et de gazon secouée, eût-on dit, par des sursauts de volcan, les rocs

côtes: *ici*, pentes d'une colline	**abîme:** gouffre profond, ravin
corsages: parties du vêtement féminin couvrant la poitrine	**sentier:** chemin étroit
	écroulés: tombés
ajoncs: plantes épineuses	**éboulements:** chute de rochers
varechs: algues marines	**broussailles:** végétation touffue

tombés semblaient les ruines d'une grande cité disparue qui regardait autrefois l'Océan, dominée elle-même par la muraille blanche et sans fin de la falaise.

— Ça, c'est beau, dit en s'arrêtant Mme Rosémilly.

Jean l'avait rejointe, et, le cœur ému, lui offrait la main pour descendre l'étroit escalier taillé° dans la roche.

Ils partirent en avant, tandis que Beausire, se raidissant° sur ses courtes jambes, tendait son bras replié° à Mme Roland étourdie° par le vide.

Roland et Pierre venaient les derniers, et le docteur dut traîner son père, tellement troublé par le vertige, qu'il se laissait glisser, de marche en marche, sur son derrière.

Les jeunes gens, qui dévalaient° en tête, allaient vite, et soudain ils aperçurent à côté d'un banc de bois qui marquait un repos vers le milieu de la valeuse,° un filet° d'eau claire jaillissant d'un petit trou de la falaise. Il se répandait d'abord en un bassin grand comme une cuvette° qu'il s'était creusé° lui-même, puis tombant en cascade haute de deux pieds à peine, il s'enfuyait à travers le sentier, où avait poussé un tapis de cresson,° puis disparaissait dans les ronces et les herbes, à travers la plaine soulevée où s'entassaient les éboulements.

— Oh! que j'ai soif, s'écria Mme Rosémilly.

Mais comment boire? Elle essayait de recueillir dans le fond de sa main l'eau qui lui fuyait à travers les doigts. Jean eut une idée, mit une pierre dans le chemin; et elle s'agenouilla dessus afin de puiser° à la source même avec ses lèvres qui se trouvaient ainsi à la même hauteur.

Quand elle releva sa tête, couverte de gouttelettes brillantes semées° par milliers sur la peau, sur les cheveux, sur les cils,° sur le corsage, Jean penché vers elle murmura:

— Comme vous êtes jolie!

taillé: découpé	**cuvette:** espèce de lavabo
se raidissant: tenant ferme	**creusé:** fait un trou
replié: *ici,* courbé	**cresson:** plante délicate comestible
étourdie: *ici,* prise de vertige	qui pousse dans l'eau
dévalaient: descendaient	**puiser:** prendre du liquide
valeuse: vallée étroite ouvrant sur	**semées:** *ici,* lancées, dispersées
la mer	**cils:** poils des paupières
filet: *ici,* écoulement fin d'eau	

Elle répondit, sur le ton qu'on prend pour gronder° un enfant:

— Voulez-vous bien vous taire?

C'étaient les premières paroles un peu galantes qu'ils échangeaient.

— Allons, dit Jean fort troublé, sauvons-nous avant qu'on nous rejoigne.

Il apercevait, en effet, tout près d'eux maintenant, le dos du capitaine Beausire qui descendait à reculons° afin de soutenir par les deux mains Mme Roland, et, plus haut, plus loin, Roland se laissait toujours glisser, calé° sur son fond de culotte° en se traînant sur les pieds et sur les coudes avec une allure de tortue,° tandis que Pierre le précédait en surveillant ses mouvements.

---

gronder: *ici*, réprimander
à reculons: en allant en arrière
calé: *ici*, immobilisé, fixé

culotte: pantalon
tortue: reptile très lent à carapace

Le sentier moins escarpé° devenait une sorte de chemin en pente contournant les blocs énormes tombés autrefois de la montagne. Mme Rosémilly et Jean se mirent à courir et furent bientôt sur le galet.° Ils le traversèrent pour gagner les roches. Elles s'étendaient en une longue et plate surface couverte d'herbes marines et où brillaient d'innombrables flaques° d'eau. La mer basse était là-bas, très loin, derrière cette plaine gluante de varechs, d'un vert luisant et noir.

Jean releva son pantalon jusqu'au-dessus du mollet et ses manches jusqu'au coude, afin de se mouiller sans crainte, puis il dit: « En avant! » et sauta avec résolution dans la première mare° rencontrée.

Plus prudente, bien que décidée aussi à entrer dans l'eau tout à l'heure, la jeune femme tournait autour de l'étroit bassin, à pas craintifs, car elle glissait sur les plantes visqueuses.

— Voyez-vous quelque chose? disait-elle.

— Oui, je vois votre visage qui se reflète dans l'eau.

— Si vous ne voyez que cela, vous n'aurez pas une fameuse° pêche.

Il murmura d'une voix tendre:

— Oh! de toutes les pêches c'est encore celle que je préférerais faire.

Elle riait:

— Essayez donc, vous allez voir comme il passera à travers votre filet.

— Pourtant... si vous vouliez?

— Je veux vous voir prendre des salicoques... et rien de plus... pour le moment.

— Vous êtes méchante. Allons plus loin, il n'y a rien ici.

Et il lui offrit la main pour marcher sur les rochers gras.° Elle s'appuyait un peu craintive, et lui, tout à coup, se sentait envahi par l'amour, soulevé de désirs, affamé° d'elle, comme si le mal° qui germait en lui avait attendu ce jour-là pour éclore.°

---

escarpé: très en pente
galet: *ici*, ensemble de rochers, éboulement
flaques: petites nappes d'eau stagnante
mare: grande nappe d'eau

stagnante
fameuse: *ici*, très bonne
gras: *ici*, glissants
affamé: ayant très faim
mal: *ici*, maladie
éclore: fleurir, s'ouvrir

Ils arrivèrent bientôt auprès d'une crevasse plus profonde, où flottaient sous l'eau frémissante et coulant vers la mer lointaine par une fissure invisible, des herbes longues, fines, bizarrement colorées, des chevelures° roses et vertes, qui semblaient nager.

Mme Rosémilly s'écria:

— Tenez, tenez, j'en vois une, une grosse, une très grosse là-bas!

Il l'aperçut à son tour, et descendit dans le trou résolument, bien qu'il se mouillât jusqu'à la ceinture.

Mais la bête remuant ses longues moustaches reculait doucement devant le filet. Jean la poussait vers les varechs, sûr de l'y prendre. Quand elle se sentit bloquée, elle glissa d'un brusque élan par-dessus le lanet, traversa la mare et disparut.

La jeune femme qui regardait, toute palpitante, cette chasse, ne put retenir ce cri:

— Oh! maladroit.

Il fut vexé, et d'un mouvement irréfléchi traîna son filet dans un fond plein d'herbes. En le ramenant à la surface de l'eau, il vit dedans trois grosses salicoques transparentes, cueillies à l'aveuglette° dans leur cachette invisible.

chevelures: ensembles de cheveux   **à l'aveuglette:** sans y voir, au hasard

Il les présenta, triomphant, à Mme Rosémilly qui n'osait point les prendre, par peur de la pointe aiguë et dentelée dont leur tête fine est armée.

Elle s'y décida pourtant, et pinçant entre deux doigts le bout effilé° de leur barbe, elle les mit, l'une après l'autre, dans sa hotte, avec un peu de varech qui les conserverait vivantes. Puis ayant trouvé une flaque d'eau moins creuse, elle y entra, à pas hésitants, un peu suffoquée par le froid qui lui saisissait les pieds, et elle se mit à pêcher elle-même. Elle était adroite et rusée, ayant la main souple et le flair de chasseur qu'il fallait. Presque à chaque coup, elle ramenait des bêtes trompées et surprises par la lenteur ingénieuse de sa poursuite.

Jean maintenant ne trouvait rien, mais il la suivait pas à pas, la frôlait, se penchait sur elle, simulait un grand désespoir de sa maladresse,° voulait apprendre.

— Oh! montrez-moi, disait-il, montrez-moi!

Puis, comme leurs deux visages se reflétaient, l'un contre l'autre, dans l'eau si claire dont les plantes noires du fond faisaient une glace° limpide, Jean souriait à cette tête voisine qui le regardait d'en bas, et parfois, du bout des doigts, lui jetait un baiser qui semblait tomber dessus.

— Ah! que vous êtes ennuyeux, disait la jeune femme; mon cher, il ne faut jamais faire deux choses à la fois.

Il répondit:

— Je n'en fais qu'une. Je vous aime.

Elle se redressa, et d'un ton sérieux:

— Voyons, qu'est-ce qui vous prend depuis dix minutes, avez-vous perdu la tête?

— Non, je n'ai pas perdu la tête. Je vous aime, et j'ose, enfin, vous le dire.

Ils étaient debout maintenant dans la mare salée qui les mouillait jusqu'aux mollets, et les mains ruisselantes° appuyées sur leurs filets, ils se regardaient au fond des yeux.

Elle reprit, d'un ton plaisant et contrarié:

— Que vous êtes malavisé° de me parler de ça en ce moment. Ne pouviez-vous attendre un autre jour et ne pas me gâter ma pêche?

---

effilé: tranchant   **ruisselantes:** mouillées, trempées
maladresse: *ici*, manque d'agilité   **malavisé:** imprudent
glace: *ici*, miroir

Il murmura:

— Pardon, mais je ne pouvais plus me taire. Je vous aime depuis longtemps. Aujourd'hui vous m'avez grisé à me faire perdre la raison.

Alors, tout à coup, elle sembla en prendre son parti,° se résigner à parler d'affaires[79] et à renoncer aux plaisirs.

— Asseyons-nous sur ce rocher, dit-elle, nous pourrons causer tranquillement.

Ils grimpèrent sur le roc un peu haut, et lorsqu'ils y furent installés côte à côte, les pieds pendants,° en plein soleil, elle reprit:

— Mon cher ami, vous n'êtes plus un enfant et je ne suis pas une jeune fille. Nous savons fort bien l'un et l'autre de quoi il s'agit, et nous pouvons peser toutes les conséquences de nos actes. Si vous vous décidez aujourd'hui à me déclarer votre amour, je suppose naturellement que vous désirez m'épouser.

Il ne s'attendait guère à cet exposé net de la situation, et il répondit niaisement:

— Mais oui.

— En avez-vous parlé à votre père et à votre mère?

— Non, je voulais savoir si vous m'accepteriez.

Elle lui tendit sa main encore mouillée, et comme il y mettait la sienne avec élan:

— Moi, je veux bien, dit-elle. Je vous crois bon et loyal. Mais n'oubliez point, que je ne voudrais pas déplaire à vos parents.

— Oh! pensez-vous que ma mère n'a rien prévu et qu'elle vous aimerait comme elle vous aime si elle ne désirait pas un mariage entre nous?

— C'est vrai, je suis un peu troublée.

Ils se turent. Et il s'étonnait, lui, au contraire, qu'elle fût si peu troublée, si raisonnable. Il s'attendait à des gentillesses galantes, à des refus qui disent oui, à toute une coquette comédie d'amour mêlée à la pêche, dans le clapotement° de l'eau! Et c'était fini, il se sentait lié, marié, en vingt paroles. Ils n'avaient plus rien à se dire puisqu'ils

---

en prendre son parti: se décider   **clapotement:** agitation des vagues
pendants: suspendus

---

79 *se résigner à parler d'affaires.* L'esprit foncièrement pratique et positif de Mme Rosémilly nous a déjà été décrit.

étaient d'accord, et ils demeuraient maintenant un peu embarrassés tous deux de ce qui s'était passé, si vite, entre eux, un peu confus même, n'osant plus parler, n'osant plus pêcher, ne sachant que faire.

La voix de Roland les sauva:

— Par ici, par ici, les enfants. Venez voir Beausire. Il vide la mer, ce gaillard-là.

Le capitaine, en effet, faisait une pêche merveilleuse. Mouillé jusqu'aux reins, il allait de mare en mare, reconnaissant d'un seul coup d'œil les meilleures places, et fouillant, d'un mouvement lent et sûr de son lanet, toutes les cavités cachées sous les varechs.

Et les belles salicoques transparentes, d'un blond gris, frétillaient° au fond de sa main quand il les prenait d'un geste sec pour les jeter dans sa hotte.

Mme Rosémilly surprise, ravie, ne le quitta plus, l'imitant de son mieux, oubliant presque sa promesse et Jean qui suivait, rêveur, pour se donner tout entière à cette joie enfantine de ramasser des bêtes sous les herbes flottantes.

Roland s'écria tout à coup:

— Tiens, Mme Roland qui nous rejoint.

Elle était restée d'abord seule avec Pierre sur la plage, car ils n'avaient envie ni l'un ni l'autre de s'amuser à courir dans les roches et à barboter° dans les flaques; et pourtant ils hésitaient à demeurer ensemble. Elle avait peur de lui, et son fils avait peur d'elle et de lui-même, peur de sa cruauté qu'il ne maîtrisait point.

Ils s'assirent donc, l'un près de l'autre, sur le galet.

Et tous deux, sous la chaleur du soleil calmée par l'air marin, devant le vaste et doux horizon d'eau bleue moirée° d'argent, pensaient en même temps: « Comme il aurait fait bon ici, autrefois. »

Elle n'osait point parler à Pierre, sachant bien qu'il répondrait une dureté; et il n'osait pas parler à sa mère sachant aussi que, malgré lui, il le ferait avec violence.

Du bout de sa canne il tourmentait les galets ronds, les remuait et les battait. Elle, les yeux vagues, avait pris entre ses doigts trois ou quatre petits cailloux qu'elle faisait passer d'une main dans l'autre, d'un geste lent et machinal. Puis son regard indécis, qui errait devant

---

frétillaient: s'agitaient   **moirée:** dont les reflets changent
barboter: marcher dans l'eau   selon l'éclairage

elle, aperçut, au milieu des varechs, son fils Jean qui pêchait avec Mme Rosémilly. Alors elle les suivit, épiant leurs mouvements, comprenant confusément, avec son instinct de mère, qu'ils ne causaient point comme tous les jours. Elle les vit se pencher côte à côte quand ils se regardaient dans l'eau, demeurer debout face à face quand ils interrogeaient leurs cœurs, puis grimper et, s'asseoir sur le rocher pour s'engager l'un envers l'autre.

Leurs silhouettes se détachaient bien nettes, semblaient seules au milieu de l'horizon, prenaient dans ce large espace de ciel, de mer, de falaises, quelque chose de grand et de symbolique.

Pierre aussi les regardait, et un rire sec sortit brusquement de ses lèvres.

Sans se tourner vers lui, Mme Roland lui dit:

— Qu'est-ce que tu as donc?

Il ricanait toujours:

— Je m'instruis. J'apprends comment on se prépare à être cocu.°

Elle eut un sursaut de colère, de révolte, choquée du mot, exaspérée de ce qu'elle croyait comprendre.

— Pour qui dis-tu ça?

— Pour Jean, parbleu! C'est très comique de les voir ainsi!

Elle murmura, d'une voix basse, tremblante d'émotion:

— Oh! Pierre, que tu es cruel! Cette femme est la droiture même. Ton frère ne pourrait trouver mieux.

Il se mit à rire tout à fait, d'un rive voulu et saccadé:

— Ah! ah! ah! La droiture même! Toutes les femmes sont la droiture même... et tous leurs maris sont cocus. Ah! ah! ah!

Sans répondre elle se leva, descendit vivement la pente de galets, et, au risque de glisser, de tomber dans les trous cachés sous les herbes, de se casser la jambe ou le bras, elle s'en alla, courant presque, marchant à travers les mares, sans voir, tout droit devant elle, vers son autre fils.

En la voyant approcher, Jean lui cria:

— Eh bien? maman, tu te décides?

Sans répondre elle lui saisit le bras comme pour lui dire: « Sauve-moi, défends-moi. »

---

cocu: mari trompé

Il vit son trouble et, très surpris:

— Comme tu es pâle! Qu'est-ce que tu as?

Elle balbutia:

— J'ai failli tomber, j'ai eu peur sur ces roches.

Alors Jean la guida, la soutint, lui expliquant la pêche pour qu'elle y prît intérêt. Mais comme elle ne l'écoutait guère, et comme il éprouvait un besoin violent de se confier à quelqu'un, il l'entraîna plus loin et, à voix basse:

— Devine ce que j'ai fait?

— Mais... mais... je ne sais pas.

— Devine.

— Je ne... je ne sais pas.

— Eh bien, j'ai dit à Mme Rosémilly que je désirais l'épouser.

Elle ne répondit rien, ayant la tête bourdonnante,° l'esprit en détresse au point de ne plus comprendre qu'à peine. Elle répéta:

— L'épouser.

— Oui, ai-je bien fait? Elle est charmante, n'est-ce pas?

— Oui... charmante... tu as bien fait.

— Alors tu m'approuves?

— Oui... je t'approuve.

— Comme tu dis ça drôlement. On croirait que... que... tu n'es pas contente.

— Mais oui... je suis... contente.

— Bien vrai?

— Bien vrai.

Et pour le lui prouver, elle le saisit à pleins bras et l'embrassa à plein visage, par grands baisers de mère.

Puis, quand elle se fut essuyé les yeux, où des larmes étaient venues, elle aperçut là-bas sur la plage un corps étendu sur le ventre, comme un cadavre, la figure dans le galet: c'était l'autre, Pierre, qui songeait, désespéré.

Alors elle emmena son petit Jean plus loin encore, tout près du flot, et ils parlèrent longtemps de ce mariage où se rattachait son cœur.

La mer montant les chassa vers les pêcheurs qu'ils rejoignirent, puis tout le monde regagna la côte. On réveilla Pierre qui feignait de dormir; et le dîner fut très long, arrosé° de beaucoup de vins.

---

bourdonnante: pleine de   **arrosé:** irrigué
murmures sourds

VII

Dans le break, en revenant, tous les hommes, hormis° Jean, sommeillèrent. Beausire et Roland s'abattaient, toutes les cinq minutes, sur une épaule voisine qui les repoussait d'une secousse. Ils se redressaient alors, cessaient de ronfler, ouvraient les yeux, murmuraient: « Bien beau temps, » et retombaient, presque aussitôt, de l'autre côté.

Lorsqu'on entra dans le Havre, leur engourdissement était si profond qu'ils eurent beaucoup de peine à le secouer, et Beausire refusa même de monter chez Jean où le thé les attendait. On dut le déposer devant sa porte.

Le jeune avocat, pour la première fois, allait coucher dans son logis nouveau; et une grande joie, un peu puérile,° l'avait saisi tout à coup de montrer, justement ce soir-là, à sa fiancée l'appartement qu'elle habiterait bientôt.

La bonne était partie, Mme Roland ayant déclaré qu'elle ferait chauffer l'eau et servirait elle-même, car elle n'aimait pas laisser veiller° les domestiques, par crainte du feu.[80]

Personne, autre qu'elle, son fils et les ouvriers, n'était encore entré, afin que la surprise fût complète quand on verrait combien c'était joli.

Dans le vestibule Jean pria qu'on attendît. Il voulait allumer les bougies et les lampes, et il laissa dans l'obscurité Mme Rosémilly, son père et son frère, puis il cria: « Arrivez! » en ouvrant toute grande la porte à deux battants.°

La galerie vitrée, éclairée par un lustre° et des verres° de couleur cachés dans les palmiers, les caoutchoucs° et les fleurs, apparaissait d'abord pareille à un décor de théâtre. Il y eut une seconde d'étonnement. Roland, émerveillé de ce luxe, murmura: « Nom d'un chien, » saisi par l'envie de battre des mains comme devant les apothéoses.°

°**hormis:** à l'exception de	**verres:** *ici*, petites lampes
puérile: enfantin	**caoutchoucs:** plantes
veiller: *ici*, travailler le soir	d'appartement, de la famille
à deux battants: qui ouvre des	des arbres à caoutchouc cultivés
deux côtés	**apothéoses:** grandes finales (au
lustre: lampe pendante au plafond	théâtre)

---

80 *par crainte du feu.* Mme Roland s'occupe avec énergie des tâches ménagères, et surtout chez son fils Jean. Ici, elle craint que le feu de la cuisinière ne reste allumé le soir, par la négligence imaginée des domestiques.

Puis on pénétra dans le premier salon, petit, tendu avec une étoffe vieil or, pareille à celle des sièges. Le grand salon de consultation très simple, d'un rouge saumon pâle, avait grand air.

Jean s'assit dans le fauteuil devant son bureau chargé de livres, et d'une voix grave, un peu forcée:

— Oui, madame, les textes de loi sont formels et me donnent, avec l'assentiment° que je vous avais annoncé, l'absolue certitude qu'avant trois mois l'affaire dont nous nous sommes entretenus recevra une heureuse solution.

Il regardait Mme Rosémilly qui se mit à sourire en regardant Mme Roland; et Mme Roland, lui prenant la main, la serra.

Jean, radieux, fit une gambade° de collégien et s'écria:

— Hein, comme la voix porte bien. Il serait excellent pour plaider, ce salon.

Il se mit à déclamer:

— Si l'humanité seule, si ce sentiment de bienveillance naturelle que nous éprouvons pour toute souffrance devait être le mobile° de l'acquittement que nous sollicitons de vous, nous ferions appel à votre pitié, messieurs les jurés, à votre cœur de père et d'homme; mais nous avons pour nous le droit, et c'est la seule question du droit que nous allons soulever devant vous...

Pierre regardait ce logis qui aurait pu être le sien, et il s'irritait des gamineries° de son frère, le jugeant, décidément, trop niais et pauvre d'esprit.

Mme Roland ouvrit une porte à droite.

— Voici la chambre à coucher, dit-elle.

Elle avait mis à la parer tout son amour de mère. La tenture° était en cretonne° de Rouen qui imitait la vieille toile normande. Un dessin Louis XV[81] — une bergère° dans un médaillon que fermaient les becs unis de deux colombes° — donnait aux murs, aux rideaux, au lit, aux fauteuils un air galant et champêtre° tout à fait gentil.

assentiment: consentement	**cretonne:** tissu de coton
gambade: saut en l'air	**bergère:** *ici,* fille qui s'occupe des
mobile: cause qui fait agir	moutons
gamineries: jeux enfantins	**colombes:** pigeons blancs, symbole
tenture: tapisserie recouvrant les	de la paix
murs	**champêtre:** rural, rustique

81 *un dessin Louis XV.* Arrière-petit-fils de Louis XIV, né à Versailles en 1710. Roi de France (1715-1774), succédant à Louis XIV..

— Oh! c'est charmant, dit Mme Rosémilly, devenue un peu sérieuse, en entrant dans cette pièce.

— Cela vous plaît? demanda Jean.

— Énormément.

— Si vous saviez comme ça me fait plaisir.

Ils se regardèrent une seconde, avec beaucoup de tendresse confiante au fond des yeux.

Elle était gênée un peu cependant, un peu confuse dans cette chambre à coucher qui serait sa chambre nuptiale. Elle avait remarqué, en entrant, que la couche° était très large, une vraie couche de ménage, choisie par Mme Roland qui avait prévu sans doute et désiré le prochain mariage de son fils; et cette précaution de mère lui faisait plaisir cependant, semblait lui dire qu'on l'attendait dans la famille.

Puis quand on fut rentré dans le salon, Jean ouvrit brusquement la porte de gauche et on aperçut la salle à manger ronde, percée de trois fenêtres, et décorée en lanterne japonaise.[82] La mère et le fils avaient mis là toute la fantaisie dont ils étaient capables. Cette pièce à meubles de bambou, à magots,° à potiches,° à soieries pailletées° d'or, à stores° transparents où des perles de verre semblaient des gouttes d'eau, à éventails cloués° aux murs pour maintenir les étoffes, avec ses écrans, ses sabres, ses masques, ses grues° faites en plumes véritables, tous ses menus bibelots° de porcelaine, de bois, de papier, d'ivoire, de nacre° et de bronze, avait l'aspect prétentieux et maniéré que donnent les mains inhabiles° et les yeux ignorants aux choses

---

couche: *ici*, lit
en: *ici*, à la façon de
magots: figures amusantes de porcelaine
potiches: vases
pailletées: semées de particules d'or

stores: rideaux qui se lèvent et se baissent
cloués: rattachés
grues: gros oiseaux à longues jambes
bibelots: ornements sans valeur
nacre: intérieur d'une coquille
inhabiles: maladroites

---

82 *décoré en lanterne japonaise.* C'est que cette pièce, décorée tout autour d'images de personnages, d'animaux et de fleurs, ressemble elle-même à une lanterne japonaise. Les biographes de Maupassant ont constaté la ressemblance entre la décoration de la « galerie vitrée » de Jean et celle du cabinet de travail de Maupassant à son domicile parisien, rue Montchanin.

qui exigent le plus de tact, de goût et d'éducation artiste. Ce fut celle cependant qu'on admira le plus. Pierre seul fit des réserves avec une ironie un peu amère dont son frère se sentit blessé.

Sur la table, les fruits se dressaient en pyramides, et les gâteaux s'élevaient en monuments.

On n'avait guère faim; on suça les fruits et on grignota les pâtisseries plutôt qu'on ne les mangea. Puis, au bout d'une heure, Mme Rosémilly demanda la permission de se retirer.

Il fut décidé que le père Roland l'accompagnerait à sa porte et partirait immédiatement avec elle, tandis que Mme Roland, en l'absence de la bonne, jetterait son coup d'œil de mère sur le logis afin que son fils ne manquât de rien.

— Faut-il revenir te chercher? demanda Roland.

Elle hésita, puis répondit:

— Non, mon gros, couche-toi. Pierre me ramènera.

Dès qu'ils furent partis, elle souffla les bougies, serra les gâteaux, le sucre et les liqueurs dans un meuble dont la clef fut remise à Jean; puis elle passa dans la chambre à coucher, entrouvrit le lit, regarda si la carafe était remplie d'eau fraîche et la fenêtre bien fermée.

Pierre et Jean étaient demeurés dans le petit salon, celui-ci encore froissé de la critique faite sur son goût, et celui-là de plus en plus agacé de voir son frère dans ce logis.

Ils fumaient assis tous les deux, sans se parler. Pierre tout à coup se leva:

— Cristi! dit-il, la veuve avait l'air bien vanné° ce soir, les excursions ne lui réussissent pas.°

Jean se sentit soulevé soudain par une de ces promptes et furieuses colères de débonnaires blessés au cœur.

Le souffle lui manquait tant son émotion était vive, et il balbutia:

— Je te défends désormais de dire « la veuve » quand tu parleras de Mme Rosémilly.

Pierre se tourna vers lui, hautain:

— Je crois que tu me donnes des ordres. Deviens-tu fou, par hasard?

---

vanné: (familier) fatigué   **ne lui réussissent pas:** ne lui vont
                                        pas bien

Jean aussitôt s'était dressé:

— Je ne deviens pas fou, mais j'en ai assez de tes manières envers moi.

Pierre ricana:

— Envers toi? Est-ce que tu fais partie de Mme Rosémilly?

— Sache que Mme Rosémilly va devenir ma femme.

L'autre rit plus fort:

— Ah! ah! très bien. Je comprends maintenant pourquoi je ne devrai plus l'appeler « la veuve ». Mais tu as pris une drôle de manière pour m'annoncer ton mariage.

— Je te défends° de plaisanter... tu entends... je te le défends.

Jean s'était approché, pâle, la voix tremblante, exaspéré de cette ironie poursuivant la femme qu'il aimait et qu'il avait choisie.

Mais Pierre soudain devint aussi furieux. Tout ce qui s'amassait en lui de colères impuissantes, de rancunes écrasées, de révoltes domptées° depuis quelque temps et de désespoir silencieux, lui montant à la tête, l'étourdit comme un coup de sang.°

— Tu oses?... Tu oses?... Et moi je t'ordonne de te taire, tu entends, je te l'ordonne.

Jean, surpris de cette violence, se tut quelques secondes, cherchant, dans ce trouble d'esprit où nous jette la fureur, la chose, la phrase, le mot, qui pourrait blesser son frère jusqu'au cœur.

Il reprit, en s'efforçant de se maîtriser pour bien frapper, de ralentir sa parole pour la rendre plus aiguë:

— Voilà longtemps que je te sais jaloux de moi, depuis le jour où tu as commencé à dire « la veuve » parce que tu as compris que cela me faisait mal.

Pierre poussa un de ces rires stridents et méprisants qui lui étaient familiers:

— Ah! ah! mon Dieu! Jaloux de toi!... moi?... moi?... moi?... et de quoi?... de quoi, mon Dieu?... de ta figure ou de ton esprit?...

Mais Jean sentit bien qu'il avait touché la plaie de cette âme.

— Oui, tu es jaloux de moi, et jaloux depuis l'enfance; et tu es devenu furieux quand tu as vu que cette femme me préférait et qu'elle ne voulait pas de toi.

Je te défends: Je t'interdis   **coup de sang:** hémorragie cérébrale
domptées: maîtrisées, subjuguées

Pierre bégayait, exaspéré de cette supposition:

— Moi... moi... jaloux de toi? à cause de cette cruche,° de cette dinde, de cette oie° grasse?...

Jean qui voyait porter ses coups reprit:

— Et le jour où tu as essayé de ramer plus fort que moi, dans la *Perle*? Et tout ce que tu dis devant elle pour te faire valoir°? Mais tu crèves de jalousie! Et quand cette fortune m'est arrivée, tu es devenu enragé, et tu m'as détesté, et tu l'as montré de toutes les manières, et tu as fait souffrir tout le monde, et tu n'es pas une heure sans cracher la bile qui t'étouffe.

Pierre ferma ses poings de fureur avec une envie irrésistible de sauter sur son frère et de le prendre à la gorge:

— Ah! tais-toi, cette fois, ne parle point de cette fortune.

Jean s'écria:

— Mais la jalousie te suinte° de la peau. Tu ne dis pas un mot à mon père, à ma mère ou à moi, où elle n'éclate. Tu feins de me mépriser parce que tu es jaloux! tu cherches querelle à tout le monde parce que tu es jaloux. Et maintenant que je suis riche, tu ne te contiens plus, tu es devenu venimeux, tu tortures notre mère comme si c'était sa faute!...

Pierre avait reculé jusqu'à la cheminée, la bouche entrouverte, l'œil dilaté, en proie à une de ces folies de rage qui font commettre des crimes.

Il répéta d'une voix plus basse, mais haletante:

— Tais-toi, tais-toi donc!

— Non. Voilà longtemps que je voulais te dire ma pensée entière; tu m'en donnes l'occasion, tant pis pour toi. J'aime une femme! Tu le sais et tu la railles° devant moi, tu me pousses à bout; tant pis pour toi. Mais je casserai tes dents de vipère, moi! Je te forcerai à me respecter.

— Te respecter, toi?

— Oui, moi!

— Te respecter... toi... qui nous as tous déshonorés, par ta cupidité°!

---

cruche: (populaire) personne stupide **oie:** (populaire) sotte **te faire valoir:** vanter tes qualités	**suinte:** s'écoule **la railles:** te moques d'elle **cupidité:** avarice

— Tu dis? Répète... répète?...

— Je dis qu'on n'accepte pas la fortune d'un homme quand on passe pour le fils d'un autre.

Jean demeurait immobile, ne comprenant pas, effaré devant l'insinuation qu'il pressentait:

— Comment? Tu dis... répète encore?

— Je dis ce que tout le monde chuchote, ce que tout le monde colporte,° que tu es le fils de l'homme qui t'a laissé sa fortune. Eh bien! un garçon propre n'accepte pas l'argent qui déshonore sa mère.

— Pierre... Pierre... Pierre... y songes-tu?... Toi... c'est toi... toi... qui prononces cette infamie?

— Oui... moi... c'est moi. Tu ne vois donc point que j'en crève de chagrin depuis un mois, que je passe mes nuits sans dormir et mes jours à me cacher comme une bête, que je ne sais plus ce que je dis ni ce que je fais, ni ce que je deviendrai tant je souffre, tant je suis affolé de honte et de douleur, car j'ai deviné d'abord et je sais maintenant.

— Pierre... Tais-toi... Maman est dans la chambre à côté! Songe qu'elle peut nous entendre... qu'elle nous entend...

Mais il fallait qu'il vidât son cœur! et il dit tout, ses soupçons, ses raisonnements, ses luttes, sa certitude, et l'histoire du portrait encore une fois disparu.

Il parlait par phrases courtes, hachées,° presque sans suite, des phrases d'halluciné.

Il semblait maintenant avoir oublié Jean et sa mère dans la pièce voisine. Il parlait comme si personne ne l'écoutait, parce qu'il devait parler, parce qu'il avait trop souffert, trop comprimé et refermé sa plaie. Elle avait grossi comme une tumeur, et cette tumeur venait de crever, éclaboussant° tout le monde. Il s'était mis à marcher comme il faisait presque toujours; et les yeux fixes devant lui, gesticulant, dans une frénésie de désespoir, avec des sanglots° dans la gorge, des retours de haine contre lui-même, il parlait comme s'il eût confessé sa misère et la misère des siens, comme s'il eût jeté sa peine à l'air invisible et sourd où s'envolaient ses paroles.

---

colporte: (familier) répand, propage
hachées: entrecoupées
éclaboussant: couvrant d'un

liquide salissant
sanglots: contractions spasmodiques, produites en pleurant

Jean éperdu, et presque convaincu soudain par l'énergie aveugle de son frère, s'était adossé contre la porte derrière laquelle il devinait que leur mère les avait entendus.

Elle ne pouvait point sortir; il fallait passer par le salon. Elle n'était point revenue; donc elle n'avait pas osé.

Pierre tout à coup frappant du pied, cria:

— Tiens, je suis un cochon d'avoir dit ça!

Et il s'enfuit, nu-tête, dans l'escalier.

Le bruit de la grande porte de la rue, retombant avec fracas, réveilla Jean de la torpeur profonde où il était tombé. Quelques secondes s'étaient écoulées, plus longues que des heures, et son âme s'était engourdie dans un hébétement° d'idiot. Il sentait bien qu'il lui faudrait penser tout à l'heure, et agir, mais il attendait, ne voulant même plus comprendre, savoir, se rappeler, par peur, par faiblesse, par lâcheté. Il était de la race des temporiseurs° qui remettent toujours au lendemain; et quand il lui fallait, sur-le-champ,° prendre une résolution, il cherchait encore, par instinct, à gagner quelques moments.

Mais le silence profond qui l'entourait maintenant, après les vociférations de Pierre, ce silence subit des murs, des meubles, avec cette lumière vive des six bougies et des deux lampes, l'effraya si fort tout à coup qu'il eut envie de se sauver aussi.

Alors il secoua sa pensée, il secoua son cœur, et il essaya de réfléchir.

Jamais il n'avait rencontré une difficulté dans sa vie. Il est des hommes qui se laissent aller comme l'eau qui coule. Il avait fait ses classes avec soin, pour n'être pas puni, et terminé ses études de droit avec régularité parce que son existence était calme. Toutes les choses du monde lui paraissaient naturelles sans éveiller autrement son attention. Il aimait l'ordre, la sagesse, le repos par tempérament, n'ayant point de replis° dans l'esprit; et il demeurait, devant cette catastrophe, comme un homme qui tombe à l'eau sans avoir jamais nagé.

Il essaya de douter d'abord. Son frère avait menti par haine, et par jalousie?

---

hébétement: stupidité   **sur-le-champ:** tout de suite
temporiseurs: ceux qui remettent   **replis:** lieux cachés
          à plus tard

Et pourtant, comment aurait-il été assez misérable pour dire de leur mère une chose pareille s'il n'avait pas été lui-même égaré par le désespoir? Et puis Jean gardait dans l'oreille, dans le regard, dans les nerfs, jusque dans le fond de la chair, certaines paroles, certains cris de souffrance, des intonations et des gestes de Pierre, si douloureux qu'ils étaient irrésistibles, aussi irrécusables° que la certitude.

Il demeurait trop écrasé pour faire un mouvement ou pour avoir une volonté. Sa détresse devenait intolérable; et il sentait que, derrière la porte, sa mère était là qui avait tout entendu et qui attendait.

Que faisait-elle? Pas un mouvement, pas un frisson, pas un souffle, pas un soupir ne révélait la présence d'un être derrière cette planche. Se serait-elle sauvée? Mais par où? Si elle s'était sauvée... elle avait donc sauté de la fenêtre dans la rue!

Un sursaut de frayeur le souleva, si prompt et si dominateur qu'il enfonça plutôt qu'il n'ouvrit la porte et se jeta dans sa chambre.

Elle semblait vide. Une seule bougie l'éclairait, posée sur la commode.

Jean s'élança vers la fenêtre, elle était fermée, avec les volets° clos. Il se retourna, fouillant les coins noirs de son regard anxieux, et il s'aperçut que les rideaux du lit avaient été tirés. Il y courut et les ouvrit. Sa mère était étendue sur sa couche, la figure enfouie° dans l'oreiller qu'elle avait ramené de ses deux mains crispées sur sa tête, pour ne plus entendre.

Il la crut d'abord étouffée. Puis, l'ayant saisie par les épaules, il la retourna sans qu'elle lâchât° l'oreiller qui lui cachait le visage et qu'elle mordait pour ne pas crier.

Mais le contact de ce corps raidi, de ces bras crispés, lui communiqua la secousse de son indicible° torture. L'énergie et la force dont elle retenait avec ses doigts et avec ses dents la toile gonflée de plumes, sur sa bouche, sur ses yeux et sur ses oreilles pour qu'il ne la vît point et ne lui parlât pas, lui fit deviner, par la commotion qu'il reçut, jusqu'à quel point on peut souffrir. Et son cœur, son simple cœur, fut déchiré de pitié. Il n'était pas un juge, lui, même un juge miséricordieux,° il était un homme plein de faiblesse et un fils plein

---

irrécusables: vraies, incontestables   **lâchât:** laissât tomber
volets: panneaux mobiles qui   **indicible:** inexprimable
    couvrent les fenêtres   **miséricordieux:** charitable
enfouie: enfoncée

de tendresse. Il ne se rappela rien de ce que l'autre lui avait dit, il ne raisonna pas et ne discuta point, il toucha seulement de ses deux mains le corps inerte de sa mère, et ne pouvant arracher l'oreiller de sa figure, il cria, en baisant sa robe:

— Maman, maman, ma pauvre maman, regarde-moi!

Elle aurait semblé morte si tous ses membres n'eussent été parcourus° d'un frémissement presque insensible, d'une vibration de corde tendue. Il répétait:

— Maman, maman, écoute-moi. Ça n'est pas vrai. Je sais bien que ça n'est pas vrai.

Elle eut un spasme, une suffocation, puis tout à coup elle sanglota dans l'oreiller. Alors tous ses nerfs se détendirent, ses muscles raidis s'amollirent, ses doigts s'entrouvrant lâchèrent la toile; et il lui découvrit la face.

Elle était toute pâle, toute blanche, et de ses paupières fermées on voyait couler des gouttes d'eau. L'ayant enlacée par le cou, il lui baisa les yeux, lentement, par grands baisers désolés qui se mouillaient à ses larmes, et il disait toujours:

— Maman, ma chère maman, je sais bien que ça n'est pas vrai. Ne pleure pas, je le sais! Ça n'est pas vrai!

Elle se souleva, s'assit, le regarda, et avec un de ces efforts de courage qu'il faut, en certains cas, pour se tuer, elle lui dit:

— Non, c'est vrai, mon enfant.

Et ils restèrent sans paroles, l'un devant l'autre. Pendant quelques instants encore elle suffoqua, tendant la gorge, en renversant la tête pour respirer, puis elle se vainquit de nouveau et reprit:

— C'est vrai, mon enfant. Pourquoi mentir? C'est vrai. Tu ne me croirais pas, si je mentais.

Elle avait l'air d'une folle. Saisi de terreur, il tomba à genoux près du lit en murmurant:

— Tais-toi, maman, tais-toi.

Elle s'était levée, avec une résolution et une énergie effrayantes.

— Mais je n'ai plus rien à te dire, mon enfant, adieu.

Et elle marcha vers la porte.

Il la saisit à pleins bras, criant:

— Qu'est-ce que tu fais, maman, où vas-tu?

---

parcourus: traversés

— Je ne sais pas... est-ce que je sais... je n'ai plus rien à faire...
puisque je suis toute seule.

Elle se débattait° pour s'échapper. La retenant, il ne trouvait
qu'un mot à lui répéter:

— Maman... maman... maman...

Et elle disait dans ses efforts pour rompre cette étreinte°:

— Mais non, mais non, je ne suis plus la mère maintenant, je
ne suis plus rien pour toi, pour personne, plus rien, plus rien! Tu n'as
plus ni père ni mère, mon pauvre enfant... adieu.

Il comprit brusquement que s'il la laissait partir il ne la reverrait
jamais, et, l'enlevant, il la porta sur un fauteuil, l'assit de force, puis
s'agenouillant et formant une chaîne de ses bras:

— Tu ne sortiras point d'ici, maman; moi je t'aime, et je te
garde. Je te garde toujours, tu es à moi.

Elle murmura d'une voix accablée:

— Non, mon pauvre garçon, ça n'est plus possible. Ce soir tu
pleures, et demain tu me jetterais dehors. Tu ne me pardonnerais
pas non plus.

Il répondit avec un si grand élan de si sincère amour: — Oh!
moi? moi? Comme tu me connais peu! — qu'elle poussa un cri, lui
prit la tête par les cheveux, à pleines mains, l'attira avec violence et le
baisa éperdument à travers la figure.

Puis elle demeura immobile, la joue contre la joue de son fils,
sentant, à travers sa barbe, la chaleur de sa chair; et elle lui dit, tout
bas, dans l'oreille:

— Non, mon petit Jean. Tu ne me pardonnerais pas demain. Tu
le crois et tu te trompes. Tu m'as pardonné ce soir, et ce pardon-là
m'a sauvé la vie; mais il ne faut plus que tu me voies.

Il répéta, en l'étreignant:

— Maman, ne dis pas ça!

— Si, mon petit, il faut que je m'en aille. Je ne sais pas où,
ni comment je m'y prendrai, ni ce que je dirai, mais il le faut. Je
n'oserais plus te regarder, ni t'embrasser, comprends-tu?

Alors, à son tour, il lui dit, tout bas, dans l'oreille:

— Ma petite mère, tu resteras, parce je le veux, parce que j'ai
besoin de toi. Et tu vas me jurer de m'obéir, tout de suite.

---

se débattait: luttait   **étreinte:** embrassement

— Non, mon enfant.

— Oh! maman, il le faut, tu entends. Il le faut.

— Non, mon enfant, c'est impossible. Ce serait nous condamner tous à l'enfer. Je sais ce que c'est, moi, que ce supplice°-là, depuis un mois. Tu es attendri, mais quand ce sera passé, quand tu me regarderas comme me regarde Pierre, quand tu te rappelleras ce que je t'ai dit!... Oh!... mon petit Jean, songe... songe que je suis ta mère!...

— Je ne veux pas que tu me quittes, maman. Je n'ai que toi.

— Mais pense, mon fils, que nous ne pourrons plus nous voir sans rougir tous les deux, sans que je me sente mourir de honte et sans que tes yeux fassent baisser les miens.

— Ça n'est pas vrai, maman.

— Oui, oui, oui, c'est vrai! Oh! j'ai compris, va, toutes les luttes de ton pauvre frère, toutes, depuis le premier jour. Maintenant, lorsque je devine son pas dans la maison, mon cœur saute à briser ma poitrine, lorsque j'entends sa voix, je sens que je vais m'évanouir.° Je t'avais encore, toi! Maintenant, je ne t'ai plus. Oh! mon petit Jean, crois-tu que je pourrais vivre entre vous deux?

— Oui, maman. Je t'aimerai tant que tu n'y penseras plus.

— Oh! oh! comme si c'était possible!

— Oui, c'est possible.

— Comment veux-tu que je n'y pense plus entre ton frère et toi? Est-ce que vous n'y penserez plus, vous?

— Moi. Je te le jure!

— Mais tu y penseras à toutes les heures du jour.

— Non, je te le jure. Et puis, écoute: si tu pars, je m'engage° et je me fais tuer.

Elle fut bouleversée par cette menace puérile et étreignit Jean en le caressant avec une tendresse passionnée. Il reprit:

— Je t'aime plus que tu ne crois, va, bien plus, bien plus. Voyons, sois raisonnable. Essaye de rester seulement huit jours. Veux-tu me promettre huit jours? Tu ne peux pas me refuser ça?

Elle posa ses deux mains sur les épaules de Jean, et le tenant à la longueur de ses bras:

---

supplice: punition, torture	**je m'engage:** *c'est-à-dire*, je
m'évanouir: perdre connaissance	m'engage à l'armée

— Mon enfant... tâchons d'être calmes et de ne pas nous attendrir. Laisse-moi te parler d'abord. Si je devais une seule fois entendre sur tes lèvres ce que j'entends depuis un mois dans la bouche de ton frère, si je devais une seule fois voir dans tes yeux ce que je lis dans les siens, si je devais deviner rien que par un mot ou par un regard que je te suis odieuse comme à lui... une heure après, tu entends, une heure après... je serais partie pour toujours.

— Maman, je te jure...

— Laisse-moi parler...

Depuis un mois j'ai souffert tout ce qu'une créature peut souffrir. À partir du moment où j'ai compris que ton frère, que mon autre fils me soupçonnait, et qu'il devinait, minute par minute, la vérité, tous les instants de ma vie ont été un martyre qu'il est impossible de t'exprimer.

Elle avait une voix si douloureuse que la contagion de sa torture emplit de larmes les yeux de Jean.

Il voulut l'embrasser, mais elle le repoussa.

— Laisse-moi... écoute... j'ai encore tant de choses à te dire pour que tu comprennes... mais tu ne comprendras pas... c'est que... si je devais rester... il faudrait... Non, je ne peux pas!...

— Dis, maman, dis.

— Eh bien! oui. Au moins je ne t'aurai pas trompé... Tu veux que je reste avec toi, n'est-ce pas? Pour cela, pour que nous puissions nous voir encore, nous parler, nous rencontrer toute la journée dans la maison, car je n'ose plus ouvrir une porte dans la peur de trouver ton frère derrière elle, pour cela il faut, non pas que tu me pardonnes, — rien ne fait plus de mal qu'un pardon, — mais que tu ne m'en veuilles pas° de ce que j'ai fait... Il faut que tu te sentes assez fort,

tu ne m'en veuilles pas: tu ne me détestes pas (en vouloir à)

assez différent de tout le monde pour te dire que tu n'es pas le fils de Roland, sans rougir de cela et sans me mépriser!... Moi j'ai assez souffert... j'ai trop souffert, je ne peux plus, non, je ne peux plus! Et ce n'est pas d'hier, va, c'est de longtemps... Mais tu ne pourras jamais comprendre ça, toi! Pour que nous puissions encore vivre ensemble, et nous embrasser, mon petit Jean, dis-toi bien que si j'ai été la maîtresse de ton père, j'ai été encore plus sa femme, sa vraie femme, que je n'en ai pas honte au fond du cœur, que je ne regrette rien, que je l'aime encore tout mort qu'il est, que je l'aimerai toujours, que je n'ai aimé que lui, qu'il a été toute ma vie, toute ma joie, tout mon espoir, toute ma consolation, tout, tout, tout pour moi, pendant si longtemps! Écoute, mon petit, devant Dieu qui m'entend, je n'aurais jamais rien eu de bon dans l'existence, si je ne l'avais pas rencontré, jamais rien, pas une tendresse, pas une douceur, pas une de ces heures qui nous font tant regretter de vieillir, rien! Je lui dois tout! Je n'ai eu que lui au monde, et puis vous deux, ton frère et toi. Sans vous ce serait vide, noir et vide comme la nuit. Je n'aurais jamais aimé rien, rien connu, rien désiré, je n'aurais pas seulement pleuré, car j'ai pleuré, mon petit Jean. Oh! oui, j'ai pleuré, depuis que nous sommes venus ici. Je m'étais donnée à lui tout entière, corps et âme, pour toujours, avec bonheur, et pendant plus de dix ans j'ai été sa femme comme il a été mon mari devant Dieu qui nous avait faits l'un pour l'autre. Et puis, j'ai compris qu'il m'aimait moins. Il était toujours bon et prévenant,° mais je n'étais plus pour lui ce que j'avais été. C'était fini! Oh! que j'ai pleuré!... Comme c'est misérable, et trompeur la vie!... Il n'y a rien qui dure... Et nous sommes arrivés ici; et jamais je ne l'ai plus revu, jamais il n'est venu... Il promettait dans toutes ses lettres!... Je l'attendais toujours!... et je ne l'ai plus revu!... et voilà qu'il est mort!... Mais il nous aimait encore puisqu'il a pensé à toi. Moi je l'aimerai jusqu'à mon dernier soupir, et je ne le renierai° jamais, et je t'aime parce que tu es son enfant, et je ne pourrais pas avoir honte de lui devant toi! Comprends-tu? je ne pourrais pas! Si tu veux que je reste, il faut que tu acceptes d'être son fils et que nous parlions de lui quelquefois, et que tu l'aimes un peu, et que nous pensions à lui quand nous nous regarderons. Si tu ne veux pas, si tu ne peux pas, adieu, mon petit, il est impossible que nous restions ensemble maintenant! je ferai ce que tu décideras.

---

prévenant: gentil, attentif   **renierai:** désavouerai

Jean répondit d'une voix douce:

— Reste, maman.

Elle le serra dans ses bras et se remit à pleurer; puis elle reprit, la joue contre sa joue:

— Oui, mais Pierre? Qu'allons-nous devenir avec lui?

Jean murmura:

— Nous trouverons quelque chose. Tu ne peux plus vivre auprès de lui.

Au souvenir de l'aîné elle fut crispée d'angoisse.

— Non, je ne puis plus, non! non!

Et se jetant sur le cœur de Jean, elle s'écria, l'âme en détresse:

— Sauve-moi de lui, toi, mon petit, sauve-moi, fais quelque chose, je ne sais pas... trouve... sauve-moi!

— Oui, maman, je chercherai.

— Tout de suite... il faut... Tout de suite... ne me quitte pas! J'ai si peur de lui... si peur!

— Oui, je trouverai. Je te promets.

— Oh! mais vite, vite! Tu ne comprends pas ce qui se passe en moi quand je le vois.

Puis elle lui murmura tout bas, dans l'oreille:

— Garde-moi ici, chez toi.

Il hésita, réfléchit et comprit, avec son bon sens positif, le danger de cette combinaison.°

Mais il dut raisonner longtemps, discuter, combattre avec des arguments précis son affolement et sa terreur.

— Seulement ce soir, disait-elle, seulement cette nuit. Tu feras dire demain à Roland que je me suis trouvée malade.

— Ce n'est pas possible, puisque Pierre est rentré. Voyons, aie du courage. J'arrangerai tout, je te le promets, dès demain. Je serai à neuf heures à la maison. Voyons, mets ton chapeau. Je vais te reconduire.

— Je ferai ce que tu voudras, dit-elle avec un abandon enfantin, craintif et reconnaissant.°

Elle essaya de se lever; mais la secousse avait été trop forte; elle ne pouvait encore se tenir sur ses jambes.

---

combinaison: *ici,* manœuvre, solution   **reconnaissant:** plein de gratitude

Alors il lui fit boire de l'eau sucrée, respirer de l'alcali,° et il lui lava les tempes avec du vinaigre. Elle se laissait faire, brisée et soulagée comme après un accouchement.°

Elle put enfin marcher et prit son bras. Trois heures sonnaient quand ils passèrent à l'hôtel de ville.°

Devant la porte de leur logis il l'embrassa et lui dit: « Adieu, maman, bon courage. »

Elle monta, à pas furtifs, l'escalier silencieux, entra dans sa chambre, se dévêtit bien vite, et se glissa, avec l'émotion retrouvée des adultères anciens, auprès de Roland qui ronflait.

Seul dans la maison, Pierre ne dormait pas et l'avait entendue revenir.

VIII

Quand il fut rentré dans son appartement, Jean s'affaissa° sur un divan, car les chagrins et les soucis qui donnaient à son frère des envies de courir et de fuir comme une bête chassée, agissant diversement sur sa nature somnolente, lui cassaient° les jambes et les bras. Il se sentait mou à ne plus faire un mouvement, à ne pouvoir gagner son lit, mou de corps et d'esprit, écrasé et désolé. Il n'était point frappé, comme l'avait été Pierre, dans la pureté de son amour filial, dans cette dignité secrète qui est l'enveloppe des cœurs fiers, mais accablé par un coup du destin qui menaçait en même temps ses intérêts les plus chers.

Quand son âme enfin se fut calmée, quand sa pensée se fut éclaircie ainsi qu'une eau battue et remuée, il envisagea la situation qu'on venait de lui révéler. S'il eût appris de toute autre manière le secret de sa naissance, il se serait assurément indigné et aurait ressenti un profond chagrin; mais après sa querelle avec son frère, après cette délation° violente et brutale ébranlant° ses nerfs, l'émotion poignante de la confession de sa mère le laissa sans énergie pour se révolter. Le choc reçu par sa sensibilité avait été assez fort pour

---

alcali: ammoniaque
après un accouchement: après
    avoir donné naissance
hôtel de ville: mairie, centre
    administratif

s'affaissa: tomba
cassaient: *ici,* affaiblissaient
délation: dénonciation, révélation
ébranlant: secouant, affaiblissant

emporter, dans un irrésistible attendrissement, tous les préjugés et toutes les saintes susceptibilités° de la morale naturelle. D'ailleurs, il n'était pas un homme de résistance. Il n'aimait lutter contre personne et encore moins contre lui-même; il se résigna donc, et par un penchant instinctif, par un amour inné du repos, de la vie douce et tranquille, il s'inquiéta aussitôt des perturbations qui allaient surgir autour de lui et l'atteindre du même coup. Il les pressentait inévitables, et, pour les écarter, il se décida à des efforts surhumains d'énergie et d'activité. Il fallait que tout de suite, dès le lendemain, la difficulté fût tranchée,° car il avait aussi par instants ce besoin impérieux des solutions immédiates qui constitue toute la force des faibles, incapables de vouloir longtemps. Son esprit d'avocat, habitué d'ailleurs à démêler° et à étudier les situations compliquées, les questions d'ordre intime, dans les familles troublées, découvrit immédiatement toutes les conséquences prochaines de l'état d'âme de son frère. Malgré lui il en envisageait les suites à un point de vue presque professionnel, comme s'il eût réglé les relations futures de clients après une catastrophe d'ordre moral. Certes un contact continuel avec Pierre lui devenait impossible. Il l'éviterait facilement en restant chez lui, mais il était encore inadmissible que leur mère continuât à demeurer sous le même toit que son fils aîné.

Et longtemps il médita, immobile sur les coussins, imaginant et rejetant des combinaisons sans trouver rien qui pût le satisfaire.

Mais une idée soudaine l'assaillit: — Cette fortune qu'il avait reçue, un honnête homme la garderait-il?

Il se répondit: «Non» d'abord, et se décida à la donner aux pauvres. C'était dur, tant pis. Il vendrait son mobilier et travaillerait comme un autre, comme travaillent tous ceux qui débutent. Cette résolution virile et douloureuse fouettant° son courage, il se leva et vint poser son front contre les vitres. Il avait été pauvre, il redeviendrait pauvre. Il n'en mourrait pas, après tout. Ses yeux regardaient le bec de gaz qui brûlait en face de lui de l'autre côté de la rue. Or, comme une femme attardée passait sur le trottoir, il songea brusquement à Mme Rosémilly, et il reçut au cœur la secousse des émotions profondes nées

---

saintes susceptibilités: sensibilités innées
tranchée: décidée, résolue

hardiment
démêler: éclaircir, discerner
fouettant: *ici*, allumant, animant

en nous d'une pensée cruelle. Toutes les conséquences désespérantes de sa décision lui apparurent en même temps. Il devrait renoncer à épouser cette femme, renoncer au bonheur, renoncer à tout. Pouvait-il agir ainsi, maintenant qu'il s'était engagé vis-à-vis d'elle? Elle l'avait accepté le sachant riche. Pauvre, elle l'accepterait encore; mais avait-il le droit de lui demander, de lui imposer ce sacrifice? Ne valait-il pas mieux garder cet argent comme un dépôt° qu'il restituerait plus tard aux indigents?

Et dans son âme où l'égoïsme prenait des masques honnêtes, tous les intérêts déguisés luttaient et se combattaient. Les scrupules premiers cédaient la place aux raisonnements ingénieux, puis reparaissaient, puis s'effaçaient de nouveau.

Il revint s'asseoir, cherchant un motif décisif, un prétexte tout-puissant pour fixer ses hésitations et convaincre sa droiture native. Vingt fois déjà il s'était posé cette question: « Puisque je suis le fils de cet homme, que je le sais et que je l'accepte, n'est-il pas naturel que j'accepte aussi son héritage? » Mais cet argument ne pouvait empêcher le « non » murmuré par la conscience intime.

Soudain il songea: « Puisque je ne suis pas le fils de celui que j'avais cru être mon père, je ne puis plus rien accepter de lui, ni de son vivant,° ni après sa mort. Ce ne serait ni digne ni équitable. Ce serait voler mon frère. »

Cette nouvelle manière de voir l'ayant soulagé, ayant apaisé sa conscience, il retourna vers la fenêtre.

« Oui, se disait-il, il faut que je renonce à l'héritage de ma famille, que je le laisse à Pierre tout entier, puisque je ne suis pas l'enfant de son père. Cela est juste. Alors n'est-il pas juste aussi que je garde l'argent de mon père à moi? »

Ayant reconnu qu'il ne pouvait profiter de la fortune de Roland, s'étant décidé à l'abandonner intégralement, il consentit donc et se résigna à garder celle de Maréchal, car en repoussant l'une et l'autre il se trouverait réduit à la pure mendicité.°

Cette affaire délicate une fois réglée, il revint à la question de la présence de Pierre dans la famille. Comment l'écarter? Il désespérait de découvrir une solution pratique, quand le sifflet d'un vapeur entrant au port sembla lui jeter une réponse en lui suggérant une idée.

---

dépôt: chose confiée pour un   **de son vivant:** pendant sa vie
          certain temps   **mendicité:** *ici*, extrême pauvreté

Alors il s'étendit tout habillé sur son lit et rêvassa jusqu'au jour. Vers neuf heures il sortit pour s'assurer si l'exécution de son projet était possible. Puis, après quelques démarches° et quelques visites, il se rendit à la maison de ses parents. Sa mère l'attendait enfermée dans sa chambre.

— Si tu n'étais pas venu, dit-elle, je n'aurais jamais osé descendre.

On entendit aussitôt Roland qui criait dans l'escalier:

— On ne mange donc point aujourd'hui, nom d'un chien!

On ne répondit pas, et il hurla:

— Joséphine, nom de Dieu! qu'est-ce que vous faites?

La voix de la bonne sortit des profondeurs du sous-sol°:

— V'la, M'sieu, qué qui faut?

— Où est Madame?

— Madame est en haut avec M'sieu Jean!

Alors il vociféra en levant la tête vers l'étage supérieur:

— Louise?

Mme Roland entrouvrit la porte et répondit:

— Quoi? mon ami.

— On ne mange donc pas, nom d'un chien!

— Voilà, mon ami, nous venons.

Et elle descendit, suivie de Jean.

Roland s'écria en apercevant le jeune homme:

— Tiens, te voilà, toi! Tu t'embêtes° déjà dans ton logis.

— Non, père, mais j'avais à causer avec maman ce matin.

Jean s'avança, la main ouverte, et quand il sentit se refermer sur ses doigts l'étreinte paternelle du vieillard, une émotion bizarre et imprévue le crispa, l'émotion des séparations et des adieux sans espoir de retour.

Mme Roland demanda:

— Pierre n'est pas arrivé?

Son mari haussa les épaules:

— Non, mais tant pis, il est toujours en retard. Commençons sans lui.

Elle se tourna vers Jean:

— Tu devrais aller le chercher, mon enfant; ça le blesse quand on ne l'attend pas.

---

démarches: *ici*, procédés, tentatives   rez-de-chaussée
sous-sol: cave, étage au-dessous du   **t'embêtes:** (familier) t'ennuies

— Oui, maman, j'y vais.

Et le jeune homme sortit.

Il monta l'escalier, avec la résolution fiévreuse d'un craintif qui va se battre.

Quand il eut heurté la porte, Pierre répondit:

— Entrez.

Il entra.

L'autre écrivait, penché sur sa table.

— Bonjour, dit Jean.

Pierre se leva.

— Bonjour.

Et ils se tendirent la main comme si rien ne s'était passé.

— Tu ne descends pas déjeuner?

— Mais... c'est que... j'ai beaucoup à travailler.

La voix de l'aîné tremblait, et son œil anxieux demandait au cadet ce qu'il allait faire.

— On t'attend.

— Ah! est-ce que... est-ce que notre mère est en bas?...

— Oui. c'est même elle qui m'a envoyé te chercher.

— Ah! alors... je descends.

Devant la porte de la salle il hésita à se montrer le premier; puis il l'ouvrit d'un geste saccadé, et il aperçut son père et sa mère assis à table, face à face.

Il s'approcha d'elle d'abord sans lever les yeux, sans prononcer un mot, et s'étant penché il lui tendit son front à baiser comme il faisait depuis quelque temps, au lieu de l'embrasser sur les joues comme jadis. Il devina qu'elle approchait sa bouche, mais il ne sentit point les lèvres sur sa peau, et il se redressa, le cœur battant, après ce simulacre° de caresse.

Il se demandait: « Que se sont-ils dit, après mon départ? »

Jean répétait avec tendresse « mère » et « chère maman », prenait soin d'elle, la servait et lui versait à boire. Pierre alors comprit qu'ils avaient pleuré ensemble, mais il ne put pénétrer leur pensée! Jean croyait-il sa mère coupable ou son frère un misérable?

Et tous les reproches qu'il s'était faits d'avoir dit l'horrible chose l'assaillirent de nouveau, lui serrant la gorge et lui fermant la bouche, l'empêchant de manger et de parler.

---

simulacre: apparence, semblant

Il était envahi maintenant par un besoin de fuir intolérable, de quitter cette maison qui n'était plus sienne, ces gens qui ne tenaient plus à lui que par d'imperceptibles liens. Et il aurait voulu partir sur l'heure,° n'importe où, sentant que c'était fini, qu'il ne pouvait plus rester près d'eux, qu'il les torturerait toujours malgré lui, rien que par sa présence, et qu'ils lui feraient souffrir sans cesse un insoutenable supplice.

Jean parlait, causait avec Roland. Pierre n'écoutant pas, n'entendait point. Il crut sentir cependant une intention dans la voix de son frère et prit garde au sens des paroles.

Jean disait:

— Ce sera, paraît-il, le plus beau bâtiment de leur flotte.° On parle de six mille cinq cents tonneaux. Il fera son premier voyage le mois prochain.

Roland s'étonnait:

— Déjà! Je croyais qu'il ne serait pas en état de prendre la mer cet été.

— Pardon; on a poussé les travaux avec ardeur pour que la première traversée ait lieu avant l'automne. J'ai passé ce matin aux bureaux de la Compagnie[83] et j'ai causé avec un des administrateurs.

— Ah! ah! lequel?

— M. Marchand, l'ami particulier du président du conseil d'administration.

— Tiens, tu le connais?

— Oui. Et puis j'avais un petit service à lui demander.

— Ah! alors tu me feras visiter en grand détail la *Lorraine*[84] dès qu'elle entrera dans le port, n'est-ce pas?

— Certainement, c'est très facile!

---

sur l'heure: à l'instant, tout de suite   **flotte:** ensemble des bateaux

---

83   *aux bureaux de la Compagnie. Voir* la note 11.

84   *la Lorraine.* Les navires français portaient souvent des noms de provinces ou de départements français. Comme le personnage de Pierre, la *Lorraine* est la province « perdue » de l'est, dont une partie (région Alsace-Lorraine) avait été annexée par l'Allemagne après la guerre de 1870. (Elle a été restituée en 1918 au lendemain de la Première Guerre mondiale.) Notez plus tard le cri patriotique (?) de la foule sur les quais: « Vive la *Lorraine*! ».

Jean paraissait hésiter, chercher ses phrases, poursuivre une introuvable transition. Il reprit:

— En somme, c'est une vie très acceptable qu'on mène sur ces grands transatlantiques. On passe plus de la moitié des mois à terre dans deux villes superbes, New York et le Havre, et le reste en mer avec des gens charmants. On peut même faire là des connaissances très agréables et très utiles pour plus tard, oui, très utiles, parmi les passagers. Songe que le capitaine, avec les économies sur le charbon,[85] peut arriver à vingt-cinq mille francs par an, sinon plus...

Roland fit un « bigre!» suivi d'un sifflement, qui témoignaient d'un profond respect pour la somme et pour le capitaine.

Jean reprit:

— Le commissaire de bord° peut atteindre dix mille, et le médecin a cinq mille de traitement° fixe, avec logement, nourriture, éclairage, chauffage, service, etc., etc. Ce qui équivaut à dix mille au moins,[86] c'est très beau.

Pierre, qui avait levé les yeux, rencontra ceux de son frère, et le comprit.

Alors, après une hésitation, il demanda:

— Est-ce très difficile à obtenir, les places de médecin sur un transatlantique?

— Oui et non. Tout dépend des circonstances et des protections.°

Il y eut un long silence, puis le docteur reprit:

— C'est le mois prochain que part la *Lorraine*?

— Oui, le sept.

Et ils se turent.

---

commissaire de bord: officier chargé des repas et du service des passagers	**traitement:** salaire **protections:** *ici*, patronages

---

85 *avec les économies sur le charbon.* Il s'agit du charbon (combustible) tenu en réserve dans la soute du navire. Le capitaine habile saura acheter son combustible à bon prix et ménager ses provisions, et ainsi pourra partager les gains perçus.

86 *Ce qui équivaut à dix mille au moins.* À comparer avec les cent à cent vingt mille francs annuels dont Pierre rêvait auparavant, et les vingt mille francs de revenus de Jean.

Pierre songeait. Certes ce serait une solution s'il pouvait s'embarquer comme médecin sur ce paquebot. Plus tard on verrait; il le quitterait peut-être. En attendant il y gagnerait sa vie sans demander rien à sa famille. Il avait dû, l'avant-veille, vendre sa montre, car maintenant il ne tendait plus la main devant sa mère! Il n'avait donc aucune ressource, hors celle-là, aucun moyen de manger d'autre pain que le pain de la maison inhabitable, de dormir dans un autre lit, sous un autre toit. Il dit alors, en hésitant un peu:

— Si je pouvais, je partirais volontiers là-dessus, moi.

Jean demanda:

— Pourquoi ne pourrais-tu pas?

— Parce que je ne connais personne à la Compagnie transatlantique.

Roland demeurait stupéfait:

— Et tous tes beaux projets de réussite, que deviennent-ils?

Pierre murmura:

— Il y a des jours où il faut savoir tout sacrifier, et renoncer aux meilleurs espoirs. D'ailleurs, ce n'est qu'un début, un moyen d'amasser quelques milliers de francs pour m'établir ensuite.

Son père, aussitôt, fut convaincu:

— Ça, c'est vrai. En deux ans tu peux mettre de côté six ou sept mille francs, qui bien employés te mèneront loin. Qu'en penses-tu, Louise?

Elle répondit d'une voix basse, presque inintelligible:

— Je pense que Pierre a raison.

Roland s'écria:

— Mais je vais en parler à M. Poulin, que je connais beaucoup! Il est juge au tribunal de commerce et il s'occupe des affaires de la Compagnie. J'ai aussi M. Lenient, l'armateur,° qui est intime avec un des vice-présidents.

Jean demandait à son frère:

— Veux-tu que je tâte° aujourd'hui même M. Marchand?

— Oui, je veux bien.

Pierre reprit, après avoir songé quelques instants:

---

armateur: propriétaire d'un bateau qui l'équipe   **tâte:** *ici,* essaie, sonde

— Le meilleur moyen serait peut-être encore d'écrire à mes maîtres de l'École de médecine[87] qui m'avaient en grande estime. On embarque souvent sur ces bateaux-là des sujets° médiocres. Des lettres très chaudes des professeurs Mas-Roussel, Rémusot, Flache et Borriquel[88] enlèveraient la chose en une heure mieux que toutes les recommandations douteuses. Il suffirait de faire présenter ces lettres par ton ami M. Marchand au conseil d'administration.

Jean approuvait tout à fait:

— Ton idée est excellente, excellente!

Et il souriait, rassuré, presque content, sûr du succès, étant incapable de s'affliger° longtemps.

— Tu vas leur écrire aujourd'hui même, dit-il.

— Tout à l'heure, tout de suite. J'y vais. Je ne prendrai pas de café ce matin, je suis trop nerveux.

Il se leva et sortit.

Alors Jean se tourna vers sa mère:

— Toi, maman, qu'est-ce que tu fais?

— Rien... Je ne sais pas.

— Veux-tu venir avec moi jusque chez Mme Rosémilly?

— Mais... oui... oui...

— Tu sais... il est indispensable que j'y aille aujourd'hui.

— Oui... oui... C'est vrai.

— Pourquoi ça, indispensable? — demanda Roland, habitué d'ailleurs à ne jamais comprendre ce qu'on disait devant lui.

— Parce que je lui ai promis d'y aller.

— Ah! très bien. C'est différent, alors.

Et il se mit à bourrer sa pipe, tandis que la mère et le fils montaient l'escalier pour prendre leurs chapeaux.

Quand ils furent dans la rue, Jean lui demanda:

— Veux-tu mon bras, maman?

---

sujets: *ici*, personnes, candidats   **s'affliger:** s'attrister

---

87 *d'écrire à mes maîtres de l'École de médecine.* C'est-à-dire, de l'École de médecine à Paris, au quartier Latin.

88 *des professeurs Mas-Roussel, Rémusot, Flache et Borriquel.* Les deux premiers sont aussi les noms de deux personnages (médecins) du roman précédent de Maupassant, *Mont-Oriol* (1887).

Il ne le lui offrait jamais, car ils avaient l'habitude de marcher côte à côte. Elle accepta et s'appuya sur lui.

Ils ne parlèrent point pendant quelque temps, puis il lui dit:

— Tu vois que Pierre consent parfaitement à s'en aller.

Elle murmura:

— Le pauvre garçon!

— Pourquoi ça, le pauvre garçon? Il ne sera pas malheureux du tout sur la *Lorraine*.

— Non... je sais bien, mais je pense à tant de choses.

Longtemps elle songea, la tête baissée, marchant du même pas que son fils, puis avec cette voix bizarre qu'on prend par moments pour conclure une longue et secrète pensée:

— C'est vilain, la vie! Si on y trouve une fois un peu de douceur, on est coupable de s'y abandonner et on le paye bien cher plus tard.

Il dit, très bas:

— Ne parle plus de ça, maman.

— Est-ce possible? j'y pense tout le temps.

— Tu oublieras.

Elle se tut encore, puis, avec un regret profond:

— Ah! comme j'aurais pu être heureuse en épousant un autre homme!

À présent, elle s'exaspérait contre Roland, rejetant sur sa laideur, sur sa bêtise, sur sa gaucherie, sur la pesanteur de son esprit et l'aspect commun de sa personne toute la responsabilité de sa faute et de son malheur. C'était à cela, à la vulgarité de cet homme, qu'elle devait de l'avoir trompé, d'avoir désespéré un de ses fils et fait à l'autre la plus douloureuse confession dont pût saigner le cœur d'une mère.

Elle murmura: « C'est si affreux pour une jeune fille d'épouser un mari comme le mien. » Jean ne répondait pas. Il pensait à celui dont il avait cru jusqu'ici être le fils, et peut-être la notion confuse qu'il portait depuis longtemps de la médiocrité paternelle, l'ironie constante de son frère, l'indifférence dédaigneuse des autres et jusqu'au mépris de la bonne pour Roland avaient-ils préparé son âme à l'aveu terrible de sa mère. Il lui en coûtait moins d'être le fils d'un autre; et après la grande secousse d'émotion de la veille, s'il n'avait pas eu le contre-coup° de révolte, d'indignation et de colère

---

contre-coup: répercussion d'un
    choc

redouté par Mme Roland, c'est que depuis bien longtemps il souffrait inconsciemment de se sentir l'enfant de ce lourdaud° bonasse.° Ils étaient arrivés devant la maison de Mme Rosémilly.

Elle habitait, sur la route de Sainte-Adresse, le deuxième étage d'une grande construction qui lui appartenait. De ses fenêtres on découvrait toute la rade du Havre.

En apercevant Mme Roland qui entrait la première,[89] au lieu de lui tendre les mains comme toujours, elle ouvrit les bras et l'embrassa, car elle devinait l'intention de sa démarche.

Le mobilier du salon, en velours frappé,° était toujours recouvert de housses.° Les murs, tapissés de papier à fleurs, portaient quatre gravures achetées par le premier mari, le capitaine. Elles représentaient des scènes maritimes et sentimentales. On voyait sur la première la femme d'un pêcheur agitant un mouchoir sur une côte, tandis que disparaît à l'horizon la voile qui emporte son homme. Sur la seconde, la même femme, à genoux sur la même côte, se tord° les bras en regardant au loin, sous un ciel plein d'éclairs,° sur une mer de vagues invraisemblables, la barque de l'époux qui va sombrer.°

Les deux autres gravures représentaient des scènes analogues dans une classe supérieure de la société.

Une jeune femme blonde rêve, accoudée sur le bordage d'un grand paquebot qui s'en va. Elle regarde la côte déjà lointaine d'un œil mouillé de larmes et de regrets.

Qui a-t-elle laissé derrière elle?

Puis, la même jeune femme assise près d'une fenêtre ouverte sur l'Océan est évanouie dans un fauteuil. Une lettre vient de tomber de ses genoux sur le tapis.

Il est donc mort, quel désespoir!

---

lourdaud: personne lente et maladroite	**˙housses:** enveloppes d'étoffe
bonasse: excessivement simple	**se tord:** tourne violemment
velours frappé: tissu velouté ayant des motifs en relief	**éclairs:** *ici*, éclats de lumière
	sombrer: couler, être englouti

---

89 *Mme Roland qui entrait la première.* Ici, Mme Roland prend la place habituelle du père du jeune homme qui vient demander la main de la fiancée. Puisque Mme Rosémilly est veuve et sans parents, Mme Roland, la mère de Jean, s'adresse directement à elle. Notez que son mari M. Roland a été expressément exclu de ces démarches.

Les visiteurs, généralement, étaient émus et séduits par la tristesse banale de ces sujets transparents et poétiques. On comprenait tout de suite, sans explication, et sans recherche, et on plaignait les pauvres femmes, bien qu'on ne sût pas au juste la nature du chagrin de la plus distinguée. Mais ce doute même aidait à la rêverie. Elle avait dû perdre son fiancé! L'œil, dès l'entrée, était attiré invinciblement vers ces quatre sujets et retenu comme par une fascination. Il ne s'en écartait que pour y revenir toujours, et toujours contempler les quatre expressions des deux femmes qui se ressemblaient comme deux sœurs. Il se dégageait surtout du dessin net, bien fini, soigné, distingué à la façon d'une gravure de mode,° ainsi que du cadre bien luisant, une sensation de propreté et de rectitude qu'accentuait encore le reste de l'ameublement.

Les sièges demeuraient rangés suivant un ordre invariable, les uns contre la muraille, les autres autour du guéridon. Les rideaux blancs, immaculés, avaient des plis si droits et si réguliers qu'on avait envie de les friper° un peu; et jamais un grain de poussière ne ternissait le globe où la pendule dorée, de style Empire,[90] une mappemonde° portée par Atlas[91] agenouillé, semblait mûrir comme un melon d'appartement.[92]

Les deux femmes en s'asseyant modifièrent un peu la place normale de leurs chaises.

— Vous n'êtes pas sortie aujourd'hui? demandait Mme Roland.

— Non. Je vous avoue que je suis un peu fatiguée.

Et elle rappela, comme pour en remercier Jean et sa mère, tout le plaisir qu'elle avait pris à cette excursion et à cette pêche.

---

de mode: *ici*, de vêtements de femme
friper: gâter, plier

mappemonde: carte du monde sous forme de globe

---

90 *de style Empire.* À la mode du Premier Empire français (1804-1815), période où l'empereur Napoléon Ier a été au pouvoir.

91 *Atlas.* Cette pendule très compliquée est sous forme d'une mappemonde soulevée par Atlas, personnage de la mythologie grecque qui devait porter la Terre sur ses épaules.

92 *un melon d'appartement.* Les plantes intérieures, ou d'appartement, étant très à la mode à l'époque, l'auteur imagine ici la culture d'un melon (aussi ronde que la mappemonde), situé peut-être dans un coin ensoleillé du salon.

· — Vous savez, disait-elle, que j'ai mangé ce matin mes salicoques.
Elles étaient délicieuses. Si vous voulez, nous recommencerons un
jour ou l'autre cette partie-là...

Le jeune homme l'interrompit:

— Avant d'en commencer une seconde, si nous terminions la
première?

— Comment ça? Mais il me semble qu'elle est finie.

— Oh! Madame, j'ai fait, de mon côté, dans ce rocher de Saint-
Jouin, une pêche que je veux aussi rapporter chez moi.

Elle prit un air naïf et malin:

— Vous? Quoi donc? Qu'est-ce que vous avez trouvé?

— Une femme! Et nous venons, maman et moi, vous demander
si elle n'a pas changé d'avis ce matin.

Elle se mit à sourire:

— Non, Monsieur, je ne change jamais d'avis, moi.

Ce fut lui qui lui tendit alors sa main toute grande, où elle fit
tomber la sienne d'un geste vif et résolu. Et il demanda:

— Le plus tôt possible, n'est-ce pas?

— Quand vous voudrez.

— Six semaines?

— Je n'ai pas d'opinion. Qu'en pense ma future belle-mère?

Mme Roland répondit avec un sourire un peu mélancolique:

— Oh! moi, je ne pense rien. Je vous remercie seulement d'avoir
bien voulu Jean, car vous le rendrez très heureux.

— On fera ce qu'on pourra, maman.

Un peu attendrie, pour la première fois, Mme Rosémilly se leva
et, prenant à pleins bras Mme Roland, l'embrassa longtemps comme
un enfant; et sous cette caresse nouvelle une émotion puissante
gonfla le cœur malade de la pauvre femme. Elle n'aurait pu dire ce
qu'elle éprouvait. C'était triste et doux en même temps. Elle avait
perdu un fils, un grand fils, et on lui rendait à la place une fille, une
grande fille.

Quand elles se retrouvèrent face à face, sur leurs sièges, elles se
prirent les mains, et restèrent ainsi, se regardant et se souriant, tandis
que Jean semblait presque oublié d'elles.

Puis elles parlèrent d'un tas de choses auxquelles il fallait songer
pour ce prochain mariage, et quand tout fut décidé, réglé, Mme
Rosémilly parut soudain se souvenir d'un détail et demanda:

— Vous avez consulté M. Roland, n'est-ce pas?

La même rougeur couvrit soudain les joues de la mère et du fils.
Ce fut la mère qui répondit:

— Oh! non, c'est inutile!

Puis elle hésita, sentant qu'une explication était nécessaire, et elle reprit:

— Nous faisons tout sans lui rien dire. Il suffit de lui annoncer ce que nous avons décidé.

Mme Rosémilly, nullement surprise, souriait, jugeant cela bien naturel, car le bonhomme comptait si peu.

Quand Mme Roland se retrouva dans la rue avec son fils:

— Si nous allions chez toi, dit-elle. Je voudrais bien me reposer.

Elle se sentait sans abri, sans refuge, ayant l'épouvante de sa maison.

Ils entrèrent chez Jean.

Dès qu'elle sentit la porte fermée derrière elle, elle poussa un gros soupir comme si cette serrure l'avait mise en sûreté°; puis, au lieu de se reposer, comme elle l'avait dit, elle commença à ouvrir les armoires, à vérifier les piles de linge, le nombre des mouchoirs et des chaussettes. Elle changeait l'ordre établi pour chercher des arrangements plus harmonieux, qui plaisaient davantage à son œil de ménagère; et quand elle eut disposé les choses à son gré,° aligné les serviettes, les caleçons° et les chemises sur leurs tablettes° spéciales, divisé tout le linge en trois classes principales, linge de corps, linge de maison et linge de table, elle se recula pour contempler son œuvre, et elle dit:

— Jean, viens donc voir comme c'est joli.

Il se leva et admira pour lui faire plaisir.

Soudain, comme il s'était rassis, elle s'approcha de son fauteuil à pas légers, par-derrière, et, lui enlaçant le cou de son bras droit, elle l'embrassa en posant sur la cheminée un petit objet enveloppé dans un papier blanc, qu'elle tenait de l'autre main.

Il demanda:

— Qu'est-ce que c'est?

Comme elle ne répondait pas, il comprit, en reconnaissant la forme du cadre:

---

en sûreté: en sécurité
à son gré: selon ses goûts
caleçons: culottes courtes

(vêtement de dessus)
tablettes: plaques, rayons (dans une armoire)

— Donne! dit-il.

Mais elle feignit de ne pas entendre, et retourna vers ses armoires.

Il se leva, prit vivement cette relique douloureuse et, traversant l'appartement, alla l'enfermer à double tour, dans le tiroir de son bureau. Alors elle essuya du bout de ses doigts une larme au bord de ses yeux, puis elle dit, d'une voix un peu chevrotante°:

— Maintenant, je vais voir si ta nouvelle bonne tient bien ta cuisine. Comme elle est sortie en ce moment, je pourrai tout inspecter pour me rendre compte.

IX

Les lettres de recommandation des professeurs Mas-Roussel, Rémusot, Flache et Borriquel, écrites dans les termes les plus flatteurs pour le Dr Pierre Roland, leur élève, avaient été soumises par M. Marchand au conseil de la Compagnie transatlantique, appuyées par MM. Poulin, juge au tribunal de commerce, Lenient, gros armateur, et Marival, adjoint au maire du Havre, ami particulier du capitaine Beausire.

Il se trouvait que le médecin de la *Lorraine* n'était pas encore désigné, et Pierre eut la chance d'être nommé en quelques jours.

Le pli° qui l'en prévenait lui fut remis par la bonne Joséphine, un matin, comme il finissait sa toilette.

Sa première émotion fut celle du condamné à mort à qui on annonce sa peine commuée°; et il sentit immédiatement sa souffrance adoucie un peu par la pensée de ce départ et de cette vie calme, toujours bercée par l'eau qui roule, toujours errante, toujours fuyante.

Il vivait maintenant dans la maison paternelle en étranger muet et réservé. Depuis le soir où il avait laissé s'échapper devant son frère l'infâme secret découvert par lui, il sentait qu'il avait brisé les dernières attaches avec les siens. Un remords le harcelait d'avoir dit cette chose à Jean. Il se jugeait odieux, malpropre,° méchant, et cependant il était soulagé d'avoir parlé.

---

chevrotante: tremblante	**peine commuée:** sentence
pli: *ici*, enveloppe (de lettre)	(criminelle) amoindrie, allégée
	malpropre: sale

Jamais il ne rencontrait plus le regard de sa mère ou le regard de son frère. Leurs yeux pour s'éviter avaient pris une mobilité surprenante et des ruses d'ennemis qui redoutent de se croiser. Toujours il se demandait: « Qu'a-t-elle pu dire à Jean? A-t-elle avoué ou a-t-elle nié? Que croit mon frère? Que pense-t-il d'elle, que pense-t-il de moi? » Il ne devinait pas et s'en exaspérait. Il ne leur parlait presque plus d'ailleurs, sauf devant Roland, afin d'éviter ses questions.

Quand il eut reçu la lettre lui annonçant sa nomination, il la présenta, le jour même, à sa famille. Son père, qui avait une grande tendance à se réjouir de tout, battit des mains. Jean répondit d'un ton sérieux, mais l'âme pleine de joie:

— Je te félicite de tout mon cœur, car je sais qu'il y avait beaucoup de concurrents.° Tu dois cela certainement aux lettres de tes professeurs.

Et sa mère baissa la tête en murmurant:

— Je suis bien heureuse que tu aies réussi.

Il alla, après le déjeuner, aux bureaux de la Compagnie, afin de se renseigner sur mille choses; et il demanda le nom du médecin de la *Picardie* qui devait partir le lendemain, pour s'informer près de lui de tous les détails de sa vie nouvelle et des particularités qu'il y devait rencontrer.

Le Dr Pirette étant à bord, il s'y rendit, et il fut reçu dans une petite chambre de paquebot par un jeune homme à barbe blonde qui ressemblait à son frère. Ils causèrent longtemps.

On entendait dans les profondeurs sonores de l'immense bâtiment une grande agitation confuse et continue, où la chute des marchandises entassées dans les cales° se mêlait aux pas, aux voix, au mouvement des machines chargeant les caisses, aux sifflets des contremaîtres° et à la rumeur des chaînes traînées ou enroulées sur les treuils° par l'haleine rauque° de la vapeur qui faisait vibrer un peu le corps entier du gros navire.

Mais lorsque Pierre eut quitté son collègue et se retrouva dans la rue, une tristesse nouvelle s'abattit sur lui, et l'enveloppa comme ces brumes qui courent sur la mer, venues du bout du monde et qui

---

concurrents: candidats, compétiteurs
cales: fonds de l'intérieur du navire
contremaîtres: ceux qui dirigent les ouvriers
treuils: appareils à cordes servant à élever des poids
rauque: rude, enrouée

portent dans leur épaisseur insaisissable quelque chose de mystérieux et d'impur comme le souffle pestilentiel de terres malfaisantes et lointaines.

En ses heures de plus grande souffrance il ne s'était jamais senti plongé ainsi dans un cloaque° de misère. C'est que la dernière déchirure était faite; il ne tenait plus à rien. En arrachant de son cœur les racines° de toutes ses tendresses, il n'avait pas éprouvé encore cette détresse de chien perdu qui venait soudain de le saisir.

Ce n'était plus une douleur morale et torturante, mais l'affolement d'une bête sans abri, une angoisse matérielle d'être errant qui n'a plus de toit et que la pluie, le vent, l'orage, toutes les forces brutales du monde vont assaillir. En mettant le pied sur ce paquebot, en entrant dans cette chambrette balancée sur les vagues, la chair de l'homme qui a toujours dormi dans un lit immobile et tranquille s'était révoltée contre l'insécurité de tous les lendemains futurs. Jusqu'alors elle s'était sentie protégée, cette chair, par le mur solide enfoncé dans la terre qui le tient, et par la certitude du repos à la même place, sous le toit qui résiste au vent. Maintenant, tout ce qu'on aime braver° dans la chaleur du logis fermé deviendrait un danger et une constante souffrance.

Plus de sol sous les pas, mais la mer qui roule, qui gronde° et engloutit.° Plus d'espace autour de soi, pour se promener, courir, se perdre par les chemins, mais quelques mètres de planches pour marcher comme un condamné au milieu d'autres prisonniers. Plus d'arbres, de jardins, de rues, de maisons, rien que de l'eau et des nuages. Et sans cesse il sentirait remuer ce navire sous ses pieds. Les jours d'orage il faudrait s'appuyer aux cloisons,° s'accrocher aux portes, se cramponner° aux bords de la couchette étroite pour ne point rouler par terre. Les jours de calme il entendrait la trépidation° ronflante de l'hélice° et sentirait fuir ce bateau qui le porte, d'une fuite continue, régulière, exaspérante.

---

cloaque: fossé où l'on jette les eaux sales
racines: *ici*, liens, attaches
braver: confronter, faire face à
gronde: *ici*, fait un bruit sourd et menaçant
engloutit: avale

cloisons: murs légers
se cramponner: s'agripper, s'accrocher
trépidation: *ici*, tremblement bruyant (d'un objet)
hélice: appareil de propulsion

Et il se trouvait condamné à cette vie de forçat° vagabond, uniquement parce que sa mère s'était livrée° aux caresses d'un homme.

Il allait devant lui, défaillant° à présent sous la mélancolie désolée des gens qui vont s'expatrier.

Il ne se sentait plus au cœur ce mépris hautain, cette haine dédaigneuse pour les inconnus qui passent, mais une triste envie de leur parler, de leur dire qu'il allait quitter la France, d'être écouté et consolé. C'était, au fond de lui, un besoin honteux de pauvre qui va tendre la main, un besoin timide et fort de sentir quelqu'un souffrir de son départ.

Il songea à Marowsko. Seul le vieux Polonais l'aimait assez pour ressentir une vraie et poignante émotion; et le docteur se décida tout de suite à l'aller voir.

Quand il entra dans la boutique, le pharmacien, qui pilait° des poudres au fond d'un mortier de marbre, eut un petit tressaillement et quitta sa besogne:

— On ne vous aperçoit plus jamais? dit-il.

Le jeune homme expliqua qu'il avait eu à entreprendre des démarches nombreuses, sans en dévoiler le motif, et il s'assit en demandant:

— Eh bien! les affaires vont-elles?

Elles n'allaient pas, les affaires. La concurrence était terrible, le malade rare et pauvre dans ce quartier travailleur. On n'y pouvait vendre que des médicaments à bon marché; et les médecins n'y ordonnaient point ces remèdes rares et compliqués sur lesquels on gagne cinq cents pour cent. Le bonhomme conclut:

— Si ça dure encore trois mois comme ça, il faudra fermer boutique. Si je ne comptais pas sur vous, mon bon docteur, je me serais déjà mis à cirer° des bottes.

Pierre sentit son cœur se serrer, et il se décida brusquement à porter le coup,° puisqu'il le fallait:

— Oh! moi... moi... je ne pourrai plus vous être d'aucun secours. Je quitte le Havre au commencement du mois prochain.

---

forçat: prisonnier
livrée: *ici,* abandonnée
défaillant: s'affaiblissant
pilait: écrasait avec un bâton dur

cirer: polir, nettoyer (chaussures)
porter le coup: dire brusquement
la vérité

Marowsko ôta ses lunettes, tant son émotion fut vive:

— Vous... vous... qu'est-ce que vous dites là?

— Je dis que je m'en vais, mon pauvre ami.

Le vieux demeurait atterré,° sentant crouler° son dernier espoir, et il se révolta soudain contre cet homme qu'il avait suivi, qu'il aimait, en qui il avait eu tant de confiance, et qui l'abandonnait ainsi.

Il bredouilla:

— Mais vous n'allez pas me trahir à votre tour, vous?

Pierre se sentait tellement attendri qu'il avait envie de l'embrasser:

— Mais je ne vous trahis pas. Je n'ai point trouvé à me caser ici et je pars comme médecin sur un paquebot transatlantique.

— Oh! monsieur Pierre! Vous m'aviez si bien promis de m'aider à vivre!

— Que voulez-vous! Il faut que je vive moi-même. Je n'ai pas un sou de fortune.

Marowsko répétait:

— C'est mal, c'est mal, ce que vous faites. Je n'ai plus qu'à mourir de faim, moi. À mon âge, c'est fini. C'est mal. Vous abandonnez un pauvre vieux qui est venu pour vous suivre. C'est mal.

Pierre voulait s'expliquer, protester, donner ses raisons, prouver qu'il n'avait pu faire autrement; le Polonais n'écoutait point, révolté de cette désertion, et il finit par dire, faisant allusion sans doute à des événements politiques:

— Vous autres Français, vous ne tenez pas vos promesses.[93]

Alors Pierre se leva, froissé à son tour, et le prenant d'un peu haut°:

— Vous êtes injuste, père Marowsko. Pour se décider à ce que j'ai fait, il faut de puissants motifs; et vous devriez le comprendre. Au revoir. J'espère que je vous retrouverai plus raisonnable.

---

atterré: accablé, découragé
crouler: tomber, se détruire

le prenant d'un peu haut:
réagissant avec arrogance

---

93 *Vous autres Français, vous ne tenez pas vos promesses.* Ici, Marowsko, originaire de Pologne, peut bien faire allusion au premier soulèvement du peuple polonais (1830) contre la Russie. Les Polonais ont espéré l'aide de la France qui finalement n'a rien fait pour eux. (À l'âge de vingt ans, le compositeur Frédéric Chopin a fait partie de l'émigration polonaise de 1830 vers Paris.) *Voir* note 36.

Et il sortit.

— Allons, pensait-il, personne n'aura pour moi un regret sincère.

Sa pensée cherchait, allant à tous ceux qu'il connaissait, ou qu'il avait connus, et elle retrouva, au milieu de tous les visages défilant° dans son souvenir, celui de la fille de brasserie qui lui avait fait soupçonner sa mère.

Il hésita, gardant contre elle une rancune instinctive, puis soudain, se décidant, il pensa: « Elle avait raison, après tout. » Et il s'orienta pour retrouver sa rue.

La brasserie était, par hasard, remplie de monde et remplie aussi de fumée. Les consommateurs, bourgeois et ouvriers, car c'était un jour de fête, appelaient, riaient, criaient, et le patron lui-même servait, courant de table en table,

emportant des bocks vides et les rapportant pleins de mousse.

Quand Pierre eut trouvé une place, non loin du comptoir, il attendit, espérant que la bonne le verrait et le reconnaîtrait.

Mais elle passait et repassait devant lui, sans un coup d'œil, trottant menu° sous ses jupes avec un petit dandinement° gentil.

Il finit par frapper la table d'une pièce d'argent. Elle accourut:

— Que désirez-vous, Monsieur?

Elle ne le regardait pas, l'esprit perdu dans le calcul des consommations servies.

— Eh bien! fit-il, c'est comme ça qu'on dit bonjour à ses amis?

Elle fixa ses yeux sur lui, et d'une voix pressée:

— Ah! c'est vous. Vous allez bien. Mais je n'ai pas le temps aujourd'hui. C'est un bock que vous voulez?

— Oui, un bock.

---

défilant: passant, marchant
menu: *ici*, à petits pas

dandinement: balancement, déhanchement

Quand elle l'apporta, il reprit:

— Je viens te faire mes adieux. Je pars.

Elle répondit avec indifférence:

— Ah bah! Où allez-vous?

— En Amérique.

— On dit que c'est un beau pays.

Et rien de plus. Vraiment il fallait être bien malavisé pour lui parler ce jour-là. Il y avait trop de monde au café!

Et Pierre s'en alla vers la mer. En arrivant sur la jetée il vit la *Perle* qui rentrait portant son père et le capitaine Beausire. Le matelot Papagris ramait; et les deux hommes, assis à l'arrière, fumaient leur pipe avec un air de parfait bonheur. Le docteur songea en les voyant passer: « Bienheureux les simples d'esprit. »[94]

Et il s'assit sur un des bancs du brise-lames pour tâcher de s'engourdir dans une somnolence de brute.

Quand il rentra, le soir, à la maison, sa mère lui dit, sans oser lever les yeux sur lui:

— Il va te falloir un tas d'affaires pour partir, et je suis un peu embarrassée.° Je t'ai commandé tantôt ton linge de corps et j'ai passé chez le tailleur pour les habits°; mais n'as-tu besoin de rien autre, de choses que je ne connais pas, peut-être?

Il ouvrit la bouche pour dire: « Non, de rien. » Mais il songea qu'il lui fallait au moins accepter de quoi se vêtir décemment, et ce fut d'un ton très calme qu'il répondit:

— Je ne sais pas encore, moi; je m'informerai à la Compagnie.

Il s'informa, et on lui remit la liste des objets indispensables. Sa mère, en la recevant de ses mains, le regarda pour la première fois depuis bien longtemps, et elle avait au fond des yeux l'expression si humble, si douce, si triste, si suppliante des pauvres chiens battus qui demandent grâce.

Le 1er octobre, la *Lorraine*, venant de Saint-Nazaire,[95] entra au port du Havre, pour en repartir le 7 du même mois à destination

---

embarrassée: *ici*, indécise, perplexe   **habits:** costumes (d'homme)

---

94 « *Bienheureux les simples d'esprit.* » Remarque ironique de Pierre, adaptée du sermon sur la montagne du Nouveau Testament. (« Heureux les pauvres en esprit, car le royaume des cieux est à eux » Matthieu 5:3.)

95 *Saint-Nazaire.* Port français important de la côte Atlantique, à l'embouchure de la Loire.

de New York; et Pierre Roland dut prendre possession de la petite cabine flottante où serait désormais emprisonnée sa vie.

Le lendemain, comme il sortait, il rencontra dans l'escalier sa mère qui l'attendait et qui murmura d'une voix à peine intelligible.

— Tu ne veux pas que je t'aide à t'installer sur ce bateau?

— Non, merci, tout est fini.

Elle murmura:

— Je désire tant voir ta chambrette.

— Ce n'est pas la peine. C'est très laid et très petit.

Il passa, la laissant atterrée, appuyée au mur, et la face blême.

Or Roland, qui visita la *Lorraine* ce jour-là même, ne parla pendant le dîner que de ce magnifique navire et s'étonna beaucoup que sa femme n'eût aucune envie de le connaître puisque leur fils allait s'embarquer dessus.

Pierre ne vécut guère dans sa famille pendant les jours qui suivirent. Il était nerveux, irritable, dur, et sa parole brutale semblait fouetter tout le monde. Mais la veille de son départ il parut soudain très changé, très adouci. Il demanda, au moment d'embrasser ses parents avant d'aller coucher à bord pour la première fois:

— Vous viendrez me dire adieu, demain sur le bateau?

Roland s'écria:

— Mais oui, mais oui, parbleu. N'est-ce pas, Louise?

— Mais certainement, dit-elle tout bas.

Pierre reprit:

— Nous partons à onze heures juste. Il faut être là-bas à neuf heures et demie au plus tard.

— Tiens! s'écria son père, une idée. En te quittant nous courrons bien vite nous embarquer sur la *Perle* afin de t'attendre hors des jetées et de te voir encore une fois. N'est-ce pas, Louise?

— Oui, certainement.

Roland reprit:

— De cette façon, tu ne nous confondras pas avec la foule qui encombre le môle quand partent les transatlantiques. On ne peut jamais reconnaître les siens dans le tas. Ça te va?

— Mais oui, ça me va. C'est entendu.

Une heure plus tard il était étendu dans son petit lit marin, étroit et long comme un cercueil.° Il y resta longtemps, les yeux ouverts, songeant à tout ce qui s'était passé depuis deux mois dans sa vie, et surtout dans son âme. À force d'avoir souffert et fait souffrir les autres, sa douleur agressive et vengeresse s'était fatiguée, comme une lame émoussée.° Il n'avait presque plus le courage d'en vouloir à quelqu'un et de quoi que ce fût, et il laissait aller sa révolte à vau-l'eau° à la façon de son existence. Il se sentait tellement las de lutter, las de frapper, las de détester, las de tout, qu'il n'en pouvait plus et tâchait d'engourdir son cœur dans l'oubli, comme on tombe dans le sommeil. Il entendait vaguement autour de lui les bruits nouveaux du navire, bruits légers, à peine perceptibles en cette nuit calme du port; et de sa blessure° jusque-là si cruelle il ne sentait plus aussi que les tiraillements° douloureux des plaies qui se cicatrisent.°

---

cercueil: boîte où l'on renferme un mort
émoussée: moins tranchante
à vau-l'eau: au gré du courant de l'eau

blessure: lésion, plaie
tiraillements: contractions douloureuses
se cicatrisent: se ferment (blessures)

Il avait dormi profondément quand le mouvement des matelots le tira de son repos. Il faisait jour, le train de marée⁹⁶ arrivait au quai amenant les voyageurs de Paris.

Alors il erra sur le navire au milieu de ces gens affairés,° inquiets, cherchant leurs cabines, s'appelant, se questionnant et se répondant au hasard, dans l'effarement du voyage commencé. Après qu'il eut salué le capitaine et serré la main de son compagnon le commissaire du bord, il entra dans le salon où quelques Anglais sommeillaient déjà dans les coins. La grande pièce aux murs de marbre blanc encadrés de filets d'or prolongeait indéfiniment dans les glaces la perspective de ses longues tables flanquées de deux lignes illimitées de sièges tournants, en velours grenat.° C'était bien là le vaste hall flottant et cosmopolite où devaient manger en commun les gens riches de tous les continents. Son luxe opulent était celui des grands hôtels, des théâtres, des lieux publics, le luxe imposant et banal qui satisfait l'œil des millionnaires. Le docteur allait passer dans la partie du navire réservée à la seconde classe, quand il se souvint qu'on avait embarqué la veille au soir un grand troupeau d'émigrants,⁹⁷ et il descendit dans l'entrepont.° En y pénétrant, il fut saisi par une odeur nauséabonde d'humanité pauvre et malpropre, puanteur de chair nue plus écœurante° que celle du poil ou de la laine des bêtes. Alors, dans une sorte de souterrain obscur et bas, pareil aux galeries des mines, Pierre aperçut des centaines d'hommes, de femmes et d'enfants étendus sur des planches superposées ou grouillant° par tas sur le sol. Il ne distinguait point les

affairés: très préoccupés	**écœurante:** dégoûtante,
grenat: rouge (de pierre précieuse)	nauséabonde
entrepont: étage du navire où	**grouillant:** remuant en masse
voyagent les passagers de	confuse
troisième classe	

96 *le train de marée.* Train qui arrive régulièrement de Paris pour déposer les voyageurs qui vont s'embarquer, et qui ensuite repart avec les poissons et les crustacés destinés aux marchés parisiens.

97 *un grand troupeau d'émigrants.* Vers la fin du XIXe siècle des centaines de milliers d'émigrants de la vieille Europe — de l'Europe de l'Est, de Russie, d'Irlande, d'Italie... commençaient à se diriger vers l'Amérique. Un grand nombre d'émigrants, la majorité très pauvres, s'embarquaient au Havre pour débarquer à New York. Quoiqu'il parle d'eux sur un ton méprisant, Pierre, qui quitte l'Europe sur le même bateau, pourrait bien s'identifier à ce « troupeau ».

visages mais voyait vaguement cette foule sordide en haillons,° cette foule de misérables vaincus par la vie, épuisés, écrasés, partant avec une femme maigre et des enfants exténués° pour une terre inconnue, où ils espéraient ne point mourir de faim, peut-être.

Et songeant au travail passé, au travail perdu, aux efforts stériles, à la lutte acharnée, reprise chaque jour en vain, à l'énergie dépensée par ces gueux,° qui allaient recommencer encore, sans savoir où, cette existence d'abominable misère, le docteur eut envie de leur crier: « Mais foutez-vous° donc à l'eau avec vos femelles et vos petits!» Et son cœur fut tellement étreint par la pitié qu'il s'en alla, ne pouvant supporter leur vue.

Son père, sa mère, son frère et Mme Rosémilly l'attendaient déjà dans sa cabine.

— Si tôt, dit-il.

— Oui, répondit Mme Roland d'une voix tremblante, nous voulions avoir le temps de te voir un peu.

Il la regarda. Elle était en noir, comme si elle eût porté un deuil,° et il s'aperçut brusquement que ses cheveux, encore gris le mois dernier, devenaient tout blancs à présent.

Il eut grand-peine à faire asseoir les quatre personnes dans sa petite demeure, et il sauta sur son lit. Par la porte restée ouverte on voyait passer une foule nombreuse comme celle d'une rue un jour de fête, car tous les amis des embarqués et une armée de simples curieux avaient envahi l'immense paquebot. On se promenait dans les couloirs, dans les salons, partout, et des têtes s'avançaient jusque dans la chambre tandis que des voix murmuraient au dehors: « C'est l'appartement du docteur. »

Alors Pierre poussa la porte; mais dès qu'il se sentit enfermé avec les siens, il eut envie de la rouvrir, car l'agitation du navire trompait° leur gêne et leur silence.

Mme Rosémilly voulut enfin parler:

— Il vient bien peu d'air par ces petites fenêtres, dit-elle.

— C'est un hublot,° répondit Pierre.

°**haillons:** vieux vêtements déchirés
exténués: affaiblis, épuisés
gueux: indigents, pauvres
foutez-vous: (vulgaire) jetez-vous, mettez-vous

porté un deuil: pleuré un mort
trompait: *ici*, faisait oublier
°**hublot:** petite fenêtre ronde, dans un bateau

Il en montra l'épaisseur qui rendait le verre capable de résister aux chocs les plus violents, puis il expliqua longuement le système de fermeture. Roland à son tour demanda:

— Tu as ici même la pharmacie?

Le docteur ouvrit une armoire et fit voir une bibliothèque de fioles qui portaient des noms latins sur des carrés° de papier blanc.

Il en prit une pour énumérer les propriétés de la matière qu'elle contenait, puis une seconde, puis une troisième, et il fit un vrai cours de thérapeutique qu'on semblait écouter avec grande attention.

Roland répétait en remuant la tête:

— Est-ce intéressant cela!

On frappa doucement contre la porte.

— Entrez! cria Pierre.

Et le capitaine Beausire parut.

Il dit, en tendant la main:

— Je viens tard parce que je n'ai pas voulu gêner vos épanchements.°

Il dut aussi s'asseoir sur le lit. Et le silence recommença.

Mais, tout à coup, le capitaine prêta l'oreille. Des commandements lui parvenaient à travers la cloison, et il annonça:

— Il est temps de nous en aller si nous voulons embarquer dans la *Perle* pour vous voir encore à la sortie, et vous dire adieu en pleine mer.

Roland père y tenait beaucoup, afin d'impressionner les voyageurs de la *Lorraine* sans doute, et il se leva avec empressement:

— Allons, adieu, mon garçon.

Il embrassa Pierre sur ses favoris, puis rouvrit la porte.

Mme Roland ne bougeait point et demeurait les yeux baissés, très pâle.

Sou mari lui toucha le bras:

— Allons, dépêchons-nous, nous n'avons pas une minute à perdre.

Elle se dressa, fit un pas vers son fils et lui tendit, l'une après l'autre, deux joues de cire° blanche, qu'il baisa sans dire un mot.

---

carrés: *ici*, petites fiches
épanchements: *ici*, effusions familiales

cire: substance dont on fait des chandelles

Puis il serra la main de Mme Rosémilly, et celle de son frère en lui demandant:

— À quand ton mariage?

— Je ne sais pas encore au juste. Nous le ferons coïncider avec un de tes voyages.

Tout le monde enfin sortit de la chambre et remonta sur le pont encombré de public, de porteurs de paquets et de marins.

La vapeur ronflait dans le ventre énorme du navire qui semblait frémir d'impatience.

— Adieu, dit Roland toujours pressé.

— Adieu, répondit Pierre debout au bord d'un des petits ponts de bois qui faisaient communiquer la *Lorraine* avec le quai.

Il serra de nouveau toutes les mains et sa famille s'éloigna.

— Vite, vite, en voiture! criait le père.

Un fiacre° les attendait qui les conduisit à l'avant-port où Papagris tenait la *Perle* toute prête à prendre le large.°

Il n'y avait aucun souffle d'air; c'était un de ces jours secs et calmes d'automne, où la mer polie semble froide et dure comme de l'acier.°

Jean saisit un aviron, le matelot borda l'autre et ils se mirent à ramer. Sur le brise-lames, sur les jetées, jusque sur les parapets de granit, une foule innombrable, remuante et bruyante, attendait la *Lorraine*.

La *Perle* passa entre ces deux vagues humaines et fut bientôt hors du môle.

Le capitaine Beausire, assis entre les deux femmes, tenait la barre et il disait:

— Vous allez voir que nous nous trouverons juste sur sa route, mais là, juste.

Et les deux rameurs tiraient de toute leur force pour aller le plus loin possible. Tout à coup Roland s'écria:

— La voilà. J'aperçois sa mâture et ses deux cheminées. Elle sort du bassin.

— Hardi! les enfants, répétait Beausire.

---

fiacre: voiture à cheval louée à
     l'heure
prendre le large: partir en haute

mer
acier: métal gris argenté, fait de fer
    et de carbone

Mme Roland prit son mouchoir dans sa poche et le posa sur ses yeux.

Roland était debout, cramponné au mât; il annonçait:

— En ce moment elle évolue° dans l'avant-port... Elle ne bouge plus... Elle se remet en mouvement... Elle a dû prendre son remorqueur... Elle marche... bravo!... Elle s'engage dans les jetées!... Entendez-vous la foule qui crie... bravo!... c'est le *Neptune* qui la tire... je vois son avant maintenant... la voilà, la voilà... Nom de Dieu, quel bateau! Nom de Dieu! regardez donc!...

Mme Rosémilly et Beausire se retournèrent; les deux hommes cessèrent de ramer; seule Mme Roland ne remua point.

L'immense paquebot, traîné par un puissant remorqueur qui avait l'air, devant lui, d'une chenille,° sortait lentement et royalement du port. Et le peuple havrais massé sur les môles, sur la plage, aux fenêtres, emporté soudain par un élan patriotique se mit à crier: « Vive la *Lorraine*! » acclamant et applaudissant ce départ magnifique, cet enfantement° d'une grande ville maritime qui donnait à la mer sa plus belle fille.

Mais elle, dès qu'elle eut franchi l'étroit passage enfermé entre deux murs de granit, se sentant libre enfin, abandonna son remorqueur, et elle partit toute seule comme un énorme monstre courant sur l'eau.

— La voilà... la voilà!... criait toujours Roland. Elle vient droit sur nous.

Et Beausire, radieux, répétait:

— Qu'est-ce que je vous avais promis, hein? Est-ce que je connais leur route?

Jean, tout bas, dit à sa mère:

— Regarde, maman, elle approche.

Et Mme Roland découvrit ses yeux aveuglés par les larmes.

La *Lorraine* arrivait, lancée à toute vitesse dès sa sortie du port, par ce beau temps clair, calme. Beausire, la lunette braquée,° annonça:

— Attention! M. Pierre est à l'arrière, tout seul, bien en vue. Attention!

évolue: *ici*, passe   **enfantement:** accouchement
chenille: larve du papillon   **braquée:** dirigée vers

Haut comme une montagne et rapide comme un train, le navire, maintenant, passait presque à toucher la *Perle*.

Et Mme Roland, éperdue, affolée, tendit les bras vers lui, et elle vit son fils, son fils Pierre, coiffé de sa casquette galonnée,° qui lui jetait à deux mains des baisers d'adieu.

Mais il s'en allait, il fuyait, disparaissait, devenu déjà tout petit, effacé comme une tache imperceptible sur le gigantesque bâtiment. Elle s'efforçait de le reconnaître encore et ne le distinguait plus.

Jean lui avait pris la main:

— Tu as vu? dit-il.

— Oui, j'ai vu. Comme il est bon!

Et on retourna vers la ville.

— Cristi! ça va vite, déclarait Roland avec une conviction enthousiaste.

Le paquebot, en effet, diminuait de seconde en seconde comme s'il eût fondu dans l'Océan. Mme Roland tournée vers lui le regardait s'enfoncer à l'horizon vers une terre inconnue, à l'autre bout du monde. Sur ce bateau que rien ne pouvait arrêter, sur ce bateau qu'elle n'apercevrait plus tout à l'heure, était son fils, son pauvre fils. Et il lui semblait que la moitié de son cœur s'en allait avec lui, il lui semblait aussi que sa vie était finie, il lui semblait encore qu'elle ne reverrait jamais plus son enfant.

— Pourquoi pleures-tu, demanda son mari, puisqu'il sera de retour avant un mois?

Elle balbutia:

— Je ne sais pas. Je pleure parce que j'ai mal.

Lorsqu'ils furent revenus à terre, Beausire les quitta tout de suite pour aller déjeuner chez un ami. Alors Jean partit en avant avec Mme Rosémilly, et Roland dit à sa femme:

— Il a une belle tournure, tout de même, notre Jean.

— Oui, répondit la mère.

Et comme elle avait l'âme trop troublée pour songer à ce qu'elle disait, elle ajouta:

— Je suis bien heureuse qu'il épouse Mme Rosémilly.

Le bonhomme fut stupéfait:

---

galonnée: ornée de rubans
    d'officier

— Ah bah! Comment? Il va épouser Mme Rosémilly?

— Mais oui. Nous comptions te demander ton avis aujourd'hui même.

— Tiens! tiens! Y a-t-il longtemps qu'il est question de cette affaire-là?

— Oh! non. Depuis quelques jours seulement. Jean voulait être sûr d'être agréé° par elle avant de te consulter.

Roland se frottait les mains:

— Très bien, très bien. C'est parfait. Moi je l'approuve absolument.

Comme ils allaient quitter le quai et prendre le boulevard François-Ier,[98] sa femme se retourna encore une fois pour jeter un dernier regard sur la haute mer; mais elle ne vit plus rien qu'une petite fumée grise, si lointaine, si légère qu'elle avait l'air d'un peu de brume.

agréé: reçu favorablement

---

98 *prendre le boulevard François-Ier.* Ce qui indique que M. et Mme Roland ont l'intention de se rendre directement chez Jean, qui habite ce boulevard.

Activités

Mise en train

1. Décrivez votre famille. Avez-vous des frères ou des sœurs?

2. Si vous avez des frères ou des sœurs, êtes-vous plus âgé(e) ou plus jeune qu'eux? Est-ce que la différence d'âge a une influence sur vos rapports familiaux?

3. Qu'est-ce que vous avez en commun avec vos frères ou sœurs (par exemple, des traits physiques ou vos goûts, vos préférences)? Qu'est-ce qui vous différencie?

4. Avez-vous déjà été choisi(e) comme légataire ou légataire universel? Ou est-ce qu'un membre de votre famille a déjà été choisi comme légataire? Si oui, les conséquences ont-elles été bonnes ou mauvaises?

5. L'argent joue un rôle dans les rapports humains. Citez des exemples positifs et négatifs.

6. Qu'est-ce que la jalousie signifie pour vous?

7. Êtes-vous actuellement jaloux/jalouse d'un(e) de vos frères ou sœurs? Si oui, pourquoi?

8. Si vous avez un problème avec un(e) de vos frères ou sœurs, que faites-vous? Parlez-vous à votre père ou votre mère ou parlez-vous directement à votre frère ou sœur?

9. Vos frères, vos sœurs et vous-même, avez-vous les mêmes père et mère? Ou y a-t-il un beau-père ou une belle-mère dans votre famille? Est-ce que votre famille est traditionnelle ou non traditionnelle?

10. Les membres de votre famille et vous, vous entendez-vous bien? Justifiez votre réponse avec des exemples précis.

11. *Pierre et Jean* est une histoire maritime. Avez-vous vécu près de la mer? Qu'est-ce que vous savez de la vie maritime?

12. Avant de commencer à lire *Pierre et Jean*, apprenez le vocabulaire maritime qu'utilise Maupassant. Les cinq catégories suivantes pourront vous aider: les bateaux, les gens de la mer, la mer, la pêche et le port. (Voir les pages 27-30.)

« Le Roman »

Attention: Comme la préface de Pierre et Jean *est relativement difficile, il est recommandé que les étudiants qui sont débutants en littérature la lisent et la discutent après avoir lu et analysé* Pierre et Jean *en entier.*

1. Dans cet essai, Guy de Maupassant fait référence à plusieurs de ses contemporains. Auxquels fait-il référence? Fait-il aussi référence à des écrivains antérieurs?

2. Identifiez des contemporains de Maupassant. Quelles œuvres ont-ils écrites? Avez-vous entendu parler de ces livres? En avez-vous lu? Si oui, lesquels? Les aimez-vous?

3. *Pierre et Jean* est un roman. En quoi consiste un roman pour Maupassant? En quoi consiste un roman pour vous?

4. Le roman, la poésie, le conte, la légende, la fable, la nouvelle, la pièce de théâtre, les mémoires et le récit de vie sont toutes des œuvres littéraires. Comment se distinguent-elles l'une de l'autre? Qu'est-ce qu'elles ont en commun?

5. Quels conseils Maupassant donne-t-il dans cet essai en ce qui concerne le roman? Êtes-vous d'accord? Justifiez votre réponse avec des exemples précis.

6. Comment définissez-vous le réalisme dans le domaine littéraire?

7. Écrivez-vous ou avez-vous essayé d'écrire des contes ou un roman? Parlez un peu de votre expérience.

8. Que pensez-vous du conseil que Maupassant emprunte à Chateaubriand et donne aux jeunes écrivains: « le talent est une longue patience »? Comment devient-on original?

9. Après avoir lu *Pierre et Jean*, trouvez dans sa préface « Le Roman » la description qui convient le mieux au type de roman que représente *Pierre et Jean*. À votre avis, Maupassant, a-t-il réussi à créer le type d'œuvre qu'il décrit?

10. Choisissez un des romans mentionnés par Maupassant dans « Le Roman ». Lisez-le et, selon les diverses catégories de Maupassant, expliquez où il se situe. Par exemple, lisez *Madame Bovary* de Gustave Flaubert. La description que donne Maupassant de la façon de travailler de Flaubert, est-elle juste?

11. Selon vous, est-il possible de faire les distinctions nettes que fait Maupassant parmi les différents types de romans: roman réaliste, roman d'analyse pure, roman objectif? Justifiez votre réponse avec des exemples précis.

12. L'objectivité est-elle possible? Si non, expliquez pourquoi elle ne l'est pas.

13. Maupassant, se considère-t-il lui-même un homme de génie? Ou bien, se réfère-t-il aux maîtres sans tenir compte de lui-même?

14. Lisez *L'Art poétique* de Nicolas Boileau (1674). Il y décrit les règles classiques du dix-septième siècle. Sont-elles toujours pertinentes?

15. Faut-il qu'un récit soit vraisemblable? Définissez la vraisemblance et signalez des œuvres que vous connaissez qui le sont ou qui ne le sont pas et dites pourquoi.

Choix multiples, Questions et Pistes d'exploration

Chapitre I

1. Pourquoi le père Roland croit-il qu'on ne devrait jamais pêcher qu'entre hommes?
   A. Les femmes dorment trop
   B. Les femmes vous font embarquer trop tôt
   C. Les femmes vous font embarquer trop tard
   D. Les femmes parlent trop

2. Pierre et Jean mentent à leur père. De quel mensonge s'agit-il?
   A. La quantité de poissons attrapés
   B. La qualité des poissons attrapés
   C. La fraîcheur des poissons attrapés
   D. La couleur des poissons attrapés

3. Pourquoi Pierre pense-t-il que ses parents sont frustrés à cause de lui?
   A. Pierre n'est pas aussi beau que Jean
   B. Pierre change de profession trop souvent
   C. Pierre ne gagne pas suffisamment d'argent
   D. Pierre est trop sévère envers ses clients

4. Mme Rosémilly est veuve. Pourquoi Mme Roland est-elle contente de l'inviter chez elle?
   A. M. Roland peut lui poser des questions sur son mari, un capitaine décédé
   B. Mme Rosémilly est jeune et jolie
   C. Mme Rosémilly est riche et une femme potentielle pour Pierre ou pour Jean
   D. Mme Rosémilly est toute seule

5. Pourquoi M. Roland a-t-il invité Mme Rosémilly à faire de la pêche en dépit du fait qu'elle ne serait pas prête avant neuf heures du matin?
   A. Pour faire plaisir à sa femme
   B. Pour gagner son respect
   C. Pour gagner un peu d'argent
   D. Pour faire plaisir à ses fils

6. Selon M. Roland, à quoi Mme Rosémilly s'intéresse-t-elle vraiment?
   A. À la promenade en mer
   B. À la promenade en plein air
   C. À la discussion avec Mme Roland
   D. À la discussion avec lui

7. Qu'est-ce qui rend Mme Rosémilly un peu malade?

   A. Les mouvements de la *Perle*
   B. L'arrivée de la *Normandie*
   C. L'emploi du tube de cuivre
   D. L'odeur des poissons

8. Pourquoi Mme Roland n'ose-t-elle jamais demander à son mari de la promener en mer?

   A. Elle a peur de la mer
   B. Elle a peur de sa réaction
   C. Elle a peur de la réaction de Pierre et de Jean
   D. Elle a pris trop de poids

9. Que fait M. Roland chaque jour devant la place de la Bourse?

   A. Il contemple un chapeau dans un magasin de modes
   B. Il contemple un bijou dans un magasin d'orfèvrerie
   C. Il contemple sa vie à la mer
   D. Il contemple le bassin du Commerce

10. Qui est M. Lecanu?

    A. Un notaire et ami de M. Roland
    B. Un notaire et ami de Mme Roland
    C. Un notaire et ami de Mme Rosémilly
    D. Un notaire et ami de Pierre

11. Quel est le titre qui précède le nom de tous les notaires?

    A. Monsieur le notaire
    B. Docteur
    C. Maître
    D. Professeur

12. Qui est le légataire universel de M. Maréchal?

    A. M. Roland
    B. Mme Roland
    C. Pierre
    D. Jean

13. À combien sont estimées les rentes annuelles de M. Maréchal?

    A. Une vingtaine de million de francs de rente en obligations trois pour cent

    B. Une vingtaine de francs de rente en obligations trois pour cent

    C. Une vingtaine de mille francs de rente en obligations trois pour cent

    D. Mille francs de rente en obligations trois pour cent

14. Quel mot signifie une pièce en forme de roue qui oriente un bateau?

    A. Une barque

    B. Une barre

    C. Un brick

    D. Un aviron

15. Quel mot est synonyme d'aviron?

    A. La rame

    B. L'avarie

    C. La cale

    D. Le foc

16. Qui est chargé des repas et du service des passagers sur un bateau?

    A. Le matelot

    B. Le mousse

    C. Le remorqueur

    D. Le commissaire de bord

17. Quel mot signifie des plaques qui recouvrent le corps des poissons?

    A. Les hameçons

    B. Les nageoires

    C. Les écailles

    D. Les bouchons de liège

18. Quel mot signifie « tirer moins fort sur les rames »?

   A. Haler
   B. Mollir
   C. Embarquer
   D. Souquer

Questions

1. Quelles indications de temps et de lieu permettent au lecteur de savoir où et quand se déroulent les événements du premier chapitre? Comment font-elles partie d'un récit réaliste?

2. En quoi les deux frères, Pierre et Jean, sont-ils différents? Et en quoi sont-ils similaires?

3. Comment sait-on que Mme Rosémilly préfère Jean? Quels en sont les indices?

4. Quels types de lectures Mme Roland aimait-elle faire et pourquoi?

5. Décrivez les efforts de Pierre et de Jean ce jour-là pour rentrer à la nage avec Mme Rosémilly dans le bateau, par comparaison aux jours où ils sont seuls dans le bateau avec leur père.

6. À ce moment-là quelle est la différence entre les opinions des deux frères au sujet de Mme Rosémilly? Par exemple, comment Pierre l'appelle-t-il?

7. Quelle est la réaction des Roland quand ils apprennent que M. Lecanu leur rendra visite ce soir-là? Et celle de Mme Rosémilly?

8. Quelle est la suggestion de Pierre à propos de la visite de M. Lecanu? Pourquoi Jean est-il gêné par cette suggestion?

9. Quelle idée raisonnable M. Roland offre-t-il pour expliquer la visite de M. Lecanu? M. Roland finit-il par se demander quelle est la véritable raison de cette visite?

10. Mme Roland connaît bien ses fils. Par conséquent, elle s'inquiète beaucoup à propos du choix du légataire universel par M. Maréchal. Examinez ses inquiétudes et faites une liste de justifications.

Pistes d'exploration

1. Où se trouve Le Havre? Pour quels produits ou industries est-il connu aujourd'hui?

2. En utilisant les paroles de M. Roland qui se trouvent à la page 64, trouvez sur une carte de Normandie les villes qu'il décrit. Ensuite, faites des recherches pour découvrir comment ces endroits ont changé depuis le temps de Maupassant.

3. La région de Normandie est connue pour le débarquement des Alliés pendant la Deuxième Guerre Mondiale (précisément, le 6 juin 1944). Faites des recherches géographiques sur cette région historique.

4. Faites un répertoire de tous les personnages présentés dans le premier chapitre en créant un tableau qui montre les relations entre eux. Qu'est-ce que le lecteur peut déduire à propos de « l'univers » du récit?

Chapitre II

1. Où va Pierre au début du chapitre?

    A. Au café Tortoni

    B. À la *Perle*

    C. Au théâtre

    D. À la jetée du grand quai

2. Les navires qui allaient entrer au port à la prochaine marée venaient de tous les pays suivants sauf

    A. du Japon

    B. du Danemark

    C. de Suisse

    D. de Turquie

3. Pendant que Pierre contemple la lune, qui aperçoit-il?

    A. Un rêveur dans une barque de pêche

    B. Son frère assis à l'extrémite du môle

    C. Son père dans une barque de pêche

    D. Sa mère assise sur le quai

4. Pendant un moment, Pierre est content de s'asseoir à côté de Jean et de prendre l'air. Mais il s'en va brusquement car

    A. il est fâché que Jean se marie avec Mme Rosémilly

    B. sa jalousie envers Jean le bouleverse

    C. sa mère a besoin de son aide

    D. il a oublié qu'il avait un rendez-vous important au café Tortoni

5. Après avoir quitté Jean, où va Pierre?

    A. Chez sa mère

    B. Au café Tortoni

    C. Au quartier d'Ingouville

    D. Chez Mme Rosémilly

6. Qui est le père Marowsko?

    A. Un réfugié de Pologne

    B. Un vieux médecin du Havre

    C. Un ancien professeur de Pierre

    D. Un avocat

7. Pourquoi le père Marowsko s'attache-t-il à Pierre?

    A. Pierre lui donne de l'argent

    B. Le père Marowsko veut lui vendre son cabinet de médecin

    C. Il compte avoir une belle clientèle grâce à Pierre

    D. Pierre était un de ses meilleurs étudiants

8. Pourquoi Pierre va-t-il chez le père Marowsko?

    A. Marowsko est avocat et peut aider Pierre à disputer le choix du légataire universel de M. Maréchal

    B. Pour se calmer en prenant un verre avec lui

    C. Pour chercher des médicaments

    D. Pour discuter de ses études de médecine

9. Marowsko suggère tous les noms suivants pour sa nouvelle liqueur sauf

    A. l'essence de groseille
    B. la groséline
    C. la grosélia
    D. la groseille

Questions

1. Décrivez le comportement de Pierre au début du chapitre II.

2. Pierre se rend enfin compte qu'il est jaloux de Jean. Comment décrit-il sa jalousie? À quoi fait-il référence?

3. En apprenant la nouvelle du choix du légataire universel de M. Maréchal, le père Marowsko dit « ça ne fera pas un bon effet. » Qu'est-ce que cette phrase signifie?

Pistes d'exploration

1. Relevez, dans le texte, certains passages au style indirect et au style indirect libre. Quel effet ce passage au style indirect et au style indirect libre produit-il?

2. Le style indirect libre est un moyen par lequel le lecteur peut entrer dans la conscience intérieure de Pierre. Par quels autres procédés le lecteur peut-il y entrer?

3. Que pourrions-nous conclure, comme lecteurs, à propos du point de vue adopté par le narrateur dans la première partie du texte?

Chapitre III

1. Comment Pierre compte-t-il devenir riche?

    A. En voyant au moins vingt malades par jour
    B. En captant la clientèle riche du Havre
    C. En vendant les liqueurs du père Marowsko à la clientèle riche du Havre
    D. En ouvrant deux cabinets de médecin

2. Pour atteindre son but de devenir un riche médecin, Pierre ferait toutes les actions suivantes sauf celle(s)-ci:

   A. Il mettrait une réclame habile dans *le Figaro*
   B. Il ne se marierait jamais
   C. Il aurait des maîtresses en plus d'une femme riche
   D. Il serait généreux envers ses parents

3. Pourquoi la famille Roland n'a-t-elle pas attendu Pierre avant de commencer à déjeuner?

   A. La famille déjeunait toujours à une heure précise
   B. Tout le monde avait très faim
   C. Il fallait être chez le notaire à deux heures
   D. Il fallait laver les assiettes

4. Comment Mme Roland arrive-t-elle à changer la direction de la discussion?

   A. Elle parle d'un meurtre qui a été commis
   B. Elle propose un beau dessert
   C. Elle offre des tasses de thé
   D. Elle pose des questions à propos de la *Perle*

5. Pendant que M. et Mme Roland et son frère Jean vont chez le notaire, que fait Pierre?

   A. Il finit son déjeuner
   B. Il cherche et trouve un appartement à louer
   C. Il cherche de l'argent pour louer un appartement
   D. Il fait une sieste

6. Combien d'argent Pierre veut-il emprunter à Jean?

   A. Trois mille francs
   B. Huit mille francs
   C. Quinze cents francs
   D. Sept cent cinquante francs

7. Pierre est fier d'un seul des aspects de sa vie décrits ci-dessous. Duquel est-il fier?

   A. Il doit demander de l'argent à sa mère
   B. Il flâne partout
   C. Il n'a pas son propre argent
   D. Il se voit comme intellectuel et supérieur à son frère Jean

8. À qui Pierre va-t-il rendre une petite visite?

   A. À Mme Rosémilly
   B. Au père Marowsko
   C. À un autre médecin
   D. À une petite bonne de brasserie

9. Pourquoi Pierre va-t-il dire à Jean de ne pas accepter la fortune de M. Maréchal?

   A. Pour protéger l'honneur de leur mère
   B. Pour donner l'argent aux pauvres, qui est l'acte le plus noble
   C. Pour lui éviter les ennuis de quelqu'un qui a beaucoup d'argent
   D. Pour qu'il reste au même niveau financier que lui-même

Questions

1. Que cherche Pierre dans les rues du Havre?

2. Pourquoi Pierre n'est-il pas content de la côtelette réservée pour son déjeuner?

3. Quelle différence y a-t-il entre les suggestions de Pierre et celles de ses parents en ce qui concerne l'avenir de Jean?

4. Pourquoi Pierre commence-t-il à songer aux femmes? Veut-il se marier?

5. Pourquoi est-ce que la petite bonne de brasserie finit par tutoyer Pierre?

6. Pourquoi à votre avis Pierre raconte-t-il l'histoire de l'héritage de Jean à la petite bonne de brasserie?

7. Pourquoi est-ce que la phrase « Ça n'est pas étonnant qu'il te ressemble si peu » émise par la petite bonne de brasserie frappe tellement Pierre? (94) Comparez cette phrase à celle du père Marowsko, « Ça ne fera pas un bon effet. » (85)

8. Quand Pierre rentre chez lui, qui est là et qu'est-ce qui se passe? Décrivez la scène.

9. Mme Roland déclare « Non, non, père, aujourd'hui tout est pour Jean. » (97) Qu'est-ce que cette phrase veut dire? Quel en est le résultat? Quelle est la réaction de Pierre?

10. De quoi Pierre a-t-il peur?

11. Qu'est-ce qui pousse M. Roland à raconter les récits de pêche?

12. Comment Pierre explique-t-il à son père qu'un verre de vin est plus dangereux qu'une balle de pistolet? Quelle est la réaction du capitaine Beausire devant l'explication de Pierre? Et la réaction de sa mère, Mme Roland?

13. Quel rôle le capitaine Beausire joue-t-il dans l'histoire jusqu'ici?

14. Pourquoi Pierre a-t-il honte vis-à-vis de Mme Rosémilly?

15. Que fait M. Roland pour continuer à boire du champagne sans éveiller les remarques de Pierre?

16. Beausire se lève pour porter un toast. Quelle est la réaction de M. Roland? Comparez-la avec celle de Jean.

17. Mme Rosémilly boit à la mémoire bénie de M. Maréchal. Pourquoi cette action est-elle importante?

Pistes d'exploration

1. Devenir médecin n'est pas facile. Faites la description d'un médecin de nos jours qui a énormément de succès. Comment un médecin peut-il bien gagner sa vie?

2. Pierre donne l'impression d'être un intellectuel snob. Envers qui ou quoi est-il snob? Justifiez votre réponse avec des exemples précis. Connaissez-vous quelqu'un qui ressemble à Pierre? Qu'est-ce qui explique son comportement snob? Pourquoi se comporte-t-il ainsi?

3. À votre avis, est-ce que les personnes riches ont plus de confiance? Selon vous, quelle est l'opinion de Maupassant envers les personnes riches?

Chapitre IV

1. En décrivant sa mère, Pierre utilise tous les adjectifs suivants sauf

   A. bonne
   B. simple
   C. intelligente
   D. digne

2. La volonté de Pierre est

   A. libre
   B. hardie
   C. aventureuse et sournoise
   D. Les trois réponses sont correctes

3. Qui accompagne Pierre quand il sort la *Perle*?

   A. M. Roland
   B. Jean
   C. Jean-Bart
   D. M. Marowsko

4. De quoi Pierre rêve-t-il?

   A. De son avenir
   B. De l'argent que Jean lui prêterait
   C. De son appartement
   D. Les trois réponses sont correctes

5. Pourquoi, après trois heures, la *Perle* doit-elle rentrer au port?

   A. Il commence à pleuvoir
   B. Il commence à neiger
   C. Il y a de la brume
   D. Un orage arrive

6. Lorsque Pierre arrive dans la salle à manger, qu'apprend-il?

    A. Mme Roland lui a trouvé un appartement modeste

    B. Mme Roland a loué pour Jean l'appartement que Pierre avait envie de louer

    C. Jean a acheté une belle maison

    D. Pierre et Jean partageront l'appartement qui se trouve boulevard François-Ier

7. Combien Mme Roland a-t-elle payé le loyer de l'appartement?

    A. Trois mille francs

    B. Deux mille huit cents francs

    C. Deux mille francs

    D. Deux mille neuf cents francs

8. Comment M. Roland a-t-il connu M. Maréchal?

    A. M. Maréchal était un des fournisseurs de M. Roland

    B. Au lycée

    C. Par un client de la boutique

    D. Mme Roland a fait sa connaissance dans la boutique

9. Comment M. Maréchal a-t-il aidé la famille Roland quand Pierre avait trois ans et qu'il avait la fièvre scarlatine?

    A. Il est allé chercher des médicaments

    B. Il s'est occupé de la boutique

    C. Il s'est occupé de Pierre

    D. Il a payé les médicaments

10. Que craint Pierre?

    A. Que Jean gaspille tout son argent

    B. Que Marowsko parle à Jean de la jalousie de Pierre

    C. Que Jean soit le fils de M. Maréchal

    D. Que Marowsko ne vende pas sa liqueur

11. Pierre n'aime qu'une seule personne au monde? Qui est-ce?

    A. Marowsko

    B. Jean

    C. Son père

    D. Sa mère

12. Qu'avait l'habitude d'apporter M. Maréchal à la famille
    Roland à Paris?

    A. Des liqueurs
    B. Des fleurs
    C. Du chocolat
    D. Les trois réponses sont correctes

13. Pourquoi Pierre pense-t-il que M. Maréchal n'aurait pas pu
    être l'ami de M. Roland?

    A. M. Maréchal était sentimental et M. Roland avait
       l'esprit terre à terre
    B. M. Roland était sentimental et M. Maréchal avait
       l'esprit terre à terre
    C. M. Maréchal était trop philosophique
    D. M. Roland était trop philosophique

14. Qu'est-ce que Pierre pense faire?

    A. Partir n'importe où et ne jamais revenir
    B. Partir et ne jamais écrire à sa famille
    C. Partir et ne jamais laisser savoir ce qu'il est devenu
    D. Les trois réponses sont correctes

Questions

1. Qu'est-ce qui déclenche les soupçons de Pierre en ce qui
   concerne la fortune de Jean? Quelle décision prend-il?

2. En apprenant l'histoire de M. Maréchal, que se demande Pierre?

3. Quel succès Marowsko a-t-il eu avec sa liqueur?

4. Pour quelles raisons M. Maréchal aurait-il dû aimer Pierre plus
   que Jean?

5. Selon Pierre, quand Pierre et Jean rendaient visite à M.
   Maréchal, est-ce que M. Maréchal montrait une préférence
   pour Jean? Justifiez votre réponse avec des points précis.

6. Pourquoi Pierre souffre-t-il tellement en soupçonnant sa mère?

7. Selon Pierre, est-ce que le mariage de ses parents est plein d'amour
   et de tendresse? Justifiez votre réponse avec des exemples précis.

8. Pourquoi Pierre s'efforce-t-il de croire qu'il s'est trompé en
   pensant que Jean est le fils de M. Maréchal?

Pistes d'exploration

1. En suivant les souvenirs de Pierre, faites une description de M. Maréchal. Incorporez les traits physiques et moraux dans votre description.

2. Comparez les traits physiques et moraux de M. Maréchal avec ceux de M. Roland, et ensuite avec ceux de Jean.

Chapitre V

1. Quelle excuse Pierre donnerait-il si Jean se réveillait quand Pierre était dans sa chambre?

   A. Il y avait un feu dans la maison
   B. Le petit déjeuner était prêt
   C. Pierre cherchait une fiole de laudanum
   D. M. Roland était malade

2. Quelle est la vraie raison pour laquelle Pierre entre dans la chambre de Jean?

   A. Il cherche une fiole de laudanum
   B. Il cherche une ressemblance appréciable avec M. Maréchal
   C. Il veut emprunter de l'argent
   D. Il a besoin de l'aide de Jean pour la *Perle*

3. Avant de partir pour Trouville, que demande Pierre à sa mère?

   A. De lui chercher son petit déjeuner
   B. De lui faire sa lessive
   C. De chercher le portrait de M. Maréchal
   D. De faire un portrait de M. Maréchal

4. Comment Mme Roland a-t-elle passé sa journée?

   A. À chercher le portrait de M. Maréchal
   B. À préparer le dîner
   C. À s'occuper de M. Roland qui était malade
   D. À visiter avec Jean les boutiques de tapissiers et les magasins d'ameublement

5. Selon M. Roland, quand Mme Roland avait-elle le portrait de M. Maréchal en main?

    A. Il y a un an
    B. Il y a un mois
    C. Il y a deux jours
    D. Il y a une semaine

6. Avec quoi se trouvait le portrait de M. Maréchal?

    A. Avec un tas de billets doux
    B. Avec un tas de lettres à moitié brûlé
    C. Avec un tas de photos de la famille Roland
    D. Avec un tas d'argent

7. À qui le portrait de M. Maréchal est-il destiné maintenant?

    A. À Jean
    B. À Pierre
    C. À M. Roland
    D. À Mme Roland

8. Quelle excuse Mme Roland donne-t-elle du départ inattendu de Pierre?

    A. Il est un peu malade
    B. Il s'est fatigué pendant sa promenade à Trouville
    C. Il est parti à l'anglaise
    D. Les trois réponses sont correctes

Questions

1. Après cette nuit de sommeil agité, comment Pierre se sent-il?

2. Si M. Maréchal est le père de Jean, comment se fait-il que Mme Roland reste si calme et si sereine?

3. Quels bruits Pierre entend-il dans la maison?

4. Quels types de liens Pierre cherche-t-il à établir entre un aïeul et Jean?

5. Qu'est-ce que Pierre veut absolument trouver?

6. Où va Pierre ce matin-là et pourquoi?

7. Selon Pierre, Mme Roland a-t-elle égaré ou caché le portrait de M. Maréchal?

8. Quand le portrait de M. Maréchal a-t-il disparu?

9. Pourquoi Pierre méprise-t-il les hommes et les femmes à la plage de Trouville?

10. Selon Pierre, comment les femmes à la plage de Trouville s'habillent-elles? Pour qui s'habillent-elles?

11. Comment les goûts de Mme Roland et ceux de Jean diffèrent-ils?

12. Pendant la discussion sur les goûts, comment Pierre introduit-il le sujet d'une femme qui a un amant? Quelle est la réaction de Mme Roland?

13. Pourquoi Pierre est-il mal à l'aise dans sa famille?

14. Comment Pierre s'est-il rendu compte que sa mère avait menti?

15. Si Pierre était le mari de Mme Roland et non pas son fils, à votre avis, qu'est-ce qu'il aurait fait après s'être rendu compte qu'elle avait menti?

16. Pourquoi Pierre se sent-il trahi par sa mère?

17. Selon Pierre, y a-t-il des ressemblances entre M. Maréchal et Jean?

18. Comment savons-nous que Mme Roland comprend que Pierre sait (ou du moins soupçonne) que Jean est le fils de M. Maréchal?

19. Dans le salon, comment Pierre et sa mère se regardent-ils?

20. Pourquoi Pierre cache-t-il le portrait de M. Maréchal sous la pendule? Quelle est la réaction de sa mère?

Pistes d'exploration

1. Décrivez la plage de Trouville. Faites des recherches pour savoir si la plage de Trouville a beaucoup changé depuis le temps de Maupassant.

2. Cherchez des artistes qui ont fait des tableaux de la Normandie. Trouvez des exemples de leurs œuvres sur Internet ou dans les livres d'art. Voir *Bibliographie et filmographie*, pp. 242-243.

3. Faites des recherches sur l'art impressionniste. Essayez de trouver des scènes de la mer ou de la plage qui pourraient servir d'illustration pour la promenade de Pierre à Trouville.

4. Sur une carte, tracez le voyage en bateau que Pierre fait entre Le Havre et Trouville. Est-ce que quelque chose d'important s'est passé pendant le voyage?

Chapitre VI

1. Selon Pierre, sa mère souffre

   A. d'une maladie pulmonaire
   B. d'une fièvre
   C. d'une crise de nerfs
   D. Les trois réponses sont correctes

2. Où va la famille Roland à l'occasion de l'installation de Jean?

   A. À Paris
   B. À Saint-Jouin
   C. À Rouen
   D. À Trouville

3. Que vont-ils (la famille Roland, Mme Rosémilly et le capitaine Beausire) faire après le déjeuner?

   A. Se promener
   B. Faire une sieste
   C. Monter à cheval
   D. Chercher des salicoques

4. Qu'est-ce que c'est qu'un lanet?

   A. Une canne à pêche
   B. Une poche en filet
   C. Un bâton pour attraper des papillons
   D. Un chapeau

5. Qu'est-ce que Jean pense faire avec Mme Rosémilly?

   A. Se marier avec elle
   B. Investir de l'argent dans ses fermes
   C. Ouvrir un magasin de vêtements avec elle
   D. Les trois réponses sont correctes

6. Pourquoi Pierre et son père descendent-ils le vallon les derniers?

    A. Pierre a le vertige
    B. M. Roland a le vertige
    C. Pierre a peur de tomber
    D. M. Roland veut discuter avec Pierre

7. Que voit Jean dans le bassin?

    A. Des poissons
    B. Le soleil que se reflète dans l'eau
    C. Le visage de Mme Rosémilly qui se reflète dans l'eau
    D. Des salicoques

8. Quelle est la réaction de Mme Rosémilly quand Jean lui déclare son amour?

    A. Elle est ravie
    B. Elle est furieuse
    C. Elle est sérieuse
    D. Elle est silencieuse

Questions

1. Comment Pierre explique-t-il à son père les raisons pour lesquelles il est si sombre?

2. Pourquoi Mme Roland paraît-elle malade?

3. Comment Pierre provoque-t-il sa mère?

4. Pourquoi Pierre souffre-t-il autant que sa mère?

5. Comment Jean réagit-il au comportement de Pierre?

6. Jean et Mme Rosémilly vont-ils se marier? Sur quoi insiste Mme Rosémilly?

7. Quand Mme Rosémilly parle de mariage, son attitude est-elle celle qu'attendait Jean? Justifiez votre réponse avec des exemples précis.

8. Pourquoi Pierre et Mme Roland, quand ils sont assis l'un près de l'autre sur le galet, n'osent-ils pas se parler?

9. En regardant Jean et Mme Rosémilly ensemble sur le rocher, que pense Mme Roland? En revanche, que pense Pierre d'eux?

10. Comment est-ce que la pêche aux salicoques ressemble aux efforts amoureux de Jean envers Mme Rosémilly? Quelle est la signification de la phrase de Mme Rosémilly, « Oh! maladroit »? A-t-elle raison? Pourquoi est-elle si sévère avec Jean en ce qui concerne le mariage? Comparez les techniques de pêche de Mme Rosémilly avec celles de Jean.

11. Comment Mme Roland réagit-elle quand Jean lui explique qu'il épousera Mme Rosémilly?

12. Sur quoi se fonde la haine qu'éprouve Pierre pour Mme Rosémilly? La réponse à cette question se trouve-t-elle dans les événements de l'histoire ou dans la psychologie du fils aîné?

Pistes d'exploration

1. Comment se manifeste *la logique* dans le discours de Mme Rosémilly en ce qui concerne son mariage avec Jean?

2. Croyez-vous que Jean et Mme Rosémilly auront un bon mariage? Justifiez votre réponse avec des exemples précis. Quel pressentiment de leur avenir ensemble trouve-t-on dans le texte?

Chapitre VII

1. Qui ne va pas prendre le thé au nouveau logis de Jean?
   A. Mme Rosémilly
   B. Pierre
   C. Le capitaine Beausire
   D. M. Roland

2. Quelle est la pièce la plus admirée dans le nouveau logis de Jean?
   A. Le grand salon de consultation
   B. La salle à manger
   C. La chambre à coucher
   D. La galerie vitrée

3. Qui accompagne Mme Rosémilly chez elle?
   A. Pierre
   B. Jean
   C. M. Roland
   D. Le capitaine Beausire

4. Où se cache Mme Roland?
   A. Derrière les rideaux de la fenêtre
   B. Dans le lit
   C. Sous le lit
   D. Derrière la commode

5. Jean jure de faire la chose suivante pour convaincre sa mère de ne pas s'en aller.
   A. S'engager à l'armée
   B. Se suicider
   C. Tuer Pierre
   D. S'engager et se faire tuer

Questions

1. Que pense Pierre du comportement de Jean dans son nouveau logis?

2. Comment réagit Mme Rosémilly au nouveau logis de Jean?

3. Pourquoi Pierre et Jean se fâchent-ils l'un contre l'autre?

4. Comment Pierre explique-t-il à Jean qu'il a découvert que M. Maréchal était son père? Quelle est la réaction de Jean?

5. Pourquoi, à votre avis, Jean n'a-t-il jamais rencontré une seule difficulté dans sa vie?

6. Pourquoi Mme Roland veut-elle fuir? Et pourquoi Jean ne la laisse-t-il pas s'échapper?

7. À quelles conditions Mme Roland est-elle d'accord de rester avec Jean?

8. Pourquoi depuis un mois Mme Roland souffre-t-elle?

9. Comment Mme Roland a-t-elle aimé M. Maréchal? Pendant combien de temps l'a-t-elle aimé?

10. Qu'est-ce que Mme Roland attendra de Jean si elle consent à rester auprès de lui?

11. Pourquoi faut-il que Mme Roland rentre chez elle?

12. Pourquoi Mme Roland ne veut-elle pas rentrer chez elle?

13. Quand Jean va-t-il ramener sa mère chez elle?

14. Quand Mme Roland rentre chez elle, que fait M. Roland? Que fait Pierre? Quand Jean promet-il à sa mère de la revoir?

Pistes d'exploration

1. Jean touche la plaie de l'âme de Pierre, la jalousie. Comment se manifeste la jalousie de Pierre dans ce chapitre?

2. Quel lexique permet de traduire la légitimité de l'amour adultère entre Mme Roland et M. Maréchal? Trouvez les mots et expressions qui prouvent la légitimité et la sincérité de cet amour. Sachant qu'il y a de l'ambiguïté, vous fiez-vous à la sincérité de Mme Roland?

3. Quels termes relèvent du champ lexical de la honte? Et de celui de l'amour?

4. Par quels procédés stylistiques l'intensité de l'amour entre Mme Roland et M. Maréchal se révèle-t-elle?

5. Dans quelle mesure Jean peut-il incarner l'amour entre Mme Roland et M. Maréchal?

Chapitre VIII

1. Combien Pierre gagnera-t-il en espèces comme médecin sur la *Lorraine*?

    A. Vingt mille francs par an

    B. Quinze mille francs par an

    C. Dix mille francs par an

    D. Cinq mille francs par an

2. Qu'est-ce que Pierre a vendu?

    A. Le portrait de M. Maréchal
    B. Des liqueurs de Marowsko
    C. Sa montre
    D. Sa canne à pêche

3. Pierre a besoin de lettres de recommandation pour renforcer
    sa demande d'emploi sur la *Lorraine*. À qui va-t-il demander
    de lui écrire une lettre?

    A. À M. Rémusot
    B. À M. Poulin
    C. À M. Lenient
    D. À M. Marchand

4. Où vont Jean et Mme Roland ensemble?

    A. Chez le notaire
    B. Chez Mme Rosémilly
    C. Au bureau de M. Marchand
    D. Chez Jean

5. Pourquoi Jean et sa mère sont-ils allés voir Mme Rosémilly?

    A. Pour s'assurer que Mme Rosémilly n'a pas changé
        d'avis sur son mariage avec Jean
    B. Pour confirmer la date du mariage
    C. Pour confirmer où aura lieu le mariage
    D. Pour confirmer où habiteront Jean et Mme Rosémilly

6. Qu'est-ce que Mme Roland donne à Jean?

    A. Du papier blanc
    B. Le portrait de M. Maréchal
    C. Des caleçons et des chemises
    D. Du linge

7. Que fait Jean avec le cadeau de sa mère?

    A. Il ne l'accepte pas
    B. Il le jette
    C. Il l'enferme dans un tiroir de son bureau
    D. Il le porte

Questions

1. Qu'est-ce que Jean pense faire de sa fortune? Qu'est-ce qui lui fait changer d'avis?

2. Pourquoi Jean décide-t-il de ne rien accepter de M. Roland en tant que légataire?

3. Quelle solution Jean trouve-t-il pour faire écarter Pierre?

4. Pierre est-il content de poser sa candidature à être médecin sur la *Lorraine*? Justifiez votre réponse avec des exemples précis.

5. Maintenant que Jean sait que M. Roland n'est pas son vrai père, que pense-t-il de lui?

6. Décrivez le décor de l'appartement de Mme Rosémilly. Qu'est-ce qu'il vous dit sur sa propriétaire?

7. Chez Mme Rosémilly, il y a quatre gravures. Quelles scènes représentent-elles? Y voyez-vous des liens avec l'histoire?

8. Pourquoi Mme Rosémilly ne s'étonne-t-elle pas que Jean et Mme Roland n'aient pas consulté M. Roland à propos de son mariage avec Jean?

9. Que fait Mme Roland quand elle arrive chez Jean?

Pistes d'exploration

1. Trouvez les noms de plusieurs artistes-peintres de la mer, français ou autres, et des exemples de leur œuvre. Pourriez-vous vous envisager comme créateur des gravures qui se trouvent chez Mme Rosémilly?

2. Si vous pouviez choisir un tableau à mettre en couverture de *Pierre et Jean*, quel tableau choisiriez-vous et pourquoi?

Chapitre IX

1. Pourquoi Pierre va-t-il voir le Dr. Pirette?
   A. Parce qu'il est malade
   B. Pour s'informer sur les particularités qu'il rencontrera sur la *Picardie*
   C. Pour s'informer sur les particularités qu'il rencontrera sur la *Lorraine*
   D. Pour solliciter une lettre de recommandation

2. Marowsko a compté sur Pierre pour quoi faire?
   A. Lui envoyer des clients
   B. L'aider à préparer ses liqueurs
   C. L'aider à vendre ses liqueurs
   D. Les trois réponses sont correctes

3. Pourquoi la brasserie était-elle remplie de monde?
   A. Il y avait une fête
   B. Il y avait un concours
   C. C'était un jour de fête
   D. C'était un jour de grand concours

4. Qu'a fait Mme Roland pour Pierre avant son départ sur la *Lorraine*?
   A. Elle s'est occupée de sa liste d'objets indispensables
   B. Elle n'a rien fait pour lui
   C. Elle s'est occupée de ses comptes financiers
   D. Elle a vendu ses affaires

Questions

1. Pierre est-il content d'être nommé médecin de la *Lorraine*? Justifiez votre réponse avec des exemples précis.

2. Pourquoi Pierre se sent-il déprimé quand il pense à sa nouvelle vie?

3. Avant son départ sur la *Lorraine*, pourquoi Pierre rend-il visite à Marowsko?

4. Comment Marowsko réagit-il à la nouvelle que Pierre part sur la *Lorraine*? Quelle excuse Pierre lui donne-t-il?

5. Est-ce que la petite bonne de brasserie fait très attention à Pierre? Justifiez votre réponse avec des exemples précis.

6. Selon Pierre, comment est sa chambrette sur la *Lorraine*?

7. Après avoir dit adieu à Pierre, pourquoi ses parents embarqueront-ils sur la *Perle*?

8. Quand Pierre commence-t-il à moins souffrir? Pourquoi, à votre avis?

Pistes d'exploration

1. Décrivez la partie de la *Lorraine* réservée à la troisième classe. Pierre, qu'y voyait-il?

2. En partant sur la *Lorraine*, Pierre jetait à deux mains des baisers d'adieu à sa mère. Croyez-vous que Pierre ait pardonné à sa mère et qu'il ait atteint la tranquillité? Justifiez votre réponse avec des exemples précis.

3. À quel moment du dernier chapitre le point de vue de Mme Roland est-il privilégié? Comment le lecteur le sait-il?

4. À quelle contradiction Mme Roland doit-elle faire face à la fin de ce roman? Quels moyens utilise l'auteur pour nous faire sentir la douleur de Mme Roland?

5. Dans quel sens le choix que Pierre a fait est-il tragique? Dans quel sens ce destin a-t-il des possibilités intéressantes? À votre avis, qu'en dirait Maupassant?

Essais/Discussions

1. Précisez où et quand les événements ont lieu dans *Pierre et Jean*, qui est concerné, quel est l'élément déclencheur (quoi), quelle est l'action qui en résulte (comment) et quel est le dénouement.

2. Quelles similarités et quelles différences y a-t-il entre la première et la dernière scène de *Pierre et Jean*?

3. Avec son fils aîné qui part comme médecin sur la *Lorraine* et l'autre qui est avocat doté d'une fortune de vingt mille francs par an et qui se marie bientôt avec une veuve riche, croyez-vous

que Mme Roland puisse trouver la paix dans sa vie? Justifiez votre réponse avec des exemples précis.

4. Mme Roland a-t-elle jamais été contente pendant son mariage avec M. Roland? Justifiez votre réponse avec des exemples précis.

5. Quels indices trouvés dans le texte confirment le pressentiment de Mme Roland « qu'elle ne reverrait jamais plus son enfant »? (196)

6. Faites une analyse de l'attitude de Pierre envers les femmes. Sur quoi est basée son attitude? Qu'est-ce qui pourrait améliorer son opinion des femmes?

7. Étant donné la découverte que Jean est le fils de M. Maréchal, que feriez-vous à la place de Pierre? à la place de Jean? à la place de Mme Roland?

8. Quelles sont les origines du malaise de Pierre?

9. Pierre se connaît-il? Au cours de l'histoire, est-ce qu'il arrive à une meilleure connaissance de lui-même? Si oui, comment y arrive-t-il?

10. Quelles sont les caractéristiques de la jalousie de Pierre? Est-ce qu'il est possible que ses soupçons soient incorrects?

11. Citez des adjectifs que Maupassant utilise souvent dans les descriptions de ses personnages (par exemple, Pierre, Jean, Mme Roland, M. Roland, Mme Rosémilly). Comment est-ce que ces adjectifs fixent la personnalité des personnages dans la tête du lecteur/de la lectrice? Est-ce que ces adjectifs vous aident à envisager les personnages?

12. La découverte personnelle par Pierre de sa propre jalousie a des conséquences énormes pour le déroulement du récit. Identifiez ces conséquences et décrivez leur effet sur le récit.

13. À la fin du texte, quelles sont vos impressions?

14. Pourquoi croyez-vous que M. Maréchal a nommé Jean comme unique légataire? Aurait-il dû prévoir les difficultés que cette action de sa part créerait pour la famille Roland? Ou est-ce que M. Maréchal voulait au fond diviser la famille Roland?

15. À votre avis, est-ce que M. Roland se rend compte que sa famille a été divisée? S'en rendra-t-il compte plus tard?

16. Si Jean n'était pas devenu le légataire universel de M. Maréchal, quel aurait été l'avenir de la famille Roland? de chaque personnage? Croyez-vous que Mme Rosémilly aurait accepté de se marier avec Jean?

17. Si Jean n'était pas le véritable fils de M. Maréchal mais avait été nommé légataire universel, comment est-ce que les circonstances de la famille Roland auraient été différentes?

18. De quelle manière chaque fils ressemble-t-il à son véritable père? et à sa mère? De quelle manière chaque fils diffère-t-il de son véritable père? et de sa mère? Quels détails ou quels incidents mettent en relief ces similarités ou ces différences?

19. En choisissant Jean, est-ce que Mme Roland rejette complètement Pierre (son fils aîné) et M. Roland (son mari)? Justifiez votre réponse avec des exemples précis.

20. Quel est le point de vue de l'auteur? Est-il fixe ou change-t-il au cours du récit?

21. De quel côté l'auteur se place-t-il, du côté de Pierre? de celui de Jean? Comme lecteurs, voyons-nous les personnages de manière objective ou de manière subjective, c'est-à-dire, depuis le regard de Pierre? Où se placent les sympathies de l'auteur? Ces sympathies existent-elles vraiment?

22. Pendant toute l'histoire, Pierre souffre énormément de jalousie. Caractérisez la jalousie de Pierre. Est-ce que sa jalousie est comme celle d'un enfant ou est-elle différente? Par exemple, à l'âge de cinq ans, comment est-ce que Pierre a réagi quand Jean est né? Est-ce que la jalousie change à mesure qu'on vieillit?

23. Selon vous, Pierre est-il fâché d'être le fils unique de M. Roland, un homme qu'il ne respecte pas (et pas seulement parce qu'il n'a pas de gros héritage)?

24. Décrivez la personnalité et le comportement de M. Maréchal tels que Pierre s'en souvient. Ensuite, faites une comparaison entre M. Maréchal et M. Roland.

25. Que pensez-vous du rapport entre Pierre et sa mère, Mme Roland? S'il se croit si sophistiqué et si elle lui paraît si simple, pourquoi est-ce que Pierre s'attache tellement à elle? Comment est-ce que leur rapport change au cours de l'histoire?

26. Décrivez les symptômes physiques de Pierre. Est-il inévitable qu'une personne qui a une telle constitution doive souffrir?

27. Il est vrai que Pierre se préoccupe de l'argent. Mais de quoi d'autre se préoccupe-t-il?

28. Comment les descriptions du temps, c'est-à-dire de la nature dans *Pierre et Jean*, reflètent-elles l'humeur et le comportement des personnages?

29. La narration de *Pierre et Jean* se compose principalement des pensées intérieures de Pierre. Voudriez-vous avoir accès aux pensées intérieures des autres personnages afin d'avoir un portrait psychologique plus honnête? Justifiez votre réponse avec des exemples précis.

30. Quand et comment le narrateur transfère-t-il le point de vue de Pierre à celui de Jean? Pourquoi y a-t-il ce changement? Quel effet ce changement a-t-il sur le déroulement du récit?

Tremplins: Pour aller plus loin

1. Imaginez que vous êtes Pierre. Écrivez une lettre de Pierre à sa famille après qu'il a travaillé une semaine sur la *Lorraine*.

2. Imaginez que vous êtes Mme Roland. Écrivez une lettre de Mme Roland à Pierre une semaine après le départ de Pierre sur la *Lorraine*.

3. Imaginez que vous êtes M. Roland. Écrivez une lettre de M. Roland à Pierre un mois après le départ de Pierre sur la *Lorraine*.

4. Imaginez que vous êtes Jean. Écrivez une lettre de Jean à son frère Pierre trois ans après le départ de Pierre.

5. Imaginez que vous êtes Mme Rosémilly. Écrivez une lettre de Mme Rosémilly à Pierre après son mariage avec Jean.

6. Choisissez une scène de *Pierre et Jean* et écrivez-la sous forme de pièce de théâtre. Créez un dialogue dramatique. Jouez-la devant la classe et ensuite, discutez de votre petite production.

7. Il est évident que Pierre est très troublé par le fait que son frère Jean est le fils de M. Maréchal et non pas de M. Roland. Qu'est-ce qui pourrait bien aider Pierre (par exemple, aller voir un psychiatre ou un psychologue)?

8. Selon vous, quelle est la femme « idéale » de Pierre? En a-t-il une? Pierre se croit un homme aux goûts compliqués. Pourquoi donc est-ce qu'il admire tellement sa mère, une femme de nature assez simple?

9. Guy de Maupassant est très connu pour le nombre et la qualité de ses contes. En connaissez-vous quelques-uns? Si oui, lesquels? Pourriez-vous les comparer aux contes de Mark Twain ou d'O. Henry, des auteurs américains?

10. Guy de Maupassant a été reçu chez Émile Zola, chef du mouvement naturaliste. Faites des recherches pour pouvoir définir le *naturalisme* dans le roman français. Pourriez-vous imaginer comment Maupassant s'est inspiré de Zola?

11. Honoré de Balzac et Gustave Flaubert sont deux autres auteurs français du dix-neuvième siècle. Savez-vous quelque chose de ces deux écrivains? Connaissez-vous leurs œuvres? Si oui, faites une comparaison entre leur style et celui de Maupassant.

12. En vous basant sur votre lecture de *Pierre et Jean*, écrivez une petite histoire ou une scène en utilisant les techniques narratives de Maupassant. Faites attention à l'emploi du vocabulaire et à l'étude des personnages et de leur vie intérieure.

13. Si vous avez lu *L'École des femmes* de Molière, une comédie du dix-septième siècle, quelle comparaison pourriez-vous faire entre Arnolphe, le personnage principal de *L'École des femmes*, et Pierre, un personnage principal de *Pierre et Jean*, en ce qui concerne leurs opinions des femmes et la manière dont ils les traitent. Quelle différence y a-t-il entre ces deux personnages au niveau psychologique?

14. Comparez le personnage de Pierre, médecin, avec celui de M. Bovary (Charles) dans *Madame Bovary* de Gustave Flaubert. Ensuite, comparez le personnage de M. Roland, mari trompé, avec celui de Charles Bovary.

15. Faites des recherches sur les notions d'hérédité et d'évolution au dix-neuvième siècle en tenant compte du travail d'Hippolyte Taine, de Claude Bernard et de Charles Darwin. Quelle révolution dans le domaine des sciences naturelles s'est passée au dix-neuvième siècle? Est-ce que cette révolution a eu un effet sur Maupassant et sur son travail de conteur?

16. Explorez les thèmes du *sommeil* et de l'*insomnie* dans *Pierre et Jean*. Quels rôles jouent-ils dans le déroulement du récit?

17. Explorez le thème de la *boisson* dans *Pierre et Jean*. Quel rôle joue-t-il dans le déroulement du récit?

18. Définissez le *positivisme*. Pourquoi le narrateur dit-il que M. Roland a l'esprit positif?

19. Définissez la notion d'*ironie*. Où se trouve-t-elle dans *Pierre et Jean*?

20. Que dit l'histoire de *Pierre et Jean* sur la *parenté*? Vous pourriez faire des recherches sur la famille française ou européenne du XIXe siècle.

Réponses aux questions sur les termes maritimes dans *Pierre et Jean* (p. 31)

1. les avirons de couple
2. un paquebot
3. un remorqueur
4. un cacatois
5. un goéland
6. le flot
7. les bouchons de liège
8. le brise-lames
9. les échancrures
10. amarrer

Réponses aux questions à choix multiple

Chapitre I

1. C. 2. A. 3. B. 4. C. 5. D. 6. A. 7. C. 8. B. 9. D. 10. A. 11. C. 12. D. 13. C. 14. B. 15. A. 16. D. 17. C. 18. B.

Chapitre II

1. D. 2. C. 3. B. 4. B. 5. C. 6. A. 7. C. 8. B. 9. D.

Chapitre III

1. B. 2. C. 3. C. 4. A. 5. B. 6. C. 7. D. 8. D. 9. A.

Chapitre IV

1. C. 2. D. 3. C. 4. A. 5. C. 6. B. 7. B. 8. D. 9. A. 10. C. 11. D. 12. B. 13. A. 14. D.

Chapitre V

1. C. 2. B. 3. C. 4. D. 5. D. 6. B. 7. A. 8. B.

Chapitre VI

1. C. 2. B. 3. D. 4. B. 5. A. 6. B. 7. C. 8. C.

Chapitre VII

1. C. 2. B. 3. C. 4. B. 5. D.

Chapitre VIII

1. D. 2. C. 3. A. 4. B. 5. A. 6. B. 7. C.

Chapitre IX

1. C. 2. A. 3. C. 4. A.

Bibliographie et filmographie

1. Éditions de référence de *Pierre et Jean*

Guy de Maupassant, *Romans*. Édition établie par Louis Forestier. Paris: Gallimard (Bibliothèque de la Pléiade), 1987.

Guy de Maupassant, *Pierre et Jean*. Éd. Pierre Cogny. Paris: Éditions Garnier Frères (Coll. Classiques Garnier), 1959.

2. Œuvres choisies de Guy de Maupassant

Les œuvres complètes de Maupassant peuvent être consultées sur le site Web de l'*Association des amis de Guy de Maupassant* (http://maupassant. free.fr/).

« Une Fille » (1880), conte
« Boule de suif » (1880), conte (*Les Soirées de Médan*)
La Maison Tellier (1881), recueil
Une Vie (1882), roman
Au soleil (1884), récit de voyage
« La Parure » (1884), conte
Bel-Ami (1885), roman
Mont-Oriol (1887), roman
Le Horla (1887), nouvelle fantastique
Pierre et Jean (1888), roman
« Le Roman » (1888), essai
Sur l'eau (1888), journal de voyage
Fort comme la mort (1889), roman
La Vie errante (1890), récit de voyage
Notre cœur (1890), roman
Musotte (1891), pièce de théâtre
Recueil scolaire: Blume, Eli. *Douze Contes de Maupassant*. New York: Amsco School Publications, Inc., 1973.

3. Vues sur Maupassant par des écrivains célèbres

Babel, Isaac. *Collected Stories*. Trans. David McDuff. London/NY: Penguin Books, 1994. "Guy de Maupassant."

Hearn, Lafcadio. *Essays in European and Oriental Literature*. Freeport (NY): Books for Libraries Press, 1968.

James, Henry. *Partial Portraits*. London: Macmillan, 1888.

Sartre, Jean-Paul. *Situations II*. Paris: Gallimard, 1948. « Qu'est-ce que la littérature? » (pp. 180-185).

Schopenhauer, A. "The World as Will and Idea", *The Works of Schopenhauer*, trans. W. Durant. New York: Simon and Schuster, 1931.

Tolstoï, Léon. *Zola, Dumas, Guy de Maupassant*. Trans. E. Halperine-Kaminsky. Paris: Léon Chailly, 1896.

4. Une sélection d'ouvrages sur Maupassant et son œuvre

Artinian, Robert Willard. « Les Coquelicots: un aspect de la technique descriptive de Maupassant ». *South Atlantic Bulletin*, vol. 36, no. 3 (May 1971): 47-55.

Bienvenu, Jacques. *Maupassant inédit, iconographie et documents*. Aix-en-Provence: Édisud, 1993.

Bury, Mariane. *La Poétique de Maupassant*. Paris: SEDES, 1994.

Forestier, Louis. *Maupassant et l'écriture. Actes du colloque de Fécamp, 21-23 mai 1993*. Paris: Nathan, 1993. Jean-Louis Cabanès, « Ressassement et progression narrative dans *Pierre et Jean* », 187-196; Robert Lethbridge, « Le texte encadré: les tableaux 'illusionnistes' dans les romans de Maupassant », 197-205.

Forestier, Louis, et Yvan Leclerc. *Maupassant et l'impressionnisme. Maupassant, Une Vie, des œuvres*. Musées municipaux de Fécamp (Normandie), 22 mai-22 juillet 1993.

Freimanis, Dzintars. "More on the Meaning of 'Pierre et Jean'". *The French Review*, vol. 38, no. 3 (Jan., 1965): 326-331.

Giacchetti, Claudine. *Maupassant, espaces du roman*. Genève: Droz, 1993.

_____ « Déficits métaboliques: sommeil et nutrition dans 'Pierre et Jean' de Maupassant » *The French Review*, vol. 67, no. 5 (Apr., 1994): 767-775.

Gicquel, Alain-Claude. *Maupassant, tel un météore*. Bordeaux: Le Castor Astral, 1993.

Grant, Elliott M. "On the Meaning of Maupassant's 'Pierre et Jean'". *The French Review*, vol. 36, no. 5 (Apr., 1963): 469-473.

Ignotus, Paul. *The Paradox of Maupassant*. London: U. of London Press, 1967.

Lerner, Michael G. *Maupassant*. London: George Allen & Unwin Ltd., 1975.

Lethbridge, Robert. *Maupassant: 'Pierre et Jean'*. London: Grant & Cutler (Coll. Critical Guides to French Texts), 1984.

Magazine Littéraire, numéro spécial, 312-316 (juill.-déc.1993). À l'occasion du centenaire de la mort de Maupassant.

Reboul, Yves, ed. *Maupassant multiple. Actes du colloque de Toulouse, 13-15 décembre 1993*.

Toulouse: Presses Universitaires du Mirail, 1995. Jean-Marie Dizol, « Maupassant de l'écrit à l'écran » 87-106; Renée de Smirnoff, « Paysages extérieurs, paysages intérieurs, dans *Pierre et Jean* de Maupassant », 59-68.

Ropars-Wuilleumier, Marie-Claire. « Lire l'écriture », *Esprit* (déc. 1974).

Réda, Jacques, ed. *Album Maupassant, iconographie*. Paris: Gallimard, 1987.

Sachs, Murray. "The Meaning of Maupassant's 'Pierre et Jean'". *The French Review*, vol. 34, no. 3 (Jan. 1961): 244-250.

Satiat, Nadine. *Maupassant*. Paris: Flammarion (Coll. Grandes biographies), 2003.

Sullivan, E.D. "Maupassant and the Motif of the Mask". *Symposium*, Spring 1956.

Troyat, Henri. *Maupassant*. Paris: Flammarion, 1989.

Wallace, A.H. *Guy de Maupassant*. New York: Twayne Publishers (Coll. Twayne's World Authors Series), 1973.

5. Une sélection d'ouvrages à portée générale

Becker, Colette. *Lire le réalisme et le naturalisme*. 2ème édition. Paris: Dunod, 1998.

Becker, George. *Documents of Modern Literary Realism*. Princeton: Princeton UP, 1963.

Bénac, Henri, Brigitte Réauté et Michèle Laskar. *Guide des idées littéraires*. Paris: Hachette Éducation, 2000.

Bishop, Morris, and Kenneth T. Rivers. *A Survey of French Literature. Third Edition. Volume Four: The Nineteenth Century*; Newburyport (MA): Focus Publishing, 2006.

Booth, Wayne C. *The Rhetoric of Fiction*. Chicago: U. of Chicago P, 1961.

Castex, Pierre Georges, et Paul Surer. *Manuel des études littéraires françaises*. Paris: Hachette, 1946-53. Avec la collaboration de Georges Becker. Tomes 1-6 (Tome 5, XIXe siècle).

Darcos, Xavier. *Histoire de la littérature française*. Paris: Hachette Éducation, 2000.

Gershman, Herbert S., et Kernan B. Whitworth, Jr. *Anthologie des préfaces de romans français du XIX siècle*. Paris: Julliard (Coll. Littérature), 1964.

Hollier, Denis. *A New History of French Literature*. Cambridge (MA): Harvard UP, 1989.

Kay, Sarah, et al. *A Short History of French Literature*. Oxford: Oxford UP, 2003.

Lagarde, André, et Laurent Michard. *XIXe Siècle: Les grands auteurs français du programme III*. Paris: Bordas, 1963.

Reid, Joyce M. H. *The Concise Oxford Dictionary of French Literature*. Oxford: Oxford UP, 1985.

Turnell, Martin. *The Art of French Fiction*. New York: New Directions, 1959.

Zola, Émile. *Le Roman expérimental*. Éd. François-Marie Mourad. Paris: Flammarion, 2006.

6. Tremplins: Pour aller plus loin

A. D'autres écrivains français du XIXe siècle

Balzac, Honoré. *Eugénie Grandet* (1833), *Le Père Goriot* (1834-1835), *La Cousine Bette* (1846)

Baudelaire, Charles. *Les Fleurs du mal* (1857), *Le Spleen de Paris* (1869)

Constant, Benjamin. *Adolphe* (1807-1816)

Chateaubriand, François-René de. *Atala* (1801), *René* (1802)

Dumas, Alexandre, père. *Les Trois Mousquetaires* (1844), *Le Comte de Monte-Cristo* (1844-1845)

Flaubert, Gustave. *Madame Bovary* (1857), *L'Éducation sentimentale* (1869), *Trois contes* (1877)

Fromentin, Eugène. *Dominique* (1863)

Gautier, Théophile. *Mademoiselle de Maupin* (1835), *Émaux et camées* (1852)

Goncourt, les frères (Edmond et Jules), *Germinie Lacerteux* (1864).

Hugo, Victor. *Notre-Dame de Paris* (1831), *Les Contemplations* (1856), *Les Misérables* (1862)

Mallarmé, Stéphane. *L'Après-midi d'un faune* (1876), *Un Coup de dés jamais n'abolira le hasard* (1897)

Mérimée, Prosper. *Tamango* (1829), *Colomba* (1841), *Carmen* (1852)

Rimbaud, Arthur. *Le Bateau ivre* (1871), *Une Saison en enfer* (1873), *Les Illuminations* (1886)

Sand, George. *Indiana* (1832), *La Mare au diable* (1846), *La Petite Fadette* (1848), *François le Champi* (1850)

Staël, Madame de (Germaine Necker). *De la littérature* (1800), *Delphine* (1802), *Corinne* (1807), *De l'Allemagne* (1810)

Stendhal (Henri Beyle, dit). *Le Rouge et le noir* (1830), *La Chartreuse de Parme* (1839)

Verlaine, Paul. *Fêtes galantes* (1869), *Art poétique* (1873), *Jadis et naguère* (1884), *Les Poètes maudits* (1884)

Zola, Émile. *L'Assommoir* (1877), *Nana* (1880), *Germinal* (1885)

B. Cinéma, vidéos

Votre bibliothécaire public ou universitaire pourra vous aider à vous procurer des films.

Si vous préférez en acheter, consultez: www.amazon.com, www.amazon.fr ou www.chapitre.com.

Notez que la majorité des films achetés en Europe ne sont disponibles que sous *format européen* (DVD ou VHS). (La bibliothèque ou media center de votre école devrait disposer d'un lecteur DVD ou VHS européen.)

Maupassant au cinéma

Il est dit que, de tous les écrivains français, Maupassant est celui qui a été le plus souvent adapté au cinéma et à la télévision en France, ainsi qu'à l'étranger. *Stagecoach*, le célèbre film du cinéaste américain John Ford, tourné en 1939, a été tiré de « Boule de suif »; *Masculin-Féminin* (1966) de Jean-Luc Godard se base sur deux contes de Maupassant: « Le Signe » et « La femme de Paul ».

Jean-Marie Dizol (« Maupassant de l'écrit à l'écran ») compte 129 adaptations filmées de 1908 jusqu'en 1993, dont cinq de *Pierre et Jean*. Le site *Internet Movie DataBase* (www.imdb.com) en connaît 116 à l'heure actuelle, la première datant de 1909. *Pierre et Jean* a été dramatisé par Michel Favart en 1973; il existe aussi une version plus récente, réalisée en 2004 par Daniel Janneau pour la télévision française.

Les films suivants sont disponibles (sous format américain) chez *Films Media Group: Films for the Humanities and Sciences* (www.films.com)

Adaptations des contes de Maupassant:
>*Aux champs*
>*Berthe* (1986, réalisé par Claude Santelli)
>*L'enfant* (1986)
>*Hautot, père et fils* (1986)
>*L'Héritage* (1986, réalisé par Alain Dhenault)
>*Histoire vraie* (1973)
>*La Petite Roque*
>Four Fantastic Stories: *Le Horla, Le Parapluie, La Parure* (1993), *Qui sait?* (1987)

Adresse: Films Media Group
       P.O. Box 2053
       Princeton, NJ 08543-2053
       1-800-257-5126
       Fax: 1-609-671-0266
       E-mail: custserv@filmsmediagroup.com
       Site Web: www.films.com

D'autres films basés sur l'œuvre de Maupassant:

Bel-Ami (Belgique/France, 2005), réalisé par Philippe Triboit, avec Sagamore Stévenin et Claire Borotra.

Bel-Ami (France, 1983), réalisé par Pierre Cardinal, écrit par Pierre Moustiers, avec Jacques Weber et Aurore Clément.

Bel-Ami (Autriche/France, 1957), réalisé par Louis Daquin, écrit par Vladimir Pozner, avec Lukas Ammann, Jean Danet, en allemand.

The Private Affairs of Bel-Ami (USA, 1947), réalisé par Albert Lewin, avec George Sanders, Angela Lansbury et John Carradine, en anglais..

Histoire vraie (France, 1973), réalisé par Claude Santelli, avec Pierre Mondy et Marie-Christine Barrault et Isabelle Huppert.

Le Horla (France, 1966), réalisé par Jean-Daniel Pollet, avec Laurent Terzieff.

Masculin-Féminin: 15 Faits précis (France, 1966), réalisé par Jean-Luc Godard, avec Jean-Pierre Léaud et Chantal Goya. Adaptation de deux contes de Maupassant: « Le Signe », « La Femme de Paul ».

Mont-Oriol (France, 1980), réalisé par Serge Moati, avec Catherine Arditi et Maurice Biraud.

Pierre et Jean (France, 2004), réalisé par Daniel Janneau, écrit par Michel Martens, avec Aurore Clément et Jean-François Balmer.

Pierre et Jean (France, 1973), réalisé par Michel Favart, écrit par Françoise Verny, avec Blanchette Brunoy, Pierre Doris, François Marthouret et Jean-Pierre Duperray.

Pierre et Jean (France, 1943), réalisé par André Cayatte, écrit par André-Paul Antoine, avec Renée Saint-Cyr, Noël Roquevert, Gilbert Gil et Bernard Lancret.

Stagecoach (USA, 1939), réalisé par John Ford, écrit par Dudley Nichols et Ernest Haycox, avec Claire Trevor, John Wayne, Andy Devine et John Carradine. Adaptation de « Boule de suif » de Maupassant.

Littérature du XIXe siècle au cinéma

d'Honoré de Balzac:

Cousin Bette (UK/USA, 1998), réalisé par Des McAnuff, écrit par Lynn Siefert, avec Jessica Lange, Elisabeth Shue et Bob Hoskins, en anglais.

Le Cousin Pons (France, 1976), réalisé par Guy Jorré, écrit par Jean-Louis Bory, avec Henri Virlojeux, Dominique Davray et François Vibert.

Le Curé de Tours (France, 1980), réalisé par Gabriel Axel, avec Michel Bouquet et Jean Carmet.

La Duchesse de Langeais (France, 1995), réalisé par Jean-Daniel Verhaeghe, écrit par Jean-Claude Carrière, avec Laure Duthilleul, Robin Renucci et Edwige Feuillière.

La Duchesse de Langeais (France, 1942), réalisé par Jacques de Baroncelli, écrit par Jean Giraudoux, avec Edwige Feuillière et Pierre-Richard Willm.

Le Lys dans la vallée (France, 1970), réalisé par Marcel Cravenne, avec Delphin Seyrig et Richard Leduc.

Pierrette (France, 1979), réalisé par Guy Jorré, écrit par Paul Savetier, avec Étienne Bierry, Maria Meriko et Georges Werler.

d'Alexandre Dumas, père:

Le Comte de Monte-Cristo (France, 1998), réalisé par Josée Dayan, avec Gérard Depardieu, Ornella Muti et Jean Rochefort.

Le Comte de Monte-Cristo (France, 1961), réalisé par Claude Autant-Lara, écrit par Jean Halain, avec Louis Jourdan, Yvonne Furneaux et Pierre Mondy.

Le Comte de Monte-Cristo (France/Italie, 1955), réalisé par Robert Vernay, avec Jean Marais, Lia Amanda et Daniel Ivernel.

D'Artagnan et les Trois Mousquetaires (France, 2005), réalisé par Pierre Aknine, avec Vincent Elbaz, Emmanuelle Béart et Tchéky Karyo.

The Three Musketeers (UK, 1974), réalisé par Richard Lester, avec Michael York, Charlton Heston et Oliver Reed, en anglais. Considéré la meilleure représentation au cinéma de ce roman.

de Gustave Flaubert:

Madame Bovary (UK, 2000), réalisé par Tim Fywell, avec Frances O'Connor et Hugh Bonneville, en anglais.

Madame Bovary (France, 1991), réalisé par Claude Chabrol, avec Isabelle Huppert et Jean-François Balmer.

Madame Bovary (France, 1974), réalisé par Pierre Cardinal, avec Nicole Courcel et Jean Bouise.

Madame Bovary (USA, 1949), réalisé par Vincente Minnelli, avec Jennifer Jones, James Mason, Van Heflin et Louis Jourdan, en anglais.

Madame Bovary (France, 1933), réalisé par Jean Renoir, avec Max Dearly, Valentine Tessier et Pierre Renoir.

de Victor Hugo:

Le Dernier Jour d'un condamné (France, 1985), réalisé par Jean-Michel Mongrédien, avec François-Xavier Vassard, Amélie Péronne et Jean-François Guémy.

Les Misérables (France, 2000), réalisé par Josée Dayan, écrit par Didier Decoin, avec Gérard Depardieu, John Malkovich, Charlotte Gainsbourg et Jeanne Moreau.

Les Misérables (UK/Allemagne/USA, 1998), réalisé par Bille August, écrit par Rafael Yglesias, avec Liam Neeson, Geoffrey Rush, Uma Thurman et Claire Danes, en anglais.

Les Misérables (France, 1995), réalisé par Claude Lelouch, avec Jean-Paul Belmondo, Michel Boujenah et Alessandra Martines, en français et allemand.

Les Misérables (France, 1982), réalisé par Robert Hossein, écrit par Alain Decaux avec Lino Ventura, Jean Carmet et Michel Bouquet.

Notre-Dame de Paris (France, 1956), réalisé par Jean Delannoy, écrit par Jean Aurenche, avec Gina Lollobrigida, Anthony Quinn, Jean Danet et Alain Cuny.

The Hunchback of Notre-Dame (USA, 1982), réalisé par Michael Tuchner, écrit par John Gay, avec Anthony Hopkins, Derek Jacobi, Gerry Sundquist et John Gielgud.

The Hunchback of Notre-Dame (USA, 1939), réalisé par William Dieterle, écrit par Bruno Frank, avec Charles Laughton, Cedric Hardwicke, Thomas Mitchell, Maureen O'Hara et Edmond O'Brien, en anglais.

d'Émile Zola:

La Curée (France/Italie, 1966), réalisé par Roger Vadim, écrit par Jean Cau, avec Jane Fonda et Michel Piccoli.

Germinal (France, 1993), réalisé par Claude Berri, écrit par Arlette Langmann, avec Gérard Depardieu, Renaud, Jean Carmet, Miou-Miou et Judith Henry.

Germinal (France/Italie/Hongrie, 1963), réalisé par Yves Allégret, écrit par Charles Spaak, avec Jean Sorel, Berthe Granval, Claude Brasseur et Bernard Blier.

Nana (France/Belgique/Suisse, 1981), réalisé par Maurice Cazeneuve, avec Véronique Genest et Guy Tréjean.

Nana (France, 1955), réalisé par Christian-Jaque, écrit par Jean Ferry, avec Charles Boyer et Martine Carol.

Nana (France, 1926), réalisé par Jean Renoir, avec Catherine Hessling et Jean Angelo, film muet.

Thérèse Raquin (Tchèque/USA/UK, 2006), réalisé par Charlie Stratton, avec Glenn Close et Elizabeth Berrington, en anglais.

Thérèse Raquin (UK, 1980), réalisé par Simon Langton, écrit par Philip Mackie, avec Kate Nelligan et Kenneth Cranham, en anglais.

Le catalogue de *Films Media Group* (www.films.com) offre les titres suivants qui traitent de la littérature, de l'histoire et de la culture du XIXe siècle:

Balzac: *Pierrette* (1979); *Le Cousin Pons* (1976); *L'Adieu*; *Le Curé de Tours* (1980)
Flaubert: *Madame Bovary*
Hugo: *Le Dernier Jour d'un condamné* (1985)
Hugo: *Les Misérables* (2000); *Les Misérables* (1975)

« Balzac » (1997): vie et œuvre
« Sarah Bernhardt »
« Chateaubriand » (1995): vie et œuvre
« Daumier's France »
« Victor Hugo »: vie et œuvre
« Flaubert » (1997): vie et œuvre
« Madame Bovary » (1999): analyse et histoire, en anglais
« Claude Monet »
« George Sand: The Story of Her Life » (2004)
« Georges Seurat »
« Émile Zola » (1995): vie et œuvre

« Le Consulat et l'empire » (1989)
« Paris: 1830 » (1997); « Paris: 1860 » (1995); « Paris: 1900 » (1995)
« The Paris Commune »
« Paris in the 19th Century: The Making of a Modern City » (1998)
« Paris in the Time of Balzac »
« Paris in the Time of Zola »
« Paris: Une Capitale des arts (XIXe siècle) »

D'autres films à thèmes familiaux (pour comparaison avec Pierre et Jean)

Les Enfants terribles (France, 1950), réalisé par Jean-Pierre Melville, écrit par Jean Cocteau, avec Édouard Dermithe et Nicole Stéphane.

East of Eden (USA, 1955), réalisé par Elia Kazan, d'après le roman de John Steinbeck, avec James Dean, Julie Harris et Raymond Massey.

The Bible (USA/Italie, 1966), réalisé par John Huston, avec George C. Scott, Ava Gardner et Peter O'Toole. Voir les histoires de Caïn et Abel, de Jacob et Ésaü.

East of Eden (USA, 1981), réalisé par Harvey Hart, écrit par Richard
    Shapiro, d'après le roman de Steinbeck, avec Jane Seymour, Timothy
    Bottoms et Anne Baxter.

Inventing the Abbotts (USA, 1997), réalisé par Pat O'Connor, d'après la
    nouvelle de Sue Miller, avec Billy Crudup, Joaquin Phoenix et Liv
    Tyler.

Hamlet (UK/USA, 1997), réalisé par Kenneth Branagh, d'après la tragédie
    de Shakespeare, avec Kenneth Branagh, Kate Winslet et Julie Christie.
    Situé au XIXe siècle.

King Lear (1998), réalisé par Richard Eyre, d'après la tragédie de
    Shakespeare, avec Ian Holm, Victoria Hamilton et Barbara Flynn.

C. Sites Internet utiles

N'oubliez pas que les sites Internet sont susceptibles d'être changés ou
transférés à tout moment. Le lecteur compétent les abordera toujours d'un
œil critique.

Cinéma

www.imdb.com (base de données sur le cinéma international)
www.films.com (Films Media Group)

Sur Maupassant

http://maupassant.free.fr/
http://www.maupassant.com/
http://www.ac-reunion.fr/pedagogie/lyvergerp/FRANCAIS/Bel-Ami/
    Martin_Chane-To_Grondin/index.html
http://www.19e.org/personnages/france/M/maupassant.htm
http://www.adpf.asso.fr/adpf-publi/folio/maupassant/index.html

Géographie et cartes de la Normandie

http://www.etretat.com/ecarte/1900/
http://www.tourisme.fr/carte/carte-departement-Seine-Maritime.htm
http://www.tourisme.fr/carte/carte-departement-Manche.htm
http://www.tourisme.fr/carte/carte-departement-Calvados.htm
http://www.tourisme.fr/carte/carte-departement-Eure.htm
http://www.frenchwayoflife.net/fr/normandie.asp
http://www.normandy-tourism.org/GB/02ville/0map/ndymap.html

Peinture française du XIXe siècle

Gustave Courbet et le réalisme:

http://artquizz.free.fr/realiste.htm
http://www.ibiblio.org/wm/paint/auth/courbet/
http://www.musee-courbet.com/

Édouard Manet:

http://www.ibiblio.org/wm/paint/auth/manet/manet.bio.html
http://www.ibiblio.org/wm/paint/auth/manet/
http://www.artchive.com/artchive/M/manet.html

L'impressionnisme:

http://www.impressionniste.net/
http://perso.orange.fr/art-deco.france/impressionnisme.htm
http://www.ibiblio.org/wm/paint/theme/impressionnisme.html

Eugène Boudin:

http://fr.wikipedia.org/wiki/Eug%C3%A8ne_Boudin
http://www.insecula.com/contact/A008626.html
http://www.ville-honfleur.fr/Musee-Eugene-Boudin,0,0,139.html

Edgar Degas:

http://www.impressionniste.net/degas.htm
http://fr.wikipedia.org/wiki/Edgar_Degas

Claude Monet:

http://www.intermonet.com/monet.htm
http://www.ibiblio.org/wm/paint/auth/monet/

Gustave Caillebotte:

http://www.impressionniste.net/caillebotte.htm
http://www.insecula.com/contact/A008577.html
http://www.ibiblio.org/wm/paint/auth/caillebotte/

Pierre-Auguste Renoir:

http://www.chez.com/renoir/oeuvre1.htm
http://www.impressionniste.net/renoir.htm

Histoire française du XIXe siècle

http://www.19e.org/

Littérature française du XIXe siècle

Honoré de Balzac:

http://www.alalettre.com/balzac-intro.htm
http://www.adpf.asso.fr/adpf-publi/folio/balzac/balzacSF.htm
http://pages.globetrotter.net/pcbcr/balzac.html

Gustave Flaubert:

http://perso.orange.fr/jb.guinot/pages/accueil.html
http://perso.orange.fr/jb.guinot/pages/textes.html
http://www.alalettre.com/flaubert-bio.htm

Victor Hugo:

http://www.ac-strasbourg.fr/pedago/lettres/victor%20hugo/Communs/
     Biographie.htm
http://www.poetes.com/hugo/index.php
http://pages.globetrotter.net/pcbcr/hugo.html

Ivan Tourgueniev:

http://hrussie.net/france/bougival_vie.htm

Émile Zola et le naturalisme:

http://emilezola.free.fr/
http://pages.globetrotter.net/pcbcr/zola.html
http://expositions.bnf.fr/Zola/index.htm

Vocabulaire utile:
Pour parler d'un roman

L'œuvre et son auteur

... a été écrit(e) par...
une autobiographie
une biographie
un chef-d'œuvre
un classique
un conte
un conte de fée
les écrits *m. pl.*
une fable
le genre
une histoire
la lecture
une légende
la littérature
un mythe
la narration
une nouvelle (= un roman très court)
l'œuvre *f.*
l'ouvrage *m.* (= le texte)
un ouvrage de fiction
le plagiat (= le vol littéraire)
la poésie
la prose
un récit (= une narration)
un recueil (= une anthologie)
un résumé
le roman
un roman à clés
le roman autobiographique
le roman d'amour
le roman d'aventures
le roman policier
une traduction

une tragédie
⁂
l'auteur *m.*
la carrière
la célébrité
la création
l'écrivain *m.*
Il est écrivain. / Elle est écrivain.
le lecteur / la lectrice
le narrateur / la narratrice
un nom de plume (= un pseudonyme)
le public
un romancier / une romancière
un traducteur / une traductrice
⁂
une analyse
un article
une citation
un compte rendu
le/la critique (= l'écrivain)
la critique (= l'article)
l'éditeur (= la maison d'édition)
un essai
une étude (de mœurs, psychologique,
    critique)
la parution
la publication
un tirage (= une édition)

Les parties d'un livre

une anecdote
la bibliographie
le chapitre
une citation
la conclusion

le contenu
un coup de théâtre (= un événement
    imprévu)
la dédicace
le dénouement
un dialogue
un échange
l'épigraphe *f.*
l'épilogue *m.*
l'épisode *m.*
une expression
un extrait
un fait divers
la fin
un monologue
une note en bas de page
un paragraphe
un passage
la péripétie (= un changement subit)
une phrase
une préface
le prologue
une référence
une scène
la suite
la table des matières

Parler d'un roman

l'action *f.*
une allégorie
l'ambiguïté *f.*
l'apparence *f.*
un aspect
une attitude
un but (= un objectif)
le cadre (= le contexte)
le caractère (= la personnalité)
une caractéristique (= un trait de
    caractère)
une comparaison
un concept
une controverse
le déroulement
un détail
le développement (= l'évolution)
l'écriture *f.*
un effet
l'ensemble *m.*

une épithète
une équivoque (= un mot à double sens)
un état d'âme
un euphémisme
un exemple
une explication
l'exposition *f.*
le fond
la forme
le (bon, mauvais) goût
le héros / l'héroïne
l'hyperbole *f.* (= l'exagération)
une image
l'imaginaire *m.*
l'intrigue *f.*
l'ironie *f.*
le langage (= le style)
la langue (= le français, etc.)
un lieu commun (un cliché)
la litote (≠ l'hyperbole)
le lyrisme
la morale
une métaphore
les mœurs *f. pl.* (= les coutumes *f. pl.*)
un mot-clé
le naturalisme
le niveau
une optique
une parodie
un pastiche
un personnage (principal, secondaire)
la personnalité
la personnification
un phénomène
une polémique
le portrait / l'autoportrait
un procédé (= une méthode, une
    technique)
un processus (= une évolution)
une qualité (≠ un défaut)
le réalisme
le réel
la répétition
une réussite (≠ un échec)
le rythme
la satire
la sensibilité (= l'aptitude à s'émouvoir)

le sentiment
la signification (= le sens)
la situation
la société
le style
un symbole
le symbolisme
un thème
une théorie
la tragédie
la trame (= l'intrigue *f.*)
un trait de caractère
la valeur, les valeurs
la voix
la vraisemblance (≠ l'invraisemblance)

Quelques adjectifs

ambigu(ë)
autobiographique
biographique
célèbre (≠ inconnu[e])
classique
comique (≠ tragique)
contemporain(e)
contradictoire
dramatique
fictif / fictive
harmonieux / harmonieuse
héroïque
historique
hypocrite
idéalisé(e)
idéaliste
implicite (≠ explicite)
ironique
littéraire
lyrique
mélodramatique
moderne
mythique
narratif / narrative
naturaliste
parodique
poétique
précédent(e) (≠ suivant[e])
précis(e)
psychologique
réaliste

romantique
satirique
stéréotypé(e)
tiré(e) de
véritable, vrai(e) (≠ faux/fausse)
vraisemblable (≠ invraisemblable)

Verbes et expressions verbales

s'adresser à
agir
analyser
apprécier
avoir lieu
se caractériser
citer
commenter
comparer
(se) composer (de)
concilier
confondre
se consacrer (dédier, dévouer) à
considérer
consister en
constater
contraster avec
créer
critiquer
déceler (= découvrir)
déclarer
décrire
démontrer (= faire voir)
dénoncer
dépeindre
se dérouler
(se) développer
se distinguer par
ennuyer (≠ intéresser)
je m'intéresse à
envisager de
éprouver (une émotion)
esquisser
estimer
être à l'origine de
être lié(e) à
évoluer
évoquer
exercer une influence sur

expliquer / ceci explique...
(s')exprimer
faire allusion à
faire appel à
faire part de (= informer)
faire partie de (= appartenir à)
faire un contraste avec
faire un rapprochement entre
faire voir (= montrer)
finir par
harmoniser
ignorer (≠ connaître)
illustrer
il me (lui...) semble que (+ *indicatif*)
il reste le fait que... (+ *indic.* ou *subj.*)
il semble que (+ *subjonctif*)
il s'agit de...
il suffit de dire...
il (ça) va de soi que...
s'imposer comme
indiquer / tout indique que...
s'inspirer de
(s')intéresser (à)
interpréter
jouer le rôle de
mettre en évidence
mettre en relief
mettre en valeur
montrer
noter
paraître
se passer
personnifier
plaire à (≠ déplaire à)
précéder (≠ suivre)
prendre conscience de
prétendre
prôner (= promouvoir)
se prononcer (pour, contre)
(se) proposer (de)
prouver
publier
(se) réconcilier
raconter (= relater)
rédiger (= écrire)
se référer à (= faire référence à)
remarquer

répéter
reprendre
représenter
(se) résumer
(se) retrouver
réussir à
se révéler
se produire (= arriver)
se servir de (= utiliser)
signaler (= indiquer)
se situer (= se trouver)
souligner
symboliser
témoigner de (= prouver)
tenir à (= insister pour)
tirer une conclusion (de)
toucher
traduire
traiter (de)
valoriser (≠ dévaloriser)
viser (= avoir pour objectif, miser sur)
vouloir dire (= signifier)

D'autres expressions

à cause de
à ce moment-là
à cet égard
à cette époque
à la fois (= en même temps)
à la première (dernière) page
à mon (son...) avis
à partir de / à partir du moment où
à propos de (= au sujet de)
à temps
à titre d'(exemple)
à vrai dire
actuellement (= à présent, à l'heure
     actuelle)
ainsi
alors (= ensuite, puis)
après une lecture réfléchie
après tout (= tout compte fait, en gros)
au contraire (de) (= bien au contraire)
au début / au milieu / à la fin
au XIXe siècle
au fond
au fur et à mesure (que) (= peu à peu, à
     mesure que)

au même titre que
au moins / du moins
au sens figuré / au sens propre
auparavant
autrefois
bon, meilleur (≠ mauvais, pire)
d'abord / ensuite / enfin
d'ailleurs
dans la mesure où
dans le cadre de
d'après (= selon)
de cette manière
de façon à (= de manière à)
de nombreux (-euses)... (= un nombre
    important de)
de nos jours (= aujourd'hui)
de toute façon (= de toute manière)
d'une part... / d'autre part...
dans une certaine mesure
de moins en moins (≠ de plus en plus)
de (à) nouveau (= encore une fois)
de temps à autre (= de temps en temps)
de toute façon (manière) (= en tout
    cas)
désormais (= dorénavant)
donc
du fait de/que
en bas (en haut) de la page...
en ce moment
en ce sens que
en d'autres termes
en dehors de (= excepté, à l'exception
    de)
en effet (= effectivement)
en fait (= en réalité)
en outre (= en plus)
en premier (deuxième...) lieu
en revanche
en tant que
en tout cas

en (dans) un sens
en vérité
enfin (= finalement, en fin de compte)
ensuite (= puis, alors)
envers
une espèce de...
évidemment (= il est évident que...)
une fois (= à un moment donné)
une fois pour toutes
malgré tout
mieux (≠ moins bien)
mis(e[es]) à part (= excepté)
le moyen de...
néanmoins (= toutefois)
or (*conjonction*)
par conséquent (= en conséquence)
par contre
par moments (= parfois, quelquefois)
par rapport à
le passage cité ci-dessus / ci-dessous
la plupart du temps
les plus (beaux) (≠ les moins [beaux])
pourtant (= cependant)
premièrement (= en premier lieu)
quant à... (= en ce qui concerne...)
selon moi (lui...)
tout à coup, tout d'un coup
    (= subitement, soudain)
tout à fait (= entièrement)
tout au long de
tout au moins / tout au plus
tout de même
tout de suite (= immédiatement)
un type de...
voire (= même)
vraiment
y compris

Remerciements/Acknowledgments

À mon mari, Bob O'Malley, qui est et qui sera pour toujours l'amour de ma vie, et à notre fille Maureen, l'amour de notre vie. — E.M.A.

À Léon, Simon, Aviva, Johanna pour leur appui et leur bonne humeur. — M.B.R.

We are grateful to our supportive friends at Focus Publishing: to Ron Pullins, as ever; to Linda Robertson, for all her skills; to Kathleen Brophy and Cindy Zawalich, for managing us so tactfully; to David Horvath and Kerri Wetherbee, for spreading the word; and to Marie-Pierre Gillette, for her attentive reading of the proofs.

Warm thanks to Marina Bourgain and to Thérèse Saint-Paul who read parts of the manuscript with a strong, native eye; to Bertha Sevilla, for her perspective as an experienced AP French Literature teacher and for sharing her classroom materials. We both thank Natalie Schorr for her contributions to the original planning of this series and for her core *Vocabulaire utile*. Eileen thanks Inge C. Wimmers for continued literary inspiration and faithful support of all her research endeavors. Our helpful librarians — at Green Library (Stanford University), at the University of California, Berkeley, and at the Palo Alto City Library — are at the source of this project. Special thanks go to Cathy Kress of the Roslyn Branch of the Abington Township Public Library, Pennsylvania.

From Eileen: As always, loving thanks to my mother and father, Maureen and Joseph Angelini, my original fans; to my husband Bob O'Malley, my hero, for your undying and loyal support, and for always making it possible for me to have quiet time to work; and to our daughter Maureen C. O'Malley, my snuggle muffin, for showing me the joy of learning all over again

From Myrna: to Leon Rochester, thank you for everything, and especially, here, for inexhaustible technical help; and, for their confidence, advice, and gardening, to Simon, Aviva, and Johanna Rochester, who grew up along with the deadlines, and now have plenty of their own.

About the Authors

Eileen M. Angelini received her A.B. in French from Middlebury College and her M.A. and Ph.D. in French Studies from Brown University. She is Chair of the Department of Modern Languages and Associate Professor of French at Canisius College. Dr. Angelini has won research grants from the U.S., French, and Canadian governments. She presents frequently at national and regional conferences and is the author of publications on literary analysis (*Strategies of "Writing the Self" in the French Modern Novel: C'est moi, je crois*, The Edwin Mellen Press), and on pedagogy, focusing on the professions and cross-cultural communication. Dr. Angelini is a Table Leader for the AP French Language Examination and a College Board Consultant. With Myrna Bell Rochester, she prepared the Focus Student Edition of Molière's *L'École des femmes*.

Myrna Bell Rochester lives in Palo Alto, California. She received her A.B. in Romance Languages and Literatures from the University of Chicago, and her M.A. and Ph.D. in French from the University of California, Los Angeles, and studied at the Université de Genève during a four-year stay. Dr. Rochester has taught at UCLA and at Stanford University. Author and co-author of college textbooks, including *Rendez-vous, Entrée en scène, Bonjour ça va?*, and *Vis-à-vis*, she also lectures and publishes on topics in modern literature (*René Crevel: Le pays des miroirs absolus*, Stanford/Anma Libri). With Natalie Schorr (Phillips Academy, Andover), she prepared the Focus Student Edition of Camara Laye's *L'enfant noir*, and with Eileen M. Angelini, Molière's *L'École des femmes*.